공무원 회계학 │ 최신개정판   2026

사경인 프레임회계학
원가회계

좋은땅

"잘못된 공부법을 버리십시오!
회계에 대해 제대로 된 공부법을 제시합니다!"

이 책은 공무원수험생을 위한 수험서입니다. 수험서의 목적은 오직 하나입니다. 독자의 합격!

수많은 수험생들이 정말 열심히 노력하고 공부하는데도 원하는 만큼의 결과를 얻지 못합니다. 누군가는 단기간에 쉽게 합격을 하는데, 또 다른 누군가는 수년간을 노력하다 끝내 원하는 결과를 얻지 못하고 포기합니다. 어떤 차이 때문일까요?

"머리가 나빠서..."

"이해력이 부족해서..."

물론 무시할 수 없는 이유입니다. 하지만, 더 큰 원인은 다른 데에 있습니다. 과학적으로 밝혀진 '공부 못하는 이유'는 바로 '공부법이 잘못되어서' 입니다. 태어날 때부터 운동신경이 좋고 근력이 뛰어난 사람이 있습니다. 하지만, 라켓을 주고 테니스를 쳐 보라고 하면 공을 하늘로 날릴 뿐 제대로 코트로 보내질 못합니다. 그 이유는 '근력이 약해서'라거나 '운동신경이 없어서'가 아닙니다. 바로 테니스라는 운동을 제대로 배워본 적이 없기 때문입니다. 제대로 배운 적 없이 매일매일 라켓을 휘두른다고 테니스 실력이 늘지 않습니다. 점점 더 힘차게 코트 밖으로 공을 날릴 뿐입니다. 수험공부도 마찬가지입니다. 제대로 된 공부법을 모른 체 매일매일 무조건 열심히만 한다고 해서 실력이 늘거나 점수가 오르지 않습니다. 제대로 된 공부법이 필요합니다.

회계는 프레임을 잘 구축하면 무너지지 않고 차곡차곡 쌓아갈 수 있는 학문입니다. 하지만, 상당수의 수험생들이 잘못된 접근법과 공부방법으로 공부에 쏟아 붓는 노력에 비해 실제 시험장에서 얻는 점수가 낮습니다. 금이 간 항아리에 열심히 물을 퍼 담는 것과 같습니다. 담고 있는 동안에는 차오른다고 생각하지만, 시간이 지나고 나면 다새 나가고 없습니다. 이론서를 통해서 튼튼한 항아리를 만들 수 있어야 합니다.

이미 시중에는 원가회계에 대한 수험서가 많이 나와 있습니다. 차이점이 없다면 굳이 한 권을 더 할 이유가 없기에 제가 기존의 수험서를 보고 아쉬웠던 부분, 이 책을 집필하며 차별화한 부분은 다음과 같습니다.

1

과학적인 공부법을 접목하였습니다.

여러 가지 실험으로 증명된 효율적인 공부법을 수험교재에 접목하였습니다. 메타인지, 인출효과, 교차효과 등을 수험생이 경험하도록 구성하였습니다.

2

이해에 초점을 맞추었습니다.

이론서의 목적은 이해입니다. 일차적으로 이해를 한 다음, 그 다음 단계로 이해한 내용을 요약하고 정리하는 것이 필요합니다. 저자의 강의를 듣지 않는 사람도 이해가 가능하도록, 강의를 들은 사람은 언제든 책을 다시 펼치면 이해했던 내용이 다시 떠오르도록 집필하였습니다. 내용이 조각조각 끊어져 있는 요약식 수험서가 아니라, 물 흐르듯 흘러가는 소설처럼 쓰려고 했습니다. 이론을 요약하고 정리하는 것은 저자의 또 다른 저서인 빈칸노트의 역할입니다.

3

공무원 시험 기출문제를 최대한 담아냈습니다.

원가회계 과목은 기출의 범위를 크게 벗어나지 않고 반복해서 출제되고 있기 때문에 기출경향을 파악하는 것이 무엇보다 우선되어야 합니다. 실제 출제되는 문제를 파악하고 대비할 수 있도록 많은 기출문제를 담아냈습니다.

4

고정관념을 과감히 버렸습니다.

원가회계 수험서의 근간은 CPA 수험서입니다. 시중에 나와 있는 상당수의 공무원수험서가 CPA 수험서를 참고하여 집필된 경우가 많습니다. 이 때문에 공무원시험에 군이 필요 없는 어렵거나 지엽적인 주제를 다루고 있다거나, CPA 2차 시험의 주관식에 대비하는 풀이법으로 기술되어 있습니다. 본 교재에서는 종합원가계산에서 완성도를 (-)로 표기한다거나, 차이분석에서 표준원가와 실제원가의 위치를 바꾸는 등 여태까지 존재하지 않았던 풀이법을 제시합니다. 그것이 객관식 공무원 시험에 더 효율적인 방법이기 때문입니다.

저자의 작은 노력과 땀방울이 책을 읽는 수많은 수험생의 인생에 영향을 미칠 것이기에, 무거운 책임감과 사명감을 가지고 한 글자, 한 글자 완성하였습니다. 그 마음이 전달될 수 있기를 기대해봅니다.

2025년 7월

사경인 씀

합격을 찾아가는 길을 즐겨라

공무원 시험에서 원가회계 출제경향을 살펴보면 정해진 범위에서 크게 벗어나지 않는 가운데, 작은 변화들이 있습니다. 지난 10년간의 기출문제를 분석해 보면 전통적인 원가회계 3대장이었던 원가흐름을 대신해 변동원가계산의 출제빈도가 증가하였습니다. 새로운 3대장인 종합원가, CVP 분석, 변동원가계산의 출제빈도를 합하면 46%를 차지합니다. 세 가지 주제만 대비해도 출제되는 문제의 절반 가까이 맞출 수 있다는 얘기입니다. 여기에 3가지 주제(원가흐름, 정상원가, 표준원가)를 더하면 기출문제의 70%를 차지합니다. 따라서 정해진 유형의 문제에 대한 풀이법을 숙달하는 것만으로도 합격점수를 확보할 수 있습니다.

물론 2014년 출제된 '제약요건 하의 의사결정'처럼 허를 찌르는 문제가 출제되기도 하지만, 공무원 시험이 상대평가라는 점을 상기해 보면 기존 출제범위를 벗어나는 영역의 문제는 당락에 영향을 주기 힘듭니다. 이 때문에 신이론이나 기존에 출제된 적이 없는 주제에 대한 대비보다는 기출문제 위주의 접근이 더 효율적입니다.

수험생 입장에서 가장 먼저 정리해야 할 내용은 바로 원가계산방법의 차이입니다. 원가회계는 제품의 원가를 계산하는 것이 목적인데 여러 가지 계산방법이 존재합니다. 계산목적에 따라 달라지는 원가회계의 차이를 인식하고 개별원가계산, 종합원가계산, 정상원가계산, 실제원가계산, 표준원가계산, 변동원가계산, 활동원가계산의 차이를 파악해야 합니다. 그리고 각각의 계산제도에 따라 제품원가를 계산할 수 있어야 합니다.

그런 다음에는 이를 바탕으로 각각의 원가계산 방법의 차이와 특징을 구분할 수 있어야 합니다. 최근 공무원 시험에서 원가회계는 이론 문제의 출제빈도가 높아지고 있습니다. 계산문제의 형태를 띠면서 이론의 내용을 묻는 문제도 자주 출제됩니다. 공무원 시험이 다른 회계학 시험과 달리 계산기를 사용할 수 없고 풀이시간도 부족하기 때문에, 계산이 어렵거나 시간이 오래 걸리는 계산문제에 대한 부담을 덜기 위해 원가회계에서도 이론문제의 출제빈도가 높아지고 있습니다. 따라서 계산방법을 이해한 다음에는 다시금 각 계산방법의 차이와 특성에 대해 정리해 두어야 합니다.

아무리 많은 내용을 알고 있더라도 시간배분에 실패하면 결코 합격할 수 없습니다. 이 때문에 전형적인 계산문제는 기계적인 숙달을 통해 빠른 시간 안에 풀어낼 수 있어야 하고, 경우에 따라서는 시간을 단축할 수 있는 획기적인 풀이법도 필요합니다.

최근 출제경향과 학습대책 살펴보기

👤 원가기초(원가의 분류, 원가흐름)

📑 출제경향 | 원가흐름에 대한 문제와 원가분류에 대한 문제가 주로 출제됩니다. 원가흐름에 대한 문제는 국가직에서 최근 10년간 5번이나 출제되었고, 지Q방직에서도 2번 출제되었습니다. 원가의 분류 중에서는 기초원가와 가공원가를 구분하여 계산하는 문제가 국가직과 지방직 모두 10년간 2번씩 출제되었습니다.

📝 학습대책 | 원가흐름에 대한 문제는 T계정을 통해 기계적으로 빠르게 풀 수 있어야 합니다. 문제가 깊게 응용되어 출제되기보다는 빠른 판단을 필요로 하기 때문에 무엇보다 짧은 시간 내에 풀어내는 것이 중요합니다. 기초원가와 가공원가는 어려운 주제가 아니므로 쉽게 익힐 수 있고 반드시 맞춰야 하는 문제입니다. 원가분류는 오히려 기초원가와 가공원가에 대한 계산문제보다는 원가분류에 대한 이론문제가 더 어렵게 느껴질 수 있습니다. 원가분류 기준에 따른 다양한 원가를 구분해 낼 수 있어야 합니다.

👤 의사결정(CVP, 변동원가계산)

📑 출제경향 | 의사결정 파트에서 가장 자주 묻는 주제는 CVP 분석입니다. 10년 동안 국가직에 7번 출제되었으며, 지방직의 경우에는 10년 연속 빠짐없이 출제되었습니다. 100% 출제되는 주제라고 생각하는 것이 좋습니다. 최근 출제비중이 가장 높아지고 있는 주제가 바로 변동원가계산입니다. 최근 10년간 국가직과 지방직을 합해 10문제가 출제되었는데, 그 중 7문제가 최근 5년 사이에 출제될 정도로 빈도가 높아졌으니 신경 써서 대비해야 하는 주제입니다.

📝 학습대책 | CVP 분석은 다양한 형태로 출제가 가능합니다. 손익분기점 분석부터 목표이익 달성을 위한 매출수준, 제품가격 설정 등 다양한 질문을 할 수 있지만 풀이는 모두 CVP기본식에서 출발합니다. 따라서 기본식을 바탕으로 한 다양한 응용문제에 대비할 수 있어야 합니다. 원가추정은 주로 고저점법을 물어보니 계산문제와 이론문제 모두 대비해야 하고 변동원가계산은 전부원가계산과의 차이를 비교할 수 있어야 합니다.

👤 원가계산(개별, 종합)

📑 출제경향 | 기본적인 원가계산 문제로 종합원가계산이 가장 자주 출제됩니다. 지난 10년간의 시험에 국가직과 지방직 모두 7번씩 출제되었으므로 매 시험에 반드시 출제된다고 생각하고 대비해야 합니다. 정상원가계산도 자주 출제되는 주제입니다. 최근 10년간 국가직 3번, 지방직 5번으로 지방직 시험을 준비하는 수험생이라면 특히 더 신경 써야 할 주제입니다. 간접원가의 배분 역시 국가직과 지방직 모두 3년에 한 번 꼴로 출제되었습니다.

📝 학습대책 | 종합원가계산은 정해진 포맷에서 크게 벗어나지 않으며, 시험에 반드시 출제된다고 가정하고 공부해야 합니다. 따라서 평균법과 선입선출법의 차이뿐만 아니라 공손이 있는 경우까지도 반드시 대비해 두어야 합니다. 정상개별원가계산의 경우 계산결과를 묻기보다는 배부차이에 대해서 물어봅니다. 따라서 실제원가계산과의 차이를 비교해서 배부차이를 계산할 수 있어야 합니다. 보조부문 원가배분의 경우 직접배분법, 단계배분법, 상호배분법 각각에 대한 계산문제뿐만 아니라 세 방법의 장단점을 비교하는 이론문제에 대해서도 대비해야 합니다.

👤 성과평가(표준원가)

📑 출제경향 | 성과평가는 주로 표준원가 차이분석을 물어봅니다. 국가직은 10년간 2문제가 출제되어 출제빈도가 낮지만, 지방직의 경우 5문항이 출제되었습니다. 난이도가 높고 시험에 출제될 때마다 정답률이 낮은 주제로서, 회계학에서 고득점을 노리는 수험생이라면 경쟁자와의 차별을 위해서라도 대비해야 하는 주제이며 특히 지방직 시험을 준비하는 수험생은 꼭 정복해야 하는 주제입니다.

📝 학습대책 | 표준원가와 차이분석은 어려운 주제임에는 틀림없으나 출제될 경우 수험생의 수준을 가르는 문제가 될 수 있습니다. 따라서 회계학에서 남들보다 높은 점수를 얻고 싶다면 반드시 정리하고 대비해 두어야 합니다. 기타 BSC나 성과지표 등은 신규문제로 출제가 될 가능성이 있으므로 기초적인 이론과 계산문제는 익혀두어야 합니다.

○ 정규 커리큘럼 가이드

시작

1 입문

강의 입문자를 위한 사경인 프레임회계학 첫걸음

교재 강사배포 특별자료

회계학을 접해 본 적이 없는 수험생에게 공무원회계학에 대한 진입장벽과 부담감을 낮춰주는 과정입니다. 낯선 용어와 복잡한 이론으로 어렵게 느껴지는 회계학에 대해 다양한 사례와 이야기를 통해 쉽게 접근하고 흥미를 가질 수 있게 도와드립니다. 회계에 관하여 꼭 알아야 할 기본원리를 가장 쉽고 정확하게 배울 수 있습니다.

2 기본이론

강의 회계학 기본개념 완성(재무회계 편)

교재 사경인 프레임회계학 재무회계

공무원 시험대비를 위한 필수기본과정입니다. 회계학 이론을 관통하는 프레임을 이해하고 완성해 나갑니다. 단순한 주제의 나열이 아닌, 왜 그렇게 되어야 하는지 배경과 원리를 이해함으로써 자연스럽게 이론이 습득되도록 하는 과정입니다.

강의 회계학 기본개념 완성(원가회계/정부회계 편)

교재 사경인 프레임회계학 원가회계/정부회계

공무원시험에 최적화된 원가회계 및 정부회계 강좌로 방대한 원가회계와 정부회계의 내용에 대한 부담을 덜어내고 시험에 나올 수 있는 핵심이론을 깔끔하게 정리합니다. 재무회계와 마찬가지로 일관된 프레임을 통해 출제의 핵심포인트를 잡아낼 수 있는 과정입니다.

5 심화

강의 7급 대비 플러스 강좌

교재 7급 플러스 회계학/7급 실전동형 모의고사

9급에서는 출제가능성이 극히 낮지만, 7급 시험에 출제될 가능성이 남아 있는 특수주제들에 대해 공부하고, 실전모의고사를 통해 시험대비를 완성하는 강좌입니다. 7급 시험에 대비하여 고난도 문제와 심화이론, 기출분석 및 문제풀이를 동시에 완성하는 강의입니다. 9급과는 다른 7급 시험을 대비한 수험전략까지도 접하실 수 있습니다.

합격!

3 기출풀이

 사경인 공타기출 회계학

 사경인 공타기출 회계학

'회계학은 기출문제만 풀어서는 부족하다'는 고정관념을 깨고, 기출 회독만으로 합격점수를 얻을 수 있도록 업그레이드한 과정입니다. 공무원 기출문제에만 한정하지 않고, 타시험(보험계리사, 관세사, 감정평가사, 세무사, 회계사) 기출문제 중 공무원시험에 응용출제 가능한 문제까지 담아냈습니다. '공무원 기출 + 타시험 기출'을 통해 응용문제까지 완벽히 대비하는 사경인 교수님만의 독보적인 강좌입니다.

4 문제풀이

 사경인 양치기 모의고사 1, 2/말문제 하프 모의고사

 사경인 양치기 모의고사 1권, 2권/사경인 회계학 말문제 하프 모의고사

단기간에 합격하기 위해서는 강의 듣는 시간을 줄이고, 문제 푸는 시간을 늘려야 합니다! 특히 주제별 문제풀이가 아닌, 주제가 뒤섞여 있는 모의고사를 많이 풀어봐야 합니다. 주제별로 문제를 푸는 것은 상대방이 무슨 공을 던지는지 알고 타석에 들어서는 것과 같습니다. 연습할 때는 칠 수 있지만, 실제 시합에서는 수 싸움에 뒤지게 됩니다. 객관식 시험은 실전과 유사한 많은 문제를 풀어보는 것만으로 점수를 올릴 수 있습니다. 국가공인자격시험 출제위원장이었던 교수님이 직접 출제한 압도적인 분량(25회 × 2권 = 50회, 말문제 하프 20회)의 모의고사를 통해 점수를 극적으로 끌어 올리는 독보적인 과정입니다.

O 구성과 특징

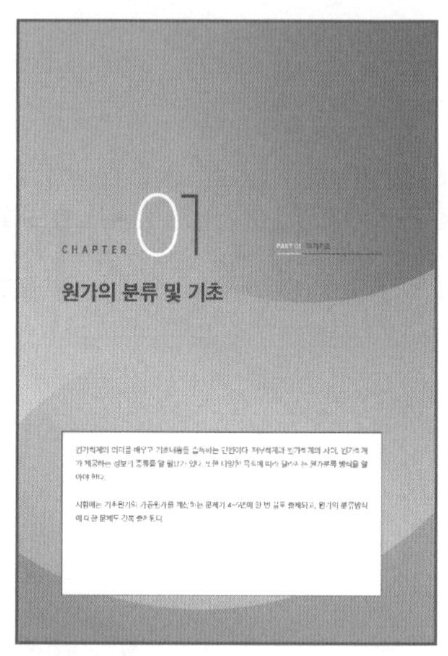

단원가이드

매 단원 공부해야 할 내용과 프레임을 제시합니다. 이전
단원과의 차이점은 무엇이고 어떤 흐름을 이어 나가는지
확인해 볼 수 있습니다. 이와 동시에 기출경향을 바탕으로
중요도도 제시하여, 학습의 강약을 조절할 수 있도록 하
였습니다.

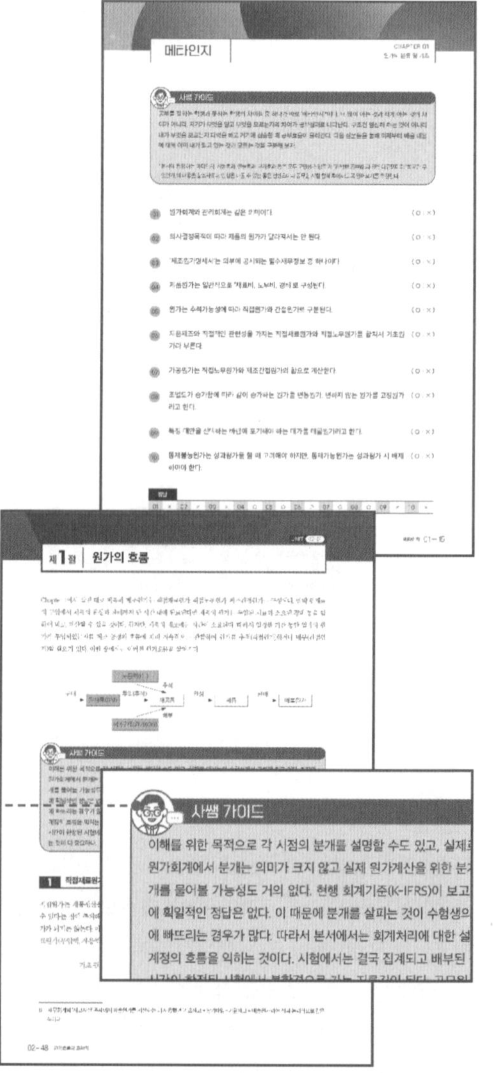

메타인지

공부를 잘하는 학생과 못하는 학생 사이의 중요한 차이점
중 하나가 바로 '메타인지'입니다. 자신이 무엇을 알고 무
엇을 모르는지, '나 자신을 아는 것'이 공부의 출발점입니
다. 매 단원 시작마다 간단한 O/X퀴즈를 통해 자신의 현
재 위치를 확인해 보세요. 이를 통해 아는 것보다는 모르
는 것에 시간을 집중함으로써 효율을 높이고, 모르는 부분
을 줄여나가 공부범위를 축소해 나가는 것이 단기합격의
지름길이 됩니다.

사쌤가이드

강사의 목소리를 느낄 수 있도록 강의 중에 강조하는 내용
과, 이론을 이해하는 데 도움이 되는 이야기를 담았습니
다. 독학을 하는 수험생도 좀 더 쉽게 공부를 할 수 있게 하
고, 강의를 듣는 수험생은 언제라도 다시 책을 펼쳐 들면
강의 때 이해했던 내용이 되살아날 수 있도록 도움을 줄
것입니다.

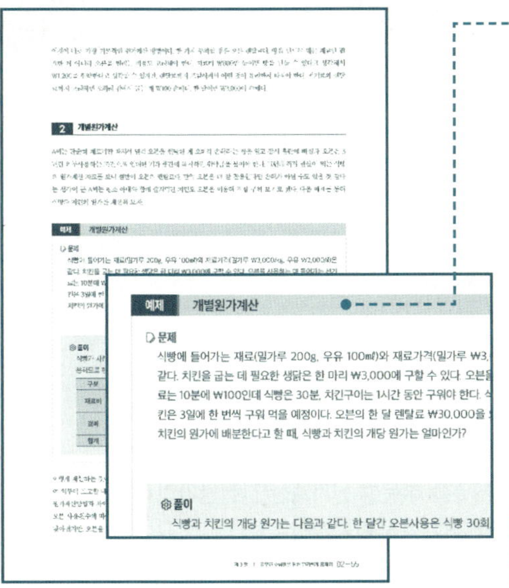

예제 풀이

공부한 내용을 이해하고 정리하는 데 효율적인 예제를 담았습니다. 공부효과를 가장 높이는 두 가지는 인출과 시험입니다. 문제를 풀어봄으로써 자신이 내용을 정말로 이해했는지, 아니면 피상적으로 듣기만 했는지 확인해 볼 수 있습니다.

인출과제

시험과 함께 학습효과가 높은 두 번째 방법은 인출입니다. 강사들이 책을 보지도 않고 내용을 술술 말할 수 있는 것은 그 내용을 완전히 이해하고 자신의 것으로 만들었기 때문입니다. 이렇게 스스로 정리해서 꺼내 보는 연습이야말로 최상의 공부법입니다. 책을 통해서 수험생에게 발표를 시킬 수는 없지만, 답이 주어지지 않은 인출과제를 채우도록 고민하는 과정에서 간접적인 인출효과를 느낄 수 있도록 하였습니다. 답이 적혀 있지 않은 과제에 대해 고민하고 의심하는 매 순간이 당신의 실력과 점수를 올려주는 투자가 됩니다.

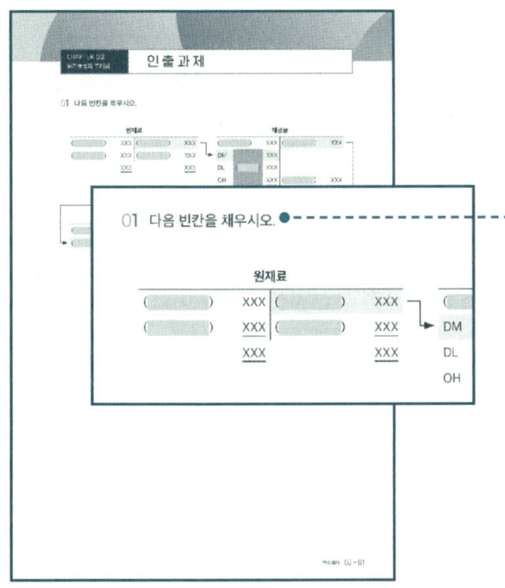

주요기출 및 연습문제

공무원 시험에 기출된 주요 문제를 담았습니다. 이와 함께 주요 자격시험의 기출문제, 저자의 출제위원 경험을 바탕으로 한 연습문제도 추가하였습니다. 시중에 나와 있는 일반적인 교재와는 달리 '교차효과'를 얻을 수 있도록 한 색다른 구성과 비밀장치가 당신의 점수를 높여 줄 것입니다.

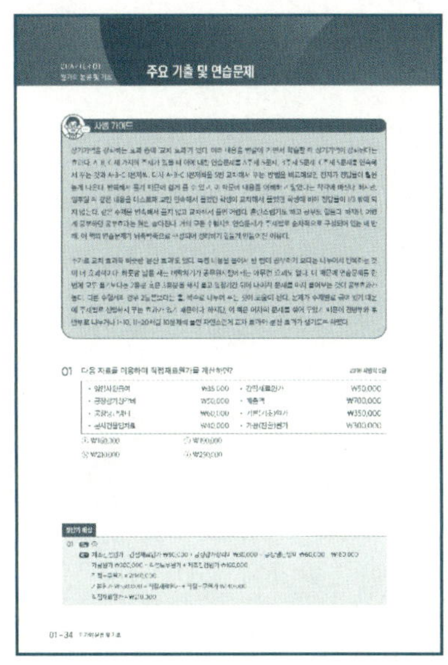

사경인
프레임회계학
원가회계

PART 01

원가기초

CHAPTER 01

원가의 분류 및 기초

원가회계의 의미를 배우고 기초내용을 습득하는 단원이다. 재무회계와 원가회계의 차이, 원가회계가 제공하는 정보의 종류를 알 필요가 있다. 또한 다양한 목적에 따라 달라지는 원가분류 방식을 알아야 한다.

시험에는 기초원가와 가공원가를 계산하는 문제가 4~5년에 한 번 꼴로 출제되고, 원가의 분류방식에 대한 문제도 간혹 출제된다.

메타인지

 **사쌤 가이드**

공부를 잘하는 학생과 못하는 학생의 차이점 중 하나가 바로 '메타인지'*이다. 더 많이 아는 것과 적게 아는 것의 차이가 아니라, 자기가 무엇을 알고 무엇을 모르는지의 차이가 공부결과로 나타난다. 무조건 열심히 하는 것이 아니라 내가 무엇을 모르는지 파악을 하고 거기에 집중할 때 공부효율이 올라간다. 다음 질문들을 통해 이제부터 배울 내용에 대해 이미 내가 알고 있는 것과 모르는 것을 구분해 보자.

* 본서에 등장하는 메타인지, 시험효과, 인출효과, 교차효과 등은 모두 고영성·신영준 저 「완벽한 공부법」과 EBS 다큐멘터리 「학교란 무엇인가」의 내용을 참조하였다. 인생을 바꿀 수 있는 좋은 컨텐츠이니 공무원 시험 합격 후에라도 꼭 읽어보기를 추천한다.

01 원가회계와 관리회계는 같은 의미이다. (O | ×)

02 의사결정목적에 따라 제품의 원가가 달라져서는 안 된다. (O | ×)

03 '제조원가명세서'는 외부에 공시되는 필수재무정보 중 하나이다. (O | ×)

04 제품원가는 일반적으로 '재료비, 노무비, 경비'로 구성된다. (O | ×)

05 원가는 추적가능성에 따라 직접원가와 간접원가로 구분된다. (O | ×)

06 제품제조와 직접적인 관련성을 가지는 직접재료원가와 직접노무원가를 합쳐서 기초원가라 부른다. (O | ×)

07 가공원가는 직접노무원가와 제조간접원가의 합으로 계산한다. (O | ×)

08 조업도가 증가함에 따라 같이 증가하는 원가를 변동원가, 변하지 않는 원가를 고정원가라고 한다. (O | ×)

09 특정 대안을 선택하는 바람에 포기해야 하는 대가를 매몰원가라고 한다. (O | ×)

10 통제불능원가는 성과평가를 할 때 고려해야 하지만, 통제가능원가는 성과평가 시 배제하여야 한다. (O | ×)

정답

01	02	03	04	05	06	07	08	09	10
×	×	×	O	O	O	O	O	×	×

1 재무회계와 원가회계의 차이

이 책을 읽는 대부분의 독자는 재무회계를 공부하였을 것이다. 공무원 시험에서 '회계학'의 범위를 '회계원리, 원가회계, 정부회계'로 제시하여 재무회계에 해당하는 회계원리 외에 별도로 원가회계를 제시하고 있는데, 재무회계와 원가회계의 차이는 무엇이길래 별도의 과목으로 구분하는 걸까? 이미 회계원리(재무회계)를 공부하였을 것이므로, '재무회계와 원가회계의 차이점'으로 접근하는 것이 수험생 입장에서 가장 효율적인 공부방법이 될 것이다.

재무회계가 '외부정보이용자의 의사결정에 유용한 정보를 제공하는 것'을 목적으로 한다면, 원가회계는 '제품원가를 계산하는 것'을 목적으로 한다. 그리고 이는 사실 재무회계의 일부분에 해당한다. 재무회계에서 '재고자산'이라는 주제로 배웠던 것을 떠올려 보자. 상품매매기업의 경우 매출원가를 '기초재고 + 당기매입 - 기말재고'로 구했다. 제조기업은 매입으로 끝나지 않고 제조가 필요하기 때문에 '기초재고 + 당기제조 - 기말재고'로 구한다. 이때 기초재고자산이나 기말재고자산의 원가가 얼마인지를 정해야 매출원가를 구할 수 있고, 외부정보이용자에게 유용한 정보를 제공할 수 있다. 이렇게 원가회계는 외부에 보고하는 재무제표에 표시되는 재고자산의 원가와 매출원가를 정확하게 계산하여 제공하는 목표를 가지고 있다. 사례를 통해 확인해 보자. 아래는 실제 기업의 공시된 재무제표 일부를 발췌한 것이다.[1] 재무상태표에 기재된 재공품 ₩79,138,745와 손익계산서의 매출원가 산정에 사용된 당기제품제조원가 ₩10,760,533,500의 계산근거가 바로 제조원가명세서에 제시되어 있음을 알 수 있다.

<재무상태표>

과　목	제 32 (당) 기		제 31 (전) 기	
자　산				
I. 유동자산		5,420,275,557		5,753,757,892
(1) 당좌자산		4,836,031,330		5,164,746,835
(2) 재고자산		584,244,227		589,011,057
제품	289,446,132		217,215,854	
재공품	79,138,745		60,232,428	
원재료	212,253,310		308,807,715	
저장품	3,406,040		2,755,060	
II. 비유동자산		7,405,018,094		7,138,522,773
-	-	-	-	-
자산총계		12,825,293,651		12,892,280,665

1　제조원가명세서의 공시는 의무가 아닌 선택사항이기에 대부분의 기업들이 외부에 공개하지 않고 있다. 예외적으로 공시된 사례를 입수하여 발췌한 자료이다.

<손익계산서>

과 목	제 32 (당) 기		제 31 (전) 기	
I. 매출액		13,504,030,827		12,956,934,962
제품매출액	13,504,030,827		12,956,934,962	
II. 매출원가		10,688,303,222		10,298,155,127
기초제품재고액	217,215,854		171,275,776	
당기제품제조원가	10,760,533,500		10,344,095,205	
계	10,977,749,354		10,515,370,981	
기말제품재고액	-289,446,132		-217,215,854	
III. 매출총이익		2,815,727,605		2,658,779,835

<제조원가명세서>

과 목	제 32 (당) 기		제 31 (전) 기	
I.원재료비		7,776,305,882		7,589,974,517
기초원재료재고액	308,807,715		272,632,624	
당기원재료매입액	7,679,751,477		7,626,149,608	
기말원재료재고액	212,253,310		308,807,715	
II.노무비		1,048,810,515		955,273,885
임금	835,855,970		800,567,890	
상여금	104,849,500		105,726,880	
퇴직급여	108,105,045		48,979,115	
III.경비		1,954,323,420		1,833,573,182
복리후생비	78,344,223		85,826,865	
수도광열비	53,039,170		64,251,511	
전력비	393,075,417		388,712,417	
감가상각비	122,232,907		116,758,933	
지급임차료	12,000,000		12,000,000	
수선비	63,645,000		10,209,100	
보험료	136,404,354		102,881,849	
차량유지비	25,417,168		29,233,094	
소모품비	196,574,161		203,696,533	
지급수수료	22,644,300		23,535,700	
외주가공비	818,438,220		784,856,180	
잡비	32,508,500		11,611,000	
IV.당기총제조비용		10,779,439,817		10,378,821,584
V.기초재공품재고액		60,232,428		25,506,049
VII.합계		10,839,672,245		10,404,327,633
VIII.기말재공품재고액		79,138,745		60,232,428
X.당기제품제조원가		10,760,533,500		10,344,095,205

이렇게 제품원가계산을 통해 외부에 공시되는 재고자산 금액과 매출원가가 계산된다. 그런데, 제품의 원가를 계산하는 목적이 여기에 그친다면 굳이 원가회계라는 별도의 과목으로 다룰 필요성은 크지 않다. 재고자산이라는 주제 내에서 '제품제조원가'로 다루면 될 일이다. 실제 'K-IFRS 제1002호 재고자산'에서 '재고자산의 측정'이라는 주제로 매입원가, 전환원가, 기타 원가를 다루고 있다. 원가회계라는 별도의 과목이 등장하는 가장 큰 이유는 바로 원가정보가 내부의사결정에도 사용된다는 점이다. 외부정보이용자에게 회사에 관한 정보를 제공하는 것이 '재무회계'라면, 내부의 의사결정자에게 유용한 정보를 제공하는 것을 '관리회계'라고 한다. 쉽게 말해, 외부의 투자자가 '이 회사에 투자를 할지 말지' 결정하는 데 필요한 정보를 주는 것이 재무회계라면, 회사 내부에서 '이번에 내놓는 신제품 가격을 얼마로 할지', '생산량을 늘리기 위해 채용을 늘릴지, 기계를 늘릴지'와 같은 의사결정을 하는 데 필요한 정보를 제공하는 것을 관리회계라고 한다.

구분	재무회계	관리회계
목적	외부이용자의 경제적 의사결정에 유용한 정보를 제공	내부정보이용자의 의사결정에 유용한 정보를 제공
이용자	주주, 채권자 등 외부이용자	경영자, 관리자 등 내부이용자
보고 및 작성기준	일반적으로 인정된 회계원칙(GAAP[2])	특정한 기준이 없음
보고수단	재무제표	상황에 적합한 자유로운 보고수단
보고주기	정기적(분기, 반기, 연차)	필요할 때마다 수시로
정보의 속성	과거지향적	미래지향적

내부적으로 신제품의 가격을 결정한다거나, 홍보예산 등을 편성하기 위해서는 제품의 원가를 알아야 이를 바탕으로 의사결정을 할 수 있다. 따라서 원가회계에서 산출한 제품원가 정보는 외부보고 목적뿐만 아니라 내부보고 목적의 관리회계에서도 사용된다.[3] 그런데 여기서 중요한 문제가 발생한다. 수험생 입장에서 원가회계에 대한 프레임을 형성하는 가장 기초가 되는 명제이다.

제품의 원가는 하나가 아니다!

사실 외부정보이용자(재무회계)를 위해 제공하든, 내부정보이용자(관리회계)를 대상으로 하든 제품원가만 계산해서 제공한다면 원가회계는 크게 다룰 주제가 별로 없다. 그런데 위 표에서 살피듯이 재무회계 목적에서 산출하는 정보는 GAAP이라는 통일된 기준이 있다. 그 기준에 맞는 원가를 산정하면 된다. 그런데 문제는 관리회계 정보에 있다. 관리회계는 정해진 보고 및 작성기준이 없다. 의사결정 목적에 따라 다양한 자료를 사용한다. 즉, 어떤 의사결정을 하느냐에 따라 유용한 원가가 달라진다는 얘기이다. 예를 들어 보자. 신문에 자주 등장하는 기삿거리 중 하나가 바로 다음의 내용이다.

"4,000원짜리 커피 한 잔, 원가는 123원!"

---

2 Generally accepted accounting principles, 말 그대로 일반적으로 인정된 회계원칙을 의미한다. 국내에서는 현재 한국채택국제회계기준, 일반기업회계기준, 중소기업회계기준이 일반적으로 인정된 회계원칙에 해당한다.

3 과거에는 원가회계의 주목적이 외부보고 목적의 원가정보를 제공하는 것에 있었다. 하지만, 1950년대 이후 관리회계의 영역이 발달하면서 내부보고 목적의 원가정보 중요성이 강조되기 시작했고 현재는 관리회계 목적의 원가자료 제공이 원가회계의 주영역이 되었다. 이 때문에 원가회계와 관리회계를 구분하지 않고 사용하는 경우가 많으며, 실제 공무원시험에서도 원가회계를 출제범위로 규정하고 있지만 관리회계에서 다루는 주제가 출제되고 있다. 따라서 수험생 입장에서는 관리회계에 대한 학습이 필요하며, 이 책에서 다루는 범위도 관리회계를 포함한다.

자극적인 제목의 기사이지만, 내용은 커피전문점에서 파는 아메리카노 한 잔에 들어가는 원두 10g의 원가가 123원이라는 얘기이다. 그러면 이 정보를 바탕으로 커피가격을 300원으로 책정하면, 그래도 60% 가까운 마진을 남길 수 있을까? 커피 한 잔을 제공하기 위해 들어가는 원가는 원두가격만 고려해서는 안 된다. 바리스타의 인건비와, 원두기계에 대한 감가상각비도 고려해야 한다. 그 뿐인가? 커피전문점이 지출하는 가장 큰 비용 중의 하나는 바로 임대료이다. 이런 것까지 모두 고려해서 원가를 계산한 다음 가격에 반영하는 것이다. 그런데 종종 커피전문점 가격표에 이런 문구가 적혀 있는 가게들이 있다.

"전 메뉴 테이크아웃 시 1,000원 할인"

매장에서 마시지 않고 가지고 나가면 더 낮은 가격에 팔겠다는 얘기인데, 그 이유는 뭘까? 위에서 얘기했던 커피원가 중 임대료를 테이크아웃을 해가는 손님에게는 받을 필요가 없다고 판단했기 때문이다. 즉 똑 같은 커피지만 매장에서 마시는 손님에게 제공하는 커피원가와, 가지고 나가서 밖에서 마시는 손님에게 제공하는 커피원가가 다른 것이다. 이렇게 관리회계에서 이용하는 원가는 의사결정 목적에 따라 다양해진다. 제품가격 결정을 위한 원가를 예로 들었지만 직원들의 성과평가를 하기 위한 원가나, 특별주문의 수락을 위한 원가 등 의사결정 목적에 따라 다양한 원가계산방법이 등장한다. 수험에서 다루는 범위만 보더라도 정상원가계산, 실제원가계산, 표준원가계산, 변동원가계산, 초변동원가계산 등 배워야 할 것들이 많다. 이 때문에 별도로 원가회계라는 과목이 등장한 것이다. 수험생 입장에서는 두 가지를 기억했으면 좋겠다.

하나. 의사결정 목적에 따라 다양한 원가계산방법이 등장한다.
둘. 그래봤자, 결국엔 원가가 얼마인지 계산해보는 거다.

2 **원가회계의 목적**

앞에서 살핀 대로 원가회계의 목적은 크게 두 가지로 볼 수 있다. 첫 번째는 외부보고 목적이다. 이는 재무상태표에 보고될 재고자산의 원가와 손익계산서에 보고될 매출원가를 계산하려는 목적이다. 두 번째는 내부보고 목적을 들 수 있다. 내부의사결정을 하는 데 필요한 다양한 원가정보를 제공하는 것이 이에 해당한다. 이를 좀 더 구체적으로 세분화하면 다음과 같이 세 가지의 목적으로 나누어 볼 수 있다.

(1) 제품원가계산

제조기업의 당기제품제조원가를 계산하는 목적이다. 기업이 제조하는 제품의 원가를 계산하여 결정하면, 이를 바탕으로 손익계산서상 매출원가와 재무상태표상 기말 재고자산금액이 보고된다. 제품원가계산은 생산방식에 따라 작업단위의 개별원가계산과 공정단위의 종합원가계산으로 나누어 이루어진다.

(2) 계획과 의사결정

예산이나 사업계획을 세우거나, 여러 가지 의사결정을 하는 데 원가계산이 필요하다. 적정이익을 달성하기 위한 판매량 목표를 수립하기 위해서는 원가자료를 바탕으로 제품당 이익이 얼마인지 알 수 있어야 한다. 원가에 이윤을 가산해서 신제품의 가격을 정하는 경우에도 원가자료가 필요하며, 기타 다양한 의사결정을 하기 위한 바탕이 된다. 의사결정을 하는 데는 생산량에 따라 증가하는 변동원가계산이나 초변동원가계산이 주로 도움이 된다.

(3) 통제 및 성과평가

사전적인 계획과 의사결정뿐만 아니라, 사후적인 성과평가와 통제에도 원가회계가 필요하다. 회사가 계획했던 목표를 초과달성한 경우 그 원인이 재료비 절감에 있는지, 노무비나 경비 절감에 있는지 원가정보를 바탕으로 파악해야 적절한 성과평가가 가능하다. 만약 계획을 달성하지 못했다면 그 원인이 무엇인지 파악하고 통제하기 위해서도 원가정보가 제공되어야 한다. 사전에 설정한 표준과의 비교를 위해 표준원가계산제도가 사용된다.

제2절 | 원가의 분류

앞에서 살핀 대로 다양한 의사결정 목적에 따라 원가는 다양한 형태로 제공된다. 여기서는 이렇게 다양한 형태로 나뉘는 원가의 분류를 알아본다.

1 　제품원가계산을 위한 분류

첫 번째 가장 중요한 분류는 바로 외부보고목적에 따른 분류이다. 과거에 우리나라에서 재무제표는 아니지만 부속명세서로 공시하던 정보로 '제조원가명세서'가 있다. 기업의 원가정보가 경쟁업체에게 알려질 수 있다는 이유로 2004년부터 선택적으로 공시할 수 있게 바뀌었지만 여전히 공시하고 있는 회사들도 있다. 1절에서 예시로 보여준 제조원가명세서가 바로 여전히 공시하고 있는 회사의 사례를 보여준 것이다. 참고로 다음 양식은 법인세법의 별지에 제시된 제조원가명세서다. 제품을 만들기 위해서는 일단 재료가 있어야 한다(재료비). 또 이 재료를 제품으로 만들기 위해서는 사람의 손길이 필요하며(노무비), 그 외에 이것저것 발생하는 비용들이 있다(경비). 서식에서도 나타나듯이 일반적으로 제조원가라고 하면 '재료비, 노무비, 경비'로 표현한다.

<법인세법 시행규칙 [별지 제3호의3서식(3)]>

1. 제조원가명세서

계 정 과 목	코드	금 액
Ⅰ.재료비	1	
1.기초재료재고액	2	
2.당기재료매입액	3	
3.기말재료재고액	4	
Ⅱ.노무비	5	
1.급여	6	
가.임원급여	7	
나.직원급여	8	
다.임원상여금	9	
라.직원상여금	10	
2.일용급여	11	
3.퇴직급여(충당금전입액포함)	12	
가.임원퇴직급여	13	
나.직원퇴직급여	14	
Ⅲ.경비	15	
1.전력비	16	
2.가스·수도·유류비	17	
3.운임	18	

-중략-	~	~	~	~	~	~
24.기타	*39*					
Ⅳ.당기총제조비용	*44*					
Ⅴ.기초재공품원가	*45*					
Ⅵ.합계	*46*					
Ⅶ.기말재공품원가	*47*					
Ⅷ.타계정대체액	*48*					
Ⅸ.당기제품제조원가	*49*					

사쌤 가이드

재무회계에서도 다루지만, '원가(cost)'와 '비용(expense)'은 엄밀하게 따져서 다른 개념이다. 원가란 제품생산이나 서비스의 제공과 같은 특정목적을 달성하기 위해 사용된 경제적 자원의 희생을 화폐가치로 측정한 것으로, 간단히 말해 '제품을 만드느라 들어간 돈'을 말한다. 반면에 비용은 일정 기간 동안 수익을 창출하기 위해 소비된 경제적 자원을 화폐가치로 표시한 것이다. 제품을 만드는 데 돈이 들어가면 이것은 재고자산의 '원가'가 된다. 하지만, 이 제품이 팔리지 않는다면 창고에 남아 회사의 자산(재고자산)을 구성할 뿐 비용이 되지 않는다. 판매가 되었을 때야 비로소 비용(매출원가)이 된다. 이렇게 원가와 비용이 냉정하게는 다른 개념이지만, 관행적으로 이를 구분하지 않고 사용하는 경우가 많다. 회계학에서 원가라고 번역하는 cost를 경제학에서는 대부분 비용으로 번역한다. 위 제조원가명세서 양식에서도 재료비나 노무비가 아닌 재료원가, 노무원가라는 용어를 사용하는 것이 맞지만 관행적으로 사용하고 있다. 이하 본서에서는 되도록 원칙에 충실하게 원가라는 용어를 사용하되 위처럼 법의 표현이나, 과거 기출문제를 인용하는 경우에는 원문에 따라 '~비'라는 명칭도 혼용하도록 한다.

(1) 발생형태에 따른 종류

① 재료원가(재료비)

재료(원재료, 부품, 소모품 등) 매입액 중에서 제품제조에 사용한 원가를 의미한다. '기초재료 + 당기매입액 − 기말재료'라는 산식을 통해 '당기투입(사용)액'을 구한다.

② 노무원가(노무비)

노동에 대한 대가로 지급하는 인건비를 의미한다. 급여뿐만 아니라 상여 등도 포함한다.

③ 제조경비

제조원가 중에서 재료원가와 노무원가를 제외한 나머지 모든 원가를 말한다. 전력비, 수도광열비, 임차료, 감가상각비 등 다양한 형태로 구성된다.

(2) 제조관련성에 따른 분류

위에서 제품제조원가를 재료원가, 노무원가, 제조경비로 구분했지만, 여기에 해당한다고 해서 모두 제품제조원가가 되는 것은 아니다. 원가는 제조활동과 관련되었는지 여부에 따라 제조원가와 비제조원가로 구분할 수 있다. 생산직 사원에게 지급하는 급여는 제조원가(노무원가)를 구성하지만, 판매직 사원에게 지급하는 급여는 제조원가가 아닌 비제조원가(판관비)가 된다. 마찬가지로 공장에서 사용하는 전력비는 제조원가에 해당되어 제조경비를 구성하지만, 매장에서 사용하는 전력비는 비제조원가가 된다. 원재료는 일반적으로 제품생산에 투입되어 제조원가를 구성하지만, 만약 판촉용 샘플을 생산하는 데 투입하였다면 비제조원가인 판매촉진비를 구성하게 된다.

(3)추적가능성에 따른 분류

원가는 다시 추적가능성에 따라 직접원가(direct cost)와 간접원가(indirect cost)로 구분된다. 원가가 어떤 제품이나 서비스(원가계산대상)에서 발생했는지 추적해서 밝힐 수 있다면 직접원가가 되고, 그렇지 않은 경우에는 간접원가가 된다. 특정 제품(원가대상)의 원가를 계산하기 위해서 직접원가는 추적하면 되지만, 간접원가는 원가대상과의 관계를 인위적으로 설정해서 '배분'하는 과정이 추가로 필요하다.

(4) 일반적인 원가분류

위에서 형태와 제조관련성, 추적관련성에 따른 원가를 구분하였는데 제품원가는 이 세 가지 구분을 결합하여 일반적으로 다음과 같이 분류한다.

		비제조원가	제조원가	
			직접원가	간접원가
발생형태	재료원가	판매비와 관리비	직접재료원가	제조간접원가
	노무원가		직접노무원가	
	제조경비			

결국 제품제조원가는 직접재료원가(DM; Direct Material cost), 직접노무원가(DL; Direct Labor cost), 제조간접원가(OH; manufacturing OverHead cost)로 구성된다.

예제　**제품제조원가의 계산**

▷ 문제

다음은 ㈜한국의 제품생산과 판매와 관련된 자료이다. 제품제조원가를 계산하면 얼마인가?

- 제품생산에 투입된 직접재료원가는 ₩100,000이다.
- 공장의 생산직 사원에게 지급한 급여는 ₩40,000이며 본사의 관리직 사원에게 ₩20,000, 매장의 판매직 사원에게 ₩30,000의 급여를 지급하였다.
- 감가상각비로 공장건물에 대한 감가상각비가 ₩20,000 본사건물에 대한 감가상각비가 ₩10,000 발생하였다.
- 제품에 대한 광고선전비로 ₩30,000을 지급하였다.

제품제조원가

I. 직접재료원가	₩100,000
II. 직접노무원가(생산직 사원)	₩40,000
III. 제조간접원가(공장건물 감가상각비)	₩20,000
IV. 제품제조원가	₩160,000

관리직 사원과 판매직 사원에 대한 급여, 본사건물 감가상각비, 광고선전비는 모두 판매비 및 일반 관리비에 해당하므로 제품 제조원가에 포함하지 않는다.

(5) 기초원가와 가공원가 UNIT 01-02 기출 11, 13, 14, 15, 16, 19, 21

제조원가 중 가장 기본이 되는 것이 재료비와 노무비이다. 제품제조와 직접적인 관련성을 가지는 ****
****직접재료원가와 직접노무원가를 합쳐서 기초원가 혹은 기본원가(prime cost)라 부른다. 직접재료를 제품으로 전환하기 위해서는 가공이 필요한 데, 이 과정에서 발생하는 원가를 전환원가 또는 가공원가(conversion cost)라 부른다. 제품제조원가 중 직접재료원가를 제외한 *****직접노무원가와 제조간접원가의 합이 가공원가가 된다.

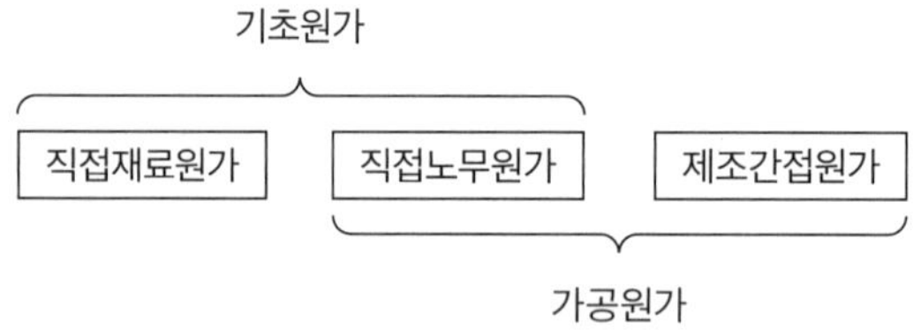

2 계획과 의사결정을 위한 원가분류

(1) 원가행태에 따른 분류

원가가 움직이는(行) 모습(態)을 원가 행태(行態)라고 하는데, 이는 활동이 증가함에 따라 원가가 어떻게 움직이는지를 의미한다. 원가에 영향을 주는 활동은 전통적으로 생산량이나 판매량, 작업의 정도 등을 의미하는 '조업도'를 주로 사용한다. 이 조업도가 증가함에 따라 같이 증가하는 원가를 변동원가(variable cost)라 하며, 조업도가 증가하더라도 변하지 않는 원가를 고정원가(fixed cost)라고 한다. 그 외에도 이 둘의 중간형태인 혼합원가(준변동원가나 준고정원가)도 있다.

① 변동원가

변동원가는 조업도가 증가함에 따라 이에 비례하여 증가하는 원가를 말한다. 커피전문점에서 커피를 만들기 위해 들어가는 원두(재료원가)의 원가를 예로 들 수 있다. 커피 한 잔에 들어가는 원두의 양이 일정하다면, 커피의 판매량이 늘어남에 따라 투입되는 원두의 원가도 증가하게 된다. 변동원가에 있어 조업도와 원가의 관계는 아래 좌측 그래프와 같이 나타나며, 단위당 변동원가(커피 한 잔당 원두가격)는 우측처럼 일정하게 나타난다.

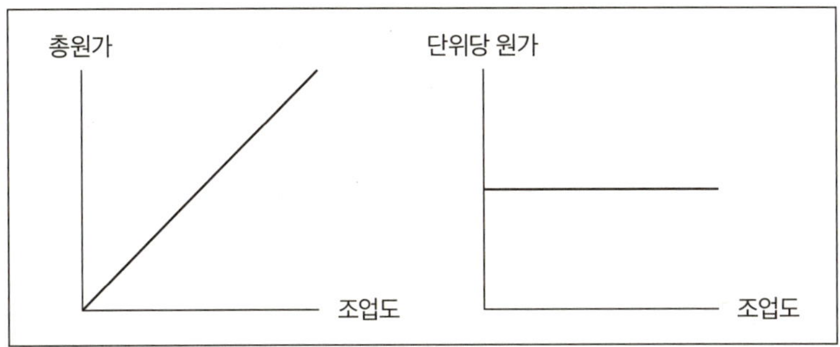

② 고정원가

고정원가는 조업도 변동에 상관없이 일정한 원가를 말한다. 커피전문점의 임대료를 예로 들 수 있는데 임대료가 월 100만 원 등 일정금액으로 정해져 있다면, 커피판매량이 증가하더라도 총원가는 변하지 않는다. 반면 단위당 원가는 감소하게 되는데, 한 달에 커피 한 잔을 팔았다면 커피 한 잔을 팔기 위한 임대료는 100만 원이 된다. 만약 100잔을 팔았다면 한 잔 당 임대료는 1만 원이 되며, 10,000 잔을 팔았다면 100원이 된다.

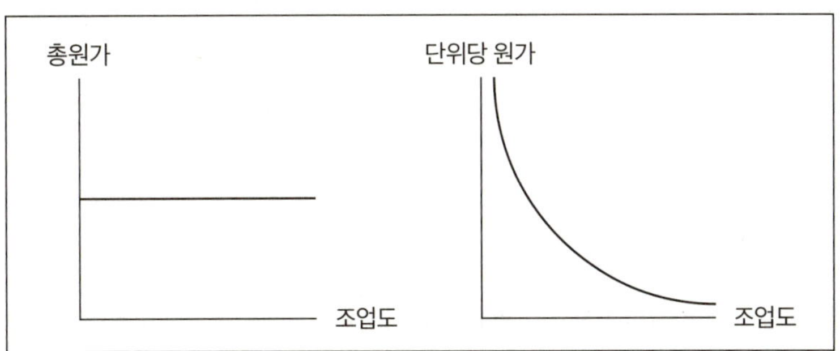

사쌤 가이드

한 가지 주의할 점은 **고정원가는 '관련 범위' 내에서만 일정하다**는 점이다. 거의 모든 고정원가는 일정 범위를 벗어나면 증가하게 되어 있다. 위에서 예를 든 커피매장의 임대료도 손님이 계속 늘어 도저히 현재의 매장면적으로는 소화할 수 없는 정도까지 증가하면 가게를 넓혀야 한다. 가게를 넓히기 위해서는 추가적인 임대료가 발생한다. 따라서 관련 범위를 벗어나면 다음에 나오는 준고정원가처럼 총원가가 증가하게 된다.

③ 준변동원가

준변동원가는 조업도와 관계없이 발생하는 고정원가에 조업도에 따라 증가하는 변동원가가 더 해진 혼합원가를 말한다. 전기료나 통신요금처럼 사용량과 상관없는 기본료(고정원가)에, 사용량에 따라 증가하는 사용료(변동원가)가 혼합된 경우에 발생한다. 이 경우에 총원가는 조업도에 따라 증가하지만, 단위당 원가는 조업도에 따라 감소한다.

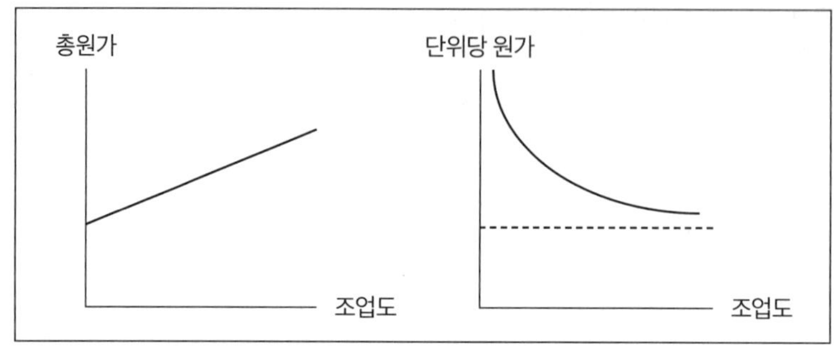

④ *준고정원가

계단원가라고도 불리는 형태로, 일정범위 내에서는 고정원가지만 이 범위를 벗어나면 증가하는 원가를 말한다. 커피전문점에서 한 사람의 종업원이 하루 100잔까지 서비스할 수 있다면, 판매량이 100잔을 넘어설 때마다 종업원을 추가로 채용해야 한다. 이때 종업원에게 지급하는 급여가 고정액이라면 준고정원가가 된다. 총원가와 단위당 원가의 행태는 아래 그림과 같다.

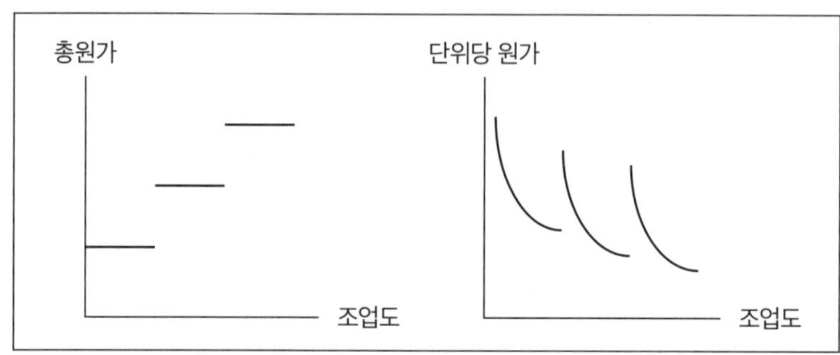

(2) 의사결정 관련성에 따른 분류

경영활동에는 여러 가지 의사결정이 필요하다. 신제품의 개발여부, 생산라인의 신설이나 폐쇄, 제품가격 설정 등 수많은 의사결정을 하게 되는데 이때 정보가 매우 중요한 역할을 하게 된다. 수많은 정보 중에서 의사결정에 영향을 주는 정보와 그렇지 않은 정보를 구분해 낼 수 있어야 하는데 전자를 관련원가라고 부르며 후자를 비관련원가라 부른다. 구체적인 내용은 의사결정 파트에서 다루게 된다.

① 관련원가와 비관련원가

선택가능한 대안들 간에 차이가 나는 원가로써 의사결정에 영향을 미치는 원가를 관련원가라 하며, 그렇지 못한 원가를 비관련원가라 한다. *관련원가는 앞으로 발생할 원가에 해당하며, 대안별로 발생금액이 다른 원가여야 한다. 과거에 발생해버린 원가나 대안별로 차이가 나지 않는 원가는 비관련원가가 된다.

② *매몰원가(sunk cost)

기발생원가라고도 부르며, 이미 과거에 발생해버린 원가로써 앞으로의 의사결정에 영향을 주지 못하기 때문에 비관련원가에 해당한다.

③ 기회비용

특정 대안을 선택하는 바람에 포기해야 하는 대가를 말한다. 대가는 그 대안에서 얻을 수 있었던 효익(순현금흐름)으로 계산하는데, 여러 가지 대안이 있는 경우 가장 큰 효익이 기회비용이 된다. 대안들 간에 차이가 나는 원가이며, 앞으로 포기해야 하는 원가에 해당하기 때문에 *관련원가로 분류한다.

3 통제 및 성과평가를 위한 원가분류

관리회계의 역할 중 하나는 올바른 성과평가에 필요한 정보를 제공하는 것이다. 성과평가가 제대로 이루어지기 위해서는 책임과 통제의 범위를 명확히 설정해야 한다. 원재료 가격상승으로 제품의 수익성이 낮아진 경우 단순히 제조원가가 상승했다는 이유만으로 제조부서에 책임을 물어서는 안 된다. 원재료의 가격은 제조부서가 통제할 수 없는 원가이기 때문이다. 이 때문에 통제가능원가를 명확히 하고 그에 따른 책임을 물어 성과평가를 하는 것이 합리적이다. 구체적인 내용은 성과평가 파트에서 다루게 된다.

① 통제가능원가

원가의 발생정도에 영향을 미칠 수 있는 원가를 말한다. *관리자나 경영자에 대한 성과평가를 할 때는 통제가능원가를 반영하여야 한다.

② 통제불능원가

특정 관리자나 경영자가 원가의 발생정도에 영향을 미칠 수 없는 원가를 말한다. 통제불능원가에 대해서는 책임을 묻기가 힘들기 때문에 성과평가를 할 때 배제하여야 한다.

1 원가계산의 의의

앞에서 여러 가지 기준에 따른 원가의 분류를 확인했다. 하지만, 이렇게 원가를 특정기준에 따라 나누어 분류하는 것만으로는 원가계산이 완료되지 않는다. 원가를 계산한다는 것은 '이 제품' 혹은 '이 서비스'의 원가가 얼마인지 계산하는 것을 의미하며, 이를 위해서는 재료비, 노무비, 경비 등으로 분류된 원가를 다시 한번 특정 제품 혹은 특정 서비스 별로 나누어 '이 제품에 들어간 재료비와 노무비와 경비가 얼마인지'를 계산해야 함을 의미한다. 이때 원가를 계산(측정)하는 단위를 '원가대상'이라고 한다. 결국, 원가계산이라 함은 분류별로 집계된 원가를 원가대상에 연결시키는 작업을 의미한다.

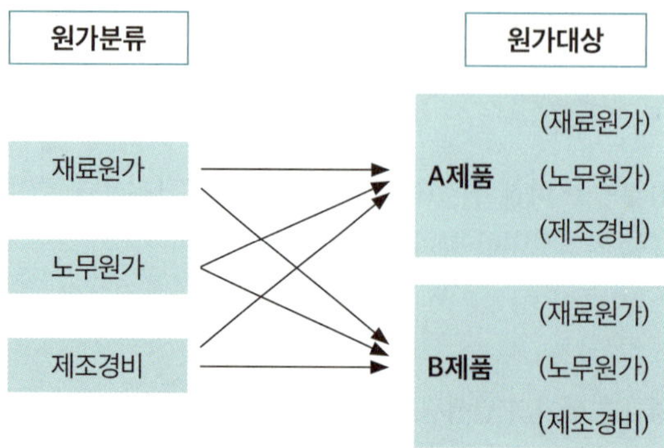

앞에서 원가의 분류를 다룰 때, 원가의 추적가능성에 따라 직접원가와 간접원가로 구분된다고 하였다. '원가가 어떤 제품이나 서비스(원가계산대상)에서 발생했는지 추적해서 밝힐 수 있다면 직접원가가 되고, 그렇지 않은 경우에는 간접원가가 된다'고 하였는데 이렇게 원가대상을 추적하는 것이 바로 원가계산이다. 직접원가는 추적이 가능하므로 어떤 대상에서 발생하였는지 추적하는 것만으로 원가계산이 완료된다. 하지만, 간접원가는 추적이 안되므로 별도의 계산과정이 필요한 데 이를 원가배분[4]이라고 한다.

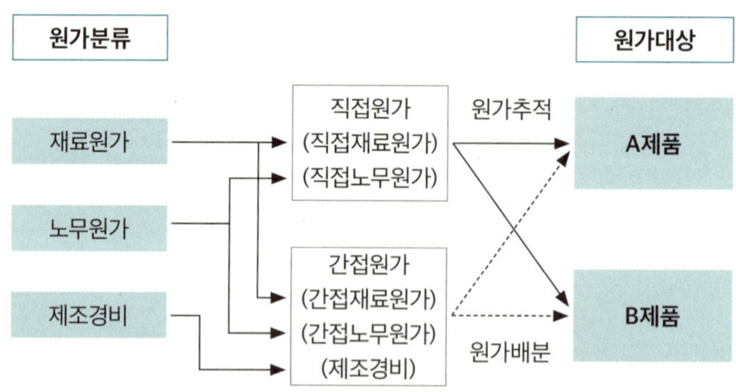

---

4 원가배분(原價配分)과 같은 의미로 원가배부(原價配賦)라는 용어도 사용된다. 굳이 구분하자면 배분은 원가를 나눈다는 의미가 크고, 배부는 나눈 원가를 원가대상에 연결짓는 의미가 크다. 즉, 원가를 배분하는 대상이 중간제품이 아닌 최종 제품이나 서비스 등 원가를 계산하는 대상에 해당하는 경우 이를 원가배부라고 한다. 하지만 수험목적상 '배분'과 '배부'는 같은 용어라고 생각하는 것이 좋다. 실제 시험에서도 두 가지 용어가 모두 출제되므로 이하 본서에서도 이 둘을 혼용해서 같은 의미로 사용한다.

원가계산은 쉽게 말해 '모아서 뿌리는 것'이다. 분류별로 원가가 얼마나 발생했는지 모은(집계) 다음, 원가대상에 뿌리는(추적과 배분) 과정이다.

2 원가의 배분

원가대상에 직접적인 추적이 어려운 간접원가의 경우에는 원가를 일정한 가정에 따라 제품이나 서비스에 배분해야 한다. 원가배분은 일반적으로 다음과 같은 과정을 거치게 된다.

(1) 원가의 집계

배분의 대상이 되는 간접원가를 확정한다.

(2) 배부기준의 확정

원가를 발생시키는 원인이 무엇인지 고려하여 합리적인 배부기준을 설정한다. 예를 들어, 제조경비 중 전력비는 기계사용시간에 따라 배부하고, 공장임차료는 생산라인이 차지하는 면적에 따라 배부할 수 있다.

(3) 배부기준의 집계

배부기준을 확정하였으면 각 원가대상 별로 배부기준을 집계하여야 한다. 기계사용시간이 배부기준이라면 제품별로 얼마나 기계를 사용하였는지 집계하여야 원가를 배부할 수 있다.

(4) 원가배부

집계된 원가와 배부기준을 바탕으로 배부율을 설정한 다음 각각의 제품이나 서비스(원가대상)에 간접원가를 배부한다.[5]

예제 간접원가의 배부

📝 문제

김한국 회계사는 공무원 수험생과 일반직장인을 대상으로 두 군데의 학원에서 강의를 하고 있다. 강의 준비에 사용하기 위해 노트북을 월 ₩100,000에 빌려서 사용중이며, 아름다운 목소리를 유지하기 위해 월 ₩200,000의 비용을 들여 보이스코칭을 받고 있다. 김한국 씨는 공무원 강의와 직장인 강의 중 어느 쪽이 수익성이 좋은지를 따져보기 위해 발생한 비용을 양쪽으로 배분해보기로 했다. 간접원가의 경우 실제 강의시간에 비례해서 배분하는 것이 합리적이라고 판단하여 1월 한 달간의 강의시간을 확인한 결과 공무원 수험생 대상 40시간, 직장인 대상 60시간의 강의를 수행하였다. 공무원 강의와 직장인 강의에 배부될 간접원가는 각각 얼마인가?

---

5 엄밀히 따져서 직접원가도 추적하는 경우보다는 배분하는 경우가 많다. 예를 들어 10kg짜리 밀가루 한 포대를 ₩10,000에 사서 10개의 빵을 만들었다고 가정하자. 이때 빵 1개의 직접재료원가는 ₩1,000으로 계산된다. 10kg의 밀가루로 10개의 빵을 만들었으니 빵 1개당 1kg의 밀가루가 투입된 것으로 계산하는데, 실제 10개의 빵에 투입된 밀가루의 양을 하나씩 추적해보면 빵마다 들어간 양이 아주 조금씩 다를 것이다. 단지 10kg의 밀가루를 10개의 빵에 배분해서 빵 1개당 1kg의 밀가루가 투입됐다고 가정하는 것이다.

⚙️ **풀이**

① 원가의 집계: 배부할 간접원가는 노트북 임대료 ₩100,000과 보이스코칭 비용 ₩200,000의 합계인 ₩300,000이 된다.

② 배부기준의 확정: 문제에서 주어진 대로 간접원가의 배분은 강의시간을 기준으로 배부하기로 한다.

③ 배부기준의 집계: 배부기준인 강의시간은 공무원 강의 40시간, 직장인 강의 60시간, 합계 100시간이다.

④ 원가배부: 집계된 간접원가 총액 ₩300,000을 배부기준 총량 100시간으로 나누면 간접원가 배부율은 시간당 ₩3,000이 된다. 따라서 공무원 강의에는 40시간 × ₩3,000/시간 = ₩120,000, 직장인 강의에는 60시간 × ₩3,000/시간 = ₩180,000이 배부된다.

인 출 과 제

사쌤 가이드

시험장에 들어갈 때 필요한 것은 장기기억이다. 공부한 내용을 단기기억에서 장기기억으로 옮기지 않으면 '분명 이 해했던 건데, 왜 기억이 안 나지?'라는 소리를 하게 된다. 장기기억을 위해 가장 효과가 좋은 방법 두 가지는 '시험 효 과'와 '인출 효과'이다. 시험 효과는 말 그대로 시험을 보는 것이다. 공부한 내용을 테스트 해 본 것만으로 기억은 오 래 간다. 실험결과에 의하면, 심지어 테스트를 마치고 문제를 맞았는지 틀렸는지 채점을 해보지 않더라도 시험을 봤 다는 것만으로 장기기억에 큰 도움이 되는 것으로 나타난다. 이 때문에 대부분의 수험서에 연습문제가 있다.

두 번째로 효과가 좋은 방법은 인출 효과이다. 인출 효과는 자기가 공부했던 것(머리에 담았던 것)을 다시 한번 끄집 어 내보는 것이다. 사실 시험을 봐서 생기는 시험 효과도 인출 효과의 일종이다. 시험을 보기 위해서는 공부했던 내 용을 다시 끄집어내야 하기 때문이다. 그래서, 채점을 하지 않더라도 시험을 보는 과정에서 공부했던 내용을 끄집어 낸 경험 때문에 기억이 오래 가게 된다. 인출은 공부한 내용을 스스로 다시 요약해 본다거나, 토론해 보거나 아니면 누군가에게 설명하거나 가르쳐 볼 때 극대화 된다. 강사들이 내용을 잘 아는 이유는 남에게 가르쳐 봤기 때문이다. 남에게 가르치기 위해서는 자기가 배운 내용을 자신만의 체계로 꺼내어 정리해야만 한다.

안타깝게도 대부분의 사람들, 특히 공부를 못하는 학생들이 싫어하는 게 있다.

"바로 시험과 발표다"

역으로 생각해보면 시험을 보지 않고, 발표를 하지 않기 때문에 공부를 못하는 거다. 이 책을 통해 당신에게 강의를 시키거나 발표를 시킬 수는 없다. 하지만, 매 챕터가 끝날 때마다 나오는 인출과제를 수행해보기 바란다. 인출과제에 는 답이 없다. 답을 맞추는 게 중요한 게 아니라, 공부했던 내용을 다시 자꾸 꺼내 보는 게 중요한데 답이 있으면 인 출을 중단하고 답을 확인한 다음 공부를 멈추게 된다. 답을 주지 않는 문제는 분명 수험생을 괴롭히는 일이다. 그리 고 당신이 공부를 잘하게 만드는 일이다. 어렵게 기억해야 오래 간다.

01 다음은 실제 회사의 재무제표 일부이다. 음영 표시된 빈칸을 채우시오.

<재무상태표>

과 목	제 32 (당) 기		제 31 (전) 기	
자 산				
I. 유동자산		5,420,275,557		5,753,757,892
(1) 당좌자산		4,836,031,330		5,164,746,835
(2) 재고자산		584,244,227		589,011,057
제품	289,446,132		217,215,854	
재공품	( )		( )	
원재료	212,253,310		308,807,715	
저장품	3,406,040		2,755,060	

<손익계산서>

과 목	제 32 (당) 기		제 31 (전) 기	
Ⅰ. 매출액		13,504,030,827		12,956,934,962
제품매출액	13,504,030,827		12,956,934,962	
Ⅱ. 매출원가		10,688,303,222		10,298,155,127
기초제품재고액	217,215,854		171,275,776	
당기제품제조원가	( )		( )	
계	( )		( )	
기말제품재고액	-289,446,132		-217,215,854	
Ⅲ. 매출총이익		2,815,727,605		2,658,779,835

<제조원가명세서>

과 목	제 32 (당) 기		제 31 (전) 기	
Ⅰ.원재료비		7,776,305,882		7,589,974,517
기초원재료재고액	308,807,715		272,632,624	
당기원재료매입액	7,679,751,477		7,626,149,608	
기말원재료재고액	212,253,310		308,807,715	
Ⅱ.노무비		1,048,810,515		955,273,885
Ⅲ.경비		1,954,323,420		1,833,573,182
Ⅳ.당기총제조비용		( )		( )
Ⅴ.기초재공품재고액		( )		25,506,049
Ⅶ.합계		( )		( )
Ⅷ.기말재공품재고액		79,138,745		60,232,428
Ⅹ.당기제품제조원가		( )		( )

02 다음 비교표의 빈칸에 들어갈 말을 채우시오.

구분	재무회계	관리회계
목적	( )의 경제적 ( )에 ( )를 제공	( )의 ( )에 ( )를 제공
이용자	( ), ( ) 등 ( )이용자	( ), ( ) 등 ( )이용자
보고 및 작성기준	일반적으로 인정된 회계원칙(GAAP)	( )
보고수단	( )	상황에 적합한 자유로운 보고수단
보고주기	정기적(분기, 반기, 연차)	필요할 때마다 수시로
정보의 속성	( )지향적	( )지향적

03 원가회계의 목적과 그에 따른 원가분류이다. 빈칸에 들어갈 내용을 채우시오.

원가회계의 목적	원가의 분류기준	원가의 종류
제품원가계산	발생형태	(　　　　), (　　　　), (　　　　)
	제조관련성	(　　　　), (　　　　)
	추적가능성	(　　　　), (　　　　)
계획과 의사결정	원가행태	(　　　　), (　　　　), (　　　　), (　　　　)
	의사결정 관련성	(　　　　), (　　　　)
		(　　　　), (　　　　)
통제 및 성과평가	통제가능성	(　　　　), (　　　　)

주요 기출 및 연습문제

 **사쌤 가이드**

장기기억을 강화하는 효과 중에 '교차 효과'가 있다. 여러 내용을 번갈아 가면서 학습할 때 장기기억이 강화된다는 효과다. A, B, C 세 가지의 주제가 있을 때 이에 대한 연습문제를 A주제 5문제, B주제 5문제, C주제 5문제를 연속해서 푸는 것과 A-B-C 1문제씩, 다시 A-B-C 1문제씩을 5번 교차해서 푸는 방법을 비교해보면 전자가 정답률이 훨씬 높게 나온다. 반복해서 풀기 때문에 쉽게 풀 수 있고, 이 때문에 내용을 이해하고 알았다는 착각에 빠진다. 하지만, 일주일 뒤 같은 내용을 테스트해 보면 연속해서 풀었던 학생이 교차해서 풀었던 학생에 비해 정답률이 1/3 밖에 되지 않는다. 같은 주제를 연속해서 풀지 않고 교차해서 풀면 어렵다. 혼란스럽기도 하고 공부도 힘들다. 하지만, 어렵게 공부하면 공부효과는 훨씬 높아진다. 거의 모든 수험서의 연습문제가 주제별로 순차적으로 구성되어 있는 데 반해, 이 책의 연습문제가 뒤죽박죽으로 구성되어 정리하기 힘들게 만들어진 이유다.

추가로 교차 효과와 비슷한 '분산 효과'도 있다. 특정 내용을 몰아서 한 번에 공부하기 보다는 나누어서 반복하는 것이 더 효과적이다. 하룻밤 날을 새는 벼락치기가 공무원시험에서는 아무런 효과도 없다. 이 때문에 연습문제를 한 번에 모두 풀기보다는 2등분 혹은 3등분을 해서 풀고 일정기간 뒤에 나머지 문제를 마저 풀어보는 것이 공부효과가 높다. 다른 수험서의 경우 2등분보다는 홀, 짝수로 나누어 푸는 것이 도움이 된다. 문제가 주제별로 묶여 있기 때문에 주제별로 선별해서 푸는 효과가 있기 때문이다. 하지만, 이 책은 어차피 문제를 섞어 두었기 때문에 전반부와 후반부로 나누거나 1~10, 11~20처럼 10문제씩 풀면 자연스럽게 교차 효과와 분산 효과가 생기도록 하였다.

01 다음 자료를 이용하여 직접재료원가를 계산하면?　　　　　　　　　　　　　　　2016 지방직 9급

• 영업사원급여	₩35,000	• 간접재료원가	₩50,000
• 공장감가상각비	₩50,000	• 매출액	₩700,000
• 공장냉난방비	₩60,000	• 기본(기초)원가	₩350,000
• 본사건물임차료	₩40,000	• 가공(전환)원가	₩300,000

① ₩160,000　　　　　　　　② ₩190,000

③ ₩210,000　　　　　　　　④ ₩250,000

01 **정답** ③

해설 제조간접원가 = 간접재료원가 ₩50,000 + 공장감가상각비 ₩50,000 + 공장냉난방비 ₩60,000 = ₩160,000

가공원가 ₩300,000 = 직접노무원가 + 제조간접원가 ₩160,000

직접노무원가 = ₩140,000

기본원가 ₩350,000 = 직접재료원가 + 직접노무원가 ₩140,000

직접재료원가 = ₩210,000

02 다음 중 재고자산의 원가로 분류하기 어려운 항목은?

① 생산에 투입한 원재료에 대해 구입시점에 발생한 운송비

② 공장 종업원의 교육을 위한 교육훈련비

③ 직매장 건물에 대한 감가상각비

④ 공장감독자에 대한 급여

03 각 사업부의 성과를 평가하고 그 결과에 따른 보상 제도를 실시하려고 할 경우 고려해야 할 적절한 원가는?

2011 국가직 9급

① 고정원가

② 매몰원가

③ 통제가능원가

④ 기회원가

04 ㈜한국의 제조간접원가는 가공원가의 40%에 해당한다. 만약 직접노무원가가 ₩24,000이고, 직접재료원가가 ₩30,000이면 ㈜한국의 제조간접원가는 얼마인가?

① ₩16,000　　② ₩20,000

③ ₩24,000　　④ ₩40,000

05 원가회계가 제공하는 정보에 대한 설명으로 옳지 않은 것은?

① 재무상태표에 보고될 모든 자산이나 부채의 역사적원가에 대한 평가근거가 된다.

② 손익계산서에 보고되는 매출원가를 산정하는 근거가 된다.

③ 신제품의 가격결정, 설비투자 등 기업 내부의 의사결정에 필요한 기초 자료를 제공한다.

④ 경영자와 종업원의 성과를 평가하기 위한 기본적인 정보를 제공한다.

06 ㈜한국은 화재로 인하여 100개의 재고자산이 파손되었다. 파손된 재고자산은 ₩40,000에 처분하거나, 혹은 ₩20,000의 수선비를 지출하여 수선을 하면 ₩70,000에 처분할 수 있다. 그러나 ㈜한국의 생산부장은 위의 파손된 재고자산을 생산과정에 재투입하여 재가공하기로 하였다. ㈜한국의 파손된 재고자산의 재가공에 따른 기회비용은? 2010 국가직 9급

① ₩70,000　　② ₩50,000

③ ₩40,000　　④ ₩20,000

07 제조원가 관련 자료가 다음과 같고 직접노무원가 발생액이 실제가공원가의 40%일 때, 기본(기초)원가는? (단, 재료소비액은 모두 직접재료원가이다) 2014 지방직 9급

• 기초재료	₩50,000	• 기초재공품	₩100,000
• 당기재료매입액	₩170,000	• 기말재료	₩30,000
• 공장감독자급여	₩30,000	• 공장기계 감가상각비	₩20,000
• 수도광열비	₩ 20,000(본사 50%, 공장 50% 배부)		

① ₩200,000　　② ₩230,000

③ ₩260,000　　④ ₩300,000

05 **정답** ①

　해설 원가회계는 재고자산의 평가에 대한 근거가 되지만, 기타 유·무형 자산이나 부채 등 모든 자산·부채에 대한 평가근거가 되지는 않는다.

06 **정답** ②

　해설 기회비용은 대안에서 얻을 수 있었던 효익(순현금흐름) 중 가장 큰 값으로 계산한다. 재가공을 하지 않을 경우 ① 그대로 처분하거나 ② 수선하여 처분하는 두 가지 대안이 있다. 그대로 처분해 얻을 수 있는 현금흐름 ₩40,000과 수선을 통해서 얻을 수 있는 순현금흐름 ₩50,000(₩70,000 - ₩20,000) 중 더 큰 ₩50,000이 재가공에 대한 기회비용이 된다.

07 **정답** ②

　해설 DM = 기초재료 ₩50,000 + 당기재료매입액 ₩170,000 - 기말재료 ₩30,000 = ₩190,000

　OH = 공장감독자급여 ₩30,000 + 공장기계 감가상각비 ₩20,000 + 수도광열비 ₩20,000 × 50% = ₩60,000

　OH ₩60,000 = 가공원가 × 60%; 가공원가 = ₩100,000

　DL = 가공원가 ₩100,000 × 40% = ₩40,000

　기본원가 = DM ₩190,000 + DL ₩40,000 = ₩230,000

08 다음은 ㈜한국의 20X1년 제조원가 자료이다.

제조원가명세서

Ⅰ. 직접재료원가		₩82,000
Ⅱ. 직접노무원가		₩64,000
Ⅲ. 제조간접원가		
변동원가	₩15,000	
고정원가	₩20,000	₩35,000
Ⅳ. 당기총제조원가		₩181,000

위 자료를 이용하여 기초원가와 가공원가를 계산하면 얼마인가?

	기초원가	가공원가
①	₩117,000	₩79,000
②	₩117,000	₩99,000
③	₩146,000	₩79,000
④	₩146,000	₩99,000

09 직접원가 및 간접원가에 관한 다음 설명 중 적절하지 않은 것은?　　2007 국가직 9급

① 발생한 원가를 원가대상별로 추적할 수 있는가에 따라서 직접원가와 간접원가로 분류된다.

② 제품원가 계산 시 간접원가는 인과관계 등 합리적인 기준에 따라 제품에 배분된다.

③ 실질적으로 또는 경제적으로 특정 제품 등에 직접 관련시킬 수 있는 원가를 직접원가라고 한다.

④ 조업도의 변동에 따른 원가행태(cost behavior)에 근거하여 직접원가와 간접원가로 분류된다.

정답과 해설

08 정답 ④

해설 기초원가 = DM ₩82,000 + DL ₩64,000 = ₩146,000

가공원가 = DL ₩64,000 + OH ₩35,000 = ₩99,000

09 정답 ④

해설 조업도의 변동에 따른 원가행태는 고정원가와 변동원가로 분류된다. 직접원가와 간접원가를 구분하는 기준은 추적가능성이다.

10 다음과 같은 그래프 형태로 원가가 발생하는 사례로 적절한 것은?

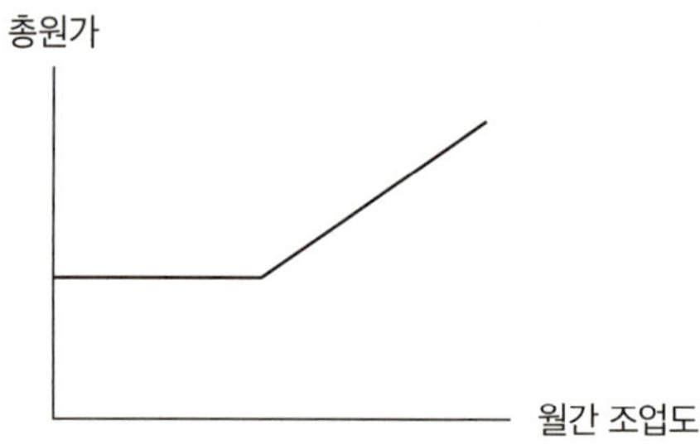

① 통신요금에 대하여 기본료 ₩20,000을 지급하고, 통화시간 10초당 ₩10의 요금을 통화료로 지급한다.

② 판매량 목표를 달성하지 못한 경우 기본월급 ₩3,000,000을 지급하고, 목표를 달성한 경우에는 성과급 ₩1,000,000을 추가로 지급한다.

③ 월 200시간의 작업에 대해서는 기본급 ₩2,000,000을 지급하며, 초과근무에 대해서는 시간당 ₩15,000의 초과근무수당을 지급한다.

④ 기계장치를 월 ₩1,000,000에 빌려서 사용하는데, 제품을 100개까지 생산할 수 있다. 생산량이 100개를 초과할 때마다 추가로 임차하여야 한다.

11 다음 중 재무회계와 관리회계에 대한 비교 설명으로 잘못된 것은?

① 재무회계가 대상으로 하는 정보이용자가 외부이용자인 반면, 관리회계는 내부이용자를 대상으로 한다.

② 재무회계는 한국채택국제회계기준 등 외부보고를 위한 회계원칙에 따라 작성하고 보고하는 반면, 관리회계는 내부회계관리규정에 따라 수행된다.

③ 재무회계의 보고주기가 정기적인 반면, 관리회계는 정해져 있지 않고 필요할 때마다 수시로 이루어진다.

④ 재무회계의 정보가 과거지향적인 속성을 지니는 반면, 관리회계는 상대적으로 미래지향적인 속성을 가지고 있다.

10 **정답** ③

해설 문항별로 그래프는 다음과 같이 나타난다.

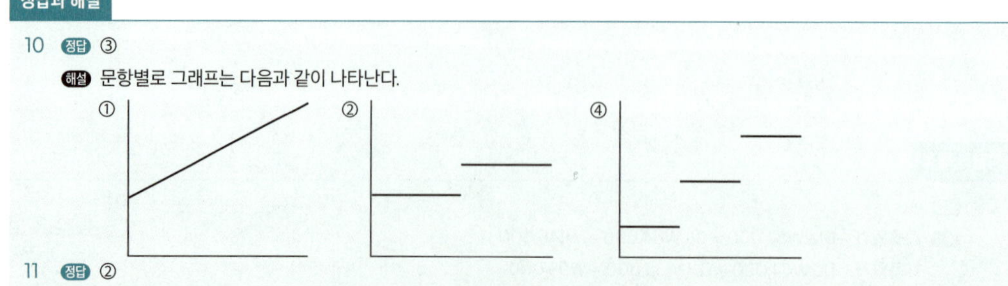

11 **정답** ②

해설 재무회계가 일반적으로 인정된 회계원칙(GAAP)에 따라 작성하고 보고하는 반면, 관리회계는 따라야 할 특정한 기준이 존재하지 않는다.

12 다음은 12월 말 결산법인인 ㈜경기의 2008 회계연도 중의 발생원가 및 비용과 관련된 자료이다. 이
    를 이용하여 가공원가(전환원가)를 계산하면? 2009 국가직 9급

• 직접재료원가	₩35,000	• 직접노무원가	₩30,000
• 공장건물감가상각비	₩20,000	• 본사비품감가상각비	₩25,000
• 판매원판매수당	₩17,000	• 공장수도광열비	₩12,000
• 간접노무원가	₩18,000	• 공장소모품비	₩7,000

① ₩65,000 　② ₩83,000

③ ₩87,000 　④ ₩122,000

13 기본원가와 가공원가에 공통적으로 해당하는 항목은? 2013 국가직 9급

① 제품제조원가

② 제조간접원가

③ 직접재료원가

④ 직접노무원가

14 다음 중에서 자동차 생산기업의 제조간접원가에 포함되는 항목은? 2010 지방직 9급

① 특정 자동차 생산라인에서 일하는 생산직의 급여

② 타이어 생산업체에서 구입한 타이어

③ 판매관리직의 인건비

④ 생산을 지원하는 구매부나 자재관리부 직원의 급여

정답과 해설

12 정답 ③

해설 OH = 공장건물감가상각비 ₩20,000 + 공장수도광열비 ₩12,000 + 간접노무원가 ₩18,000 + 공장소모품비 ₩7,000 = ₩57,000

가공원가 = DL ₩30,000 + OH ₩57,000 = ₩87,000

13 정답 ④

해설 기본원가는 직접재료원가와 직접노무원가의 합계이며, 가공원가는 직접노무원가와 제조간접원가의 합계이다.

14 정답 ④

해설 생산직의 급여는 직접노무원가, 타이어는 직접재료원가, 판매관리직의 인건비는 비제조원가로 판매비와 관리비에 해당한다.
간접재료원가나 간접노무원가는 제조간접원가에 해당한다.

15 ㈜한국의 2010년 1월 중 발생한 제조원가 및 비용에 대한 자료가 다음과 같을 때, 2010년 1월에 발생한 가공비는? (단, ㈜한국은 2010년 1월초에 ₩3,000, 1월말에 ₩1,000의 직접재료가 있었다)

2011 지방직 9급

항목	금액
직접재료 매입비	₩2,000
직접노무비	₩3,000
감가상각비-공장건물	₩500
감가상각비-영업점포	₩300
공장감독자 급여	₩100
기타 제조간접비	₩200
합 계	₩6,100

① ₩3,800　　② ₩4,100

③ ₩5,000　　④ ₩6,100

16 준고정(계단)원가에 대한 설명으로 옳은 것은? (단, 조업도 이외의 다른 조건은 일정하다고 가정한다)

2016 지방직 9급

① 조업도와 관계없이 단위당 원가는 항상 일정하다.

② 일정 조업도 범위 내에서는 조업도의 변동에 정비례하여 총원가가 변동한다.

③ 일정 조업도 범위 내에서는 총원가가 일정하지만, 일정 조업도 범위를 초과하면 총원가가 일정액만큼 증가한다.

④ 일정 조업도 범위 내에서는 조업도의 변동에 관계없이 총원가가 일정하므로, 단위당 원가는 조업도의 증가에 따라 증가한다.

15 정답 ①

해설 OH = 감가상각비-공장건물 ₩500 + 공장감독자 급여 ₩100 + 기타 제조간접비 ₩200 = ₩800

가공비(가공원가) = DL ₩3,000 + OH ₩800 = ₩3,800

16 정답 ③ 

해설

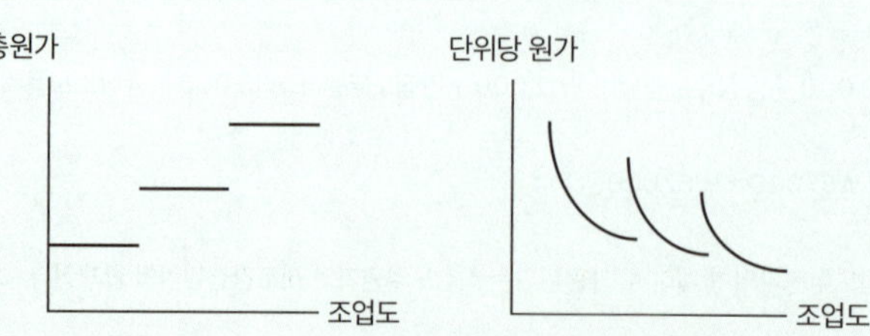

준고정원가는 일정 조업도 범위 내에서는 총원가가 일정하지만, 범위를 넘어서면 계단식으로 증가한다. 단위당 원가는 일정범위 내에서 조업조의 증가에 따라 감소하다가 범위를 벗어나면 한 단계 증가한 후 다시 감소해간다.

17 의사결정을 할 때 특정 대안의 선택에 영향을 주지 않는 비관련원가(irrelevant cost)에 해당하는 것은?

2009 국가직 9급

① 매몰원가　　② 차액원가

③ 증분원가　　④ 기회원가

18 다음 그림과 같은 행태를 보이는 원가에 대한 설명으로 맞는 것은?

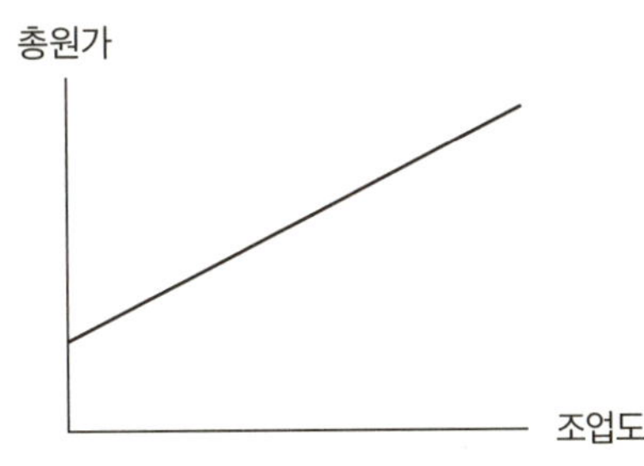

① 조업도가 증가하더라도 단위당 원가는 일정하다.

② 고정원가와 변동원가 두 가지 성격을 모두 가진 준고정원가이다.

③ 조업도와 상관없이 총원가가 일정하다.

④ 고정원가에 해당하는 기본요금과 사용량에 따른 사용요금을 내는 경우에 나타날 수 있는 준변동원가이다.

19 ㈜한국은 당기에 1,000개의 제품을 생산하였다. 단위당 기초원가는 ₩4,200, 단위당 가공원가 ₩6,000, 고정제조간접원가 총 발생액은 ₩1,000,000이다. 기초원가의 60%가 직접노무원가에 해당할 경우, 제품 단위당 제조원가는 얼마인가?

① ₩6,600　　② ₩7,140

③ ₩7,680　　④ ₩8,520

정답과 해설

17 **정답** ①

해설 매몰원가는 이미 과거에 발생해버린 원가로써 앞으로의 의사결정에 영향을 주지 못하기 때문에 비관련원가에 해당한다.

18 **정답** ④

해설 ① 조업도가 증가하면 단위당 원가는 감소한다.

　　② 준고정원가 아닌 준변동원가에 해당한다.

　　③ 조업도가 증가함에 따라 총원가도 증가한다.

19 **정답** ③

해설 직접재료원가 = 기초원가의 40% = ₩4,200 × 40% = ₩1,680

　　단위당 제조원가 = 직접재료원가 ₩1,680 + 가공원가 ₩6,000 = ₩7,680

20 원가행태에 대한 설명으로 옳지 않은 것은?　2014 국가직 9급

① 고정원가는 조업도가 증감하더라도 전체 범위에서는 고정적이기 때문에, 다른 조건이 동일하다면 제품 단위당 고정원가는 조업도의 증가에 따라 감소한다.

② 관련범위 내에서 조업도 수준과 관계없이 고정원가 발생총액은 일정하다.

③ 관련범위 내에서 조업도가 증가하면 변동원가 발생총액은 비례적으로 증가한다.

④ 변동원가는 조업도의 증감에 따라 관련범위 내에서 일정하게 변동하기 때문에, 다른 조건이 동일하다면 제품단위당 변동원가는 조업도의 증감에 관계없이 일정하다.

21 매몰원가에 대한 설명으로 맞는 것은?

① 과거 의사결정으로 인하여 이미 발생한 원가로 미래의 의사결정에 영향을 주지 못하는 원가

② 특정 대안을 선택함에 따라 포기해야 하는 다른 대안에서 얻을 수 있었던 대가

③ 선택가능한 대안들 간에 차이가 발생하는 원가

④ 원가의 발생에 영향을 미칠 수 있어 성과평가에 반영하여야 하는 원가

22 2008년 11월 제품생산과 관련하여 발생한 ㈜한강의 직접노무원가는 가공원가의 30%이다. 2008년 11월의 직접재료원가가 ₩52,500이고 제조간접원가가 ₩21,000이라면, 직접노무원가는?　2009 지방직 9급

① ₩75,000　　　② ₩9,000

③ ₩30,000　　　④ ₩6,300

정답과 해설

20 **정답** ①

해설 고정원가는 '관련범위' 내에서만 고정적일 뿐, 해당 범위를 벗어나면 증가하게 된다.

21 **정답** ①

해설 ②는 기회원가, ③은 관련원가, ④는 통제가능원가에 대한 설명이다.

22 **정답** ②

해설 가공원가 = DL + OH = 가공원가 × 30% + ₩21,000

0.7 × 가공원가 = ₩21,000; 가공원가 = ₩30,000

직접노무원가 = ₩30,000 × 30% = ₩9,000

23 다음은 ㈜한국의 제품생산 원가자료이다. 제품 단위당 기초원가와 단위당 가공원가는 각각 얼마인가?

• 단위당 직접재료원가	₩12,000
• 단위당 직접노무원가	₩25,000
• 단위당 변동제조간접원가	₩8,000
• 월간 총고정제조간접원가	₩200,000
* 당월 생산량은 총 40단위이다.	

	기초원가	전환원가
①	₩37,000	₩13,000
②	₩37,000	₩38,000
③	₩45,000	₩13,000
④	₩45,000	₩38,000

24 다음은 ㈜한국이 생산하는 제품에 대한 원가자료이다.

• 단위당 직접재료원가	₩28,000
• 단위당 직접노무원가	₩40,000
• 단위당 변동제조간접원가	₩60,000
• 월간 총고정제조간접원가	₩200,000

㈜한국의 제품 단위당 기초(기본)원가와 단위당 가공(전환)원가는? (단, 고정제조간접원가는 월간 총생산량 20단위를 기초로 한 것이다)

2021 국가직 9급

	단위당 기초(기본)원가	단위당 가공(전환)원가
①	₩68,000	₩110,000
②	₩68,000	₩128,000
③	₩110,000	₩68,000
④	₩128,000	₩68,000

정답과 해설

23 **정답** ②
해설 단위당 FOH = ₩200,000 ÷ 40단위 = ₩5,000
단위당 기초원가 = DM ₩12,000 + DL ₩25,000 = ₩37,000
단위당 가공원가 = DL ₩25,000 + VOH ₩8,000 + FOH ₩5,000 = ₩38,000

24 **정답** ①
해설 단위당 기초원가 = DM ₩28,000 + DL ₩40,000 = ₩68,000
단위당 고정제조간접원가 = ₩200,000 ÷ 20단위 = ₩10,000
가공원가 = DL ₩40,000 + VOH ₩60,000 + FOH ₩10,000 = ₩110,000

25 원가에 대한 설명으로 옳지 않은 것은? 2024 국가직 9급

① 매몰원가란 이미 발생한 과거원가로, 현재 또는 미래의 의사결정에는 영향을 미치지 못하는 원가이다.

② 조업도 수준이 변화함에 따라 총변동원가는 일정한 형태로 변화하지만 총고정원가는 관련 범위 내에서 일정한 금액으로 발생한다.

③ 관련원가란 선택 가능한 두 가지 이상의 대안 간에 차이가 있었던 과거원가를 말하며 의사결정과 직접 관련이 있는 원가이다.

④ 직접재료원가와 직접노무원가는 기초원가이며, 직접노무원가와 제조간접원가는 가공원가이다.

---

25 **정답** ③

해설 선택가능한 대안들 간에 차이가 나는 원가로써 의사결정에 영향을 미치는 원가를 관련원가라 하며, 그렇지 못한 원가를 비관련원가라 한다. 관련원가는 앞으로 발생할 원가에 해당하며, 대안별로 발생금액이 다른 원가여야 한다. 과거에 발생해버린 원가나 대안별로 차이가 나지 않는 원가는 비관련원가가 된다.

사경인
프레임회계학
원가회계

CHAPTER 02

원가흐름과 프레임

원가회계의 기본은 제품원가를 계산하는 것이다. 그리고, 원가는 원재료에서 완성품이 되어 가는 생산흐름에 맞추어 모으고 뿌려 가며 계산된다. 따라서 생산흐름에 맞춘 원가흐름을 파악하는 것이 원가계산의 출발점이 된다.

이렇게 계산되는 원가는 하나가 아니다. 다양한 목적에 따라 다양한 원가계산방법이 등장하는데 그것이 바로 원가회계라는 과목이 따로 존재할 정도로 방대해지는 이유다. 여기서는 각각의 원가계산방법의 차이와 이를 이해하는 프레임을 갖추게 될 것이다.

01　제품의 제조원가는 직접재료원가, 직접노무원가, 제조간접원가로 구성된다.　（ O ｜ × ）

02　제조기업의 경우 원재료를 구매해서 제품으로 판매할 때까지 원재료, 재공품, 제품, 매 （ O ｜ × ）
출원가의 순서로 재무제표에 인식된다.

03　당기 중에 원재료를 매입하면 이것이 전부 직접재료원가를 구성한다.　（ O ｜ × ）

04　당기에 투입된 직접재료원가, 직접노무원가, 제조간접원가를 합하면 당기제품제조원가 （ O ｜ × ）
가 된다.

05　기초재공품원가에 당기제품제조원가를 더하고 기말재공품원가를 차감하면 당기총제 （ O ｜ × ）
조원가가 된다.

06　기초제품재고원가에 당기제품제조원가를 더하고 기말제품재고원가를 차감하면 매출원 （ O ｜ × ）
가가 된다.

07　원가를 집계하는 단위에 따라 개별원가계산과 종합원가계산으로 구분한다.　（ O ｜ × ）

08　제조간접원가를 배부하는 방식에 따라 전부원가계산과 변동원가계산으로 구분된다.　（ O ｜ × ）

09　공손이나 불량품의 발생을 고려하는지에 따라 실제원가계산과 정상원가계산으로 구분 （ O ｜ × ）
된다.

10　표준원가계산은 사전에 정해진 표준수량과 표준가격을 기준으로 제품의 원가를 계산한다. （ O ｜ × ）

정답									
01 ○	02 ○	03 ×	04 ×	05 ×	06 ○	07 ○	08 ×	09 ×	10 ○

제1절 | 원가의 흐름

Chapter 1에서 살핀 대로 제품의 제조원가는 직접재료원가, 직접노무원가, 제조간접원가로 구성된다. 만약 원재료의 구입에서 제품의 완성과 판매까지 단 시간 내에 완료된다면 제품의 원가는 투입된 재료와 소요된 경비 등을 합하여 바로 계산할 수 있을 것이다. 하지만, 제품의 제조에는 시간이 소요된다. 따라서 일정한 기간 동안 얼마의 원가가 투입되었는지를 제조 공정의 흐름에 따라 지속적으로 관찰하며 원가를 추적(직접원가)하거나 배부(간접원가)할 필요가 있다. 이번 장에서는 이러한 원가흐름을 살펴본다.

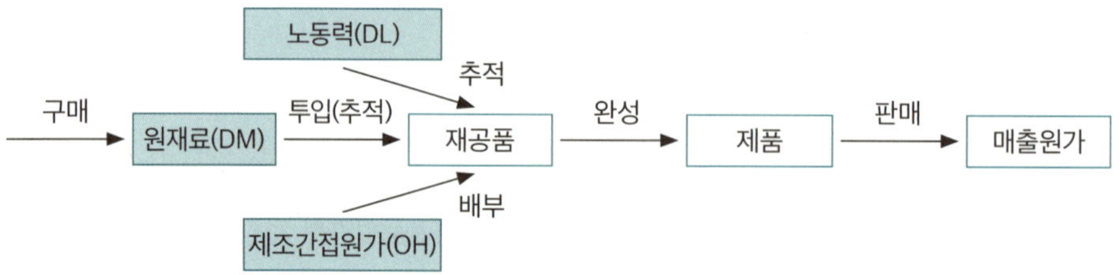

> **사쌤 가이드**
>
> 이해를 위한 목적으로 각 시점의 분개를 설명할 수도 있고, 실제로 대부분의 수험서에서 그렇게 하고 있다. 하지만, 원가회계에서 분개는 의미가 크지 않고 실제 원가계산을 위한 분개는 여러 가지 형태가 가능하다. 실제 시험에서 분개를 물어볼 가능성도 거의 없다. 현행 회계기준(K-IFRS)이 보고기준일 뿐 회계처리에 대한 기준이 아니므로 분개에 획일적인 정답은 없다. 이 때문에 분개를 살피는 것이 수험생의 이해를 돕기보다는 오히려 공부량을 늘리고 혼란에 빠뜨리는 경우가 많다. 따라서 본서에서는 회계처리에 대한 설명을 생략한다. 대신 수험생 입장에서 중요한 건 T계정의 흐름을 익히는 것이다. 시험에서는 결국 집계되고 배부된 결과를 물어보는데, 일일이 분개를 통해 푸는 것은 시간이 한정된 시험에서 불합격으로 가는 지름길이 된다. 공무원수험생에게는 T계정을 기계적으로 그려서 빨리 푸는 것이 더 중요하다.

1 직접재료원가

직접원가는 제품생산을 위해 투입된 원가를 '집계'하여 구한다. 이때 원재료의 경우 구입량과 투입량이 다를 수 있다는 점에 주의해야 한다. 예를 들어, 세일기간에 밀가루를 3kg이나 사두었다고 해서 전부 직접재료원가가 되지는 않는다. 이 중에서 실제 투입한 양이 1kg이라면 1/3만 재료원가가 될 것이다. 따라서 ★★★직접재료원가(투입액, 사용액)는 다음과 같이 구하게 된다[1].

$$기초\ 원재료 + 원재료\ 매입액 - 기말\ 원재료 = 원재료\ 사용액(직접재료원가)$$

---

1 재무회계의 '재고자산' 주제에서 매출원가를 계산하는 데 사용했던 '기초재고 + 당기매입 - 기말재고 = 매출원가'라는 식과 논리적으로 같은 식이다.

이를 T계정으로 간략히 나타내면 다음과 같다.

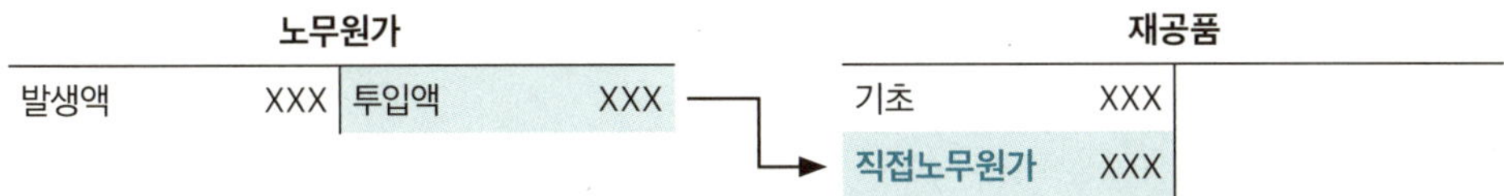

2 직접노무원가

직접노무원가는 별도로 기초나 기말 재고 등이 존재하지 않으므로, 발생시점에 바로 재공품의 원가로 인식하는 것이 일반적이다. 따라서 T계정 흐름에 다음과 같이 나타난다.

간혹 문제에서 급여 등 노무원가의 '발생액'이 아닌 '지급액' 자료를 제시하는 경우가 있다. 이 경우에는 *다음과 같이 미지급급여나 선급급여에 대한 T계정을 통해 발생액 자료를 구해야 한다.

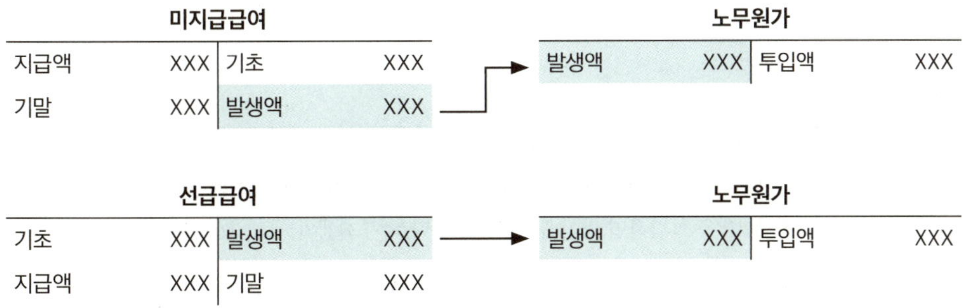

3 제조간접원가

제조간접원가에는 직접재료원가와 직접노무원가를 제외한 모든 원가가 포함된다. 따라서, 간접재료원가, 간접노무원가를 포함한 모든 경비를 집계한 다음 배부기준에 따라 재공품에 배부하게 된다.

앞에서 집계 혹은 배부한 직접재료원가, 직접노무원가, 제조간접원가를 모두 합하여 '당기총제조원가'라고 한다.

********당기총제조원가 = 직접재료원가 + 직접노무원가 + 제조간접원가

이렇게 제품을 만들기 위해 투입된 총원가가 바로 제품의 제조원가가 되는 것은 아니다. 생산과정 중에 있는 재공품을 거쳐서 제품이 되는데, 만약 기말까지 완성되지 못하고 계속 재공품으로 남아 있는 경우에는 제품 제조원가가 아닌 기말 재공품의 원가가 된다. 이렇게 기말에 재공품으로 남아 있는 원가는 다음 기에는 기초 재공품이 되어 다음 기의 제품제조원가를 구성한다. 따라서 당기제품제조원가는 다음과 같이 계산된다.

********당기제품제조원가 = 기초재공품원가 + 당기총제조원가 − 기말재공품원가

재공품						제품		
기초재공품		XXX	당기제품제조원가	XXX		기초제품	XXX	
당기총제조원가						당기제품제조원가	XXX	
직접재료원가	XXX							
직접노무원가	XXX							
제조간접원가	XXX	기말재공품		XXX				

완성품인 제품은 판매 시 매출원가가 된다. 기초제품과 당기에 완성된 당기제품제조원가를 합하면 판매가능재고가 되고 여기에 기말제품재고액을 차감하면 당기매출원가가 된다. 재무회계의 재고자산 주제에서 배운 바로 그 내용이다.

매출원가 = 기초제품재고 + 당기제품제조원가 − 기말제품재고

제품				
기초제품	XXX	매출원가		XXX
당기제품제조원가	XXX	기말제품		XXX

**********지금까지 다룬 내용을 하나의 흐름으로 T계정에 나타내면 다음과 같다.

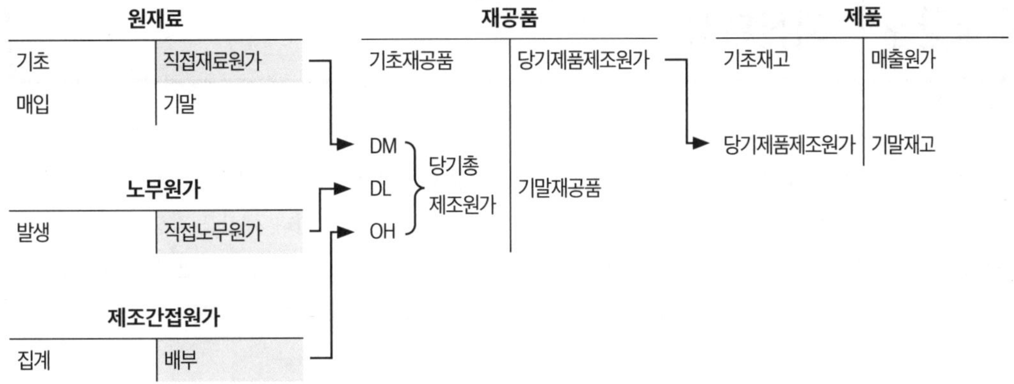

원재료
기초
매입
직접재료원가
기말
노무원가
발생
직접노무원가
제조간접원가
집계
배부
DM
DL
OH
당기총
제조원가
재공품
기초재공품
당기제품제조원가
기말재공품
제품
기초재고
당기제품제조원가
매출원가
기말재고

제2절 | 예산편성

기업이 원재료를 얼마나 주문할지, 직원을 몇 명이나 더 뽑을지 정하기 위해서는 미래수요에 대한 예상이 필요하다. 이러한 예상에 맞춰 사전에 계획을 수립하는 것을 예산편성이라고 한다. 예산을 편성하는 과정은 원가흐름의 역순이다. 원재료 구매에서 재공품, 제품완성, 판매로 이어지는 원가흐름과는 반대로, 판매량에 대한 예상을 바탕으로 목표생산량을 구하고, 이를 위해 필요한 원재료구매량을 정하는 것이다.

1 예산의 구분

예산은 편성방법이나, 기간, 조업도, 대상범위 등에 따라 다음과 같이 구분해 볼 수 있다.

(1) 편성방법에 따른 구분

예산을 편성방법에 따라 구분해 보면 중앙집권적 예산편성, 참여적 예산평성, 자문에 의한 예산편성으로 나눠볼 수 있다. 중앙집권적 예산편성은 하위관리자나 종업원의 참여 없이 경영자가 일방적으로 예산을 편성하는 방식이다. 반면에 참여적 예산편성은 조직구성원 전체가 예산편성에 의견을 제시하고 적극적으로 참여한다. 자문에 의한 예산편성은 이 둘을 혼합한 방식으로 경영자가 조직원에게 자문을 구하되, 최종결정은 경영자가 하는 방식이다.

(2) 대상기간에 따른 구분

예산을 편성하는 기간에 따라 장기예산과 단기예산으로 구분해 볼 수 있다. 일반적으로는 1년을 기준으로 장기와 단기를 구분한다.

(3) 조업도에 따른 분류

조업도를 어떻게 예상하느냐에 따라 고정예산과 변동예산으로 나누어 볼 수 있다. 고정예산은 조업도의 변화를 고려하지 않고 단일조업도를 기준으로 편성하는 정태적 예산이다. 반면에 변동예산은 조업도 수준에 따라 변하는 동태적 예산이다.

(4) 대상범위에 따른 분류

대상범위에 따라서는 종합예산과 부문예산으로 구분한다. 종합예산은 조직 전체를 대상으로 편성하지만, 부문예산은 조직 내 특정 부분을 대상으로 편성하는 예산이다.

2 예산의 편성

*예산의 편성은 제조원가 흐름과는 반대로 구성된다. 가장 먼저 판매량(매출액과 매출원가)을 예상하고, 이를 위해 필요한 목표생산량(제품제조원가)을 정한다. 그런 다음 생산에 필요한 원재료 구매량을 산출한다.

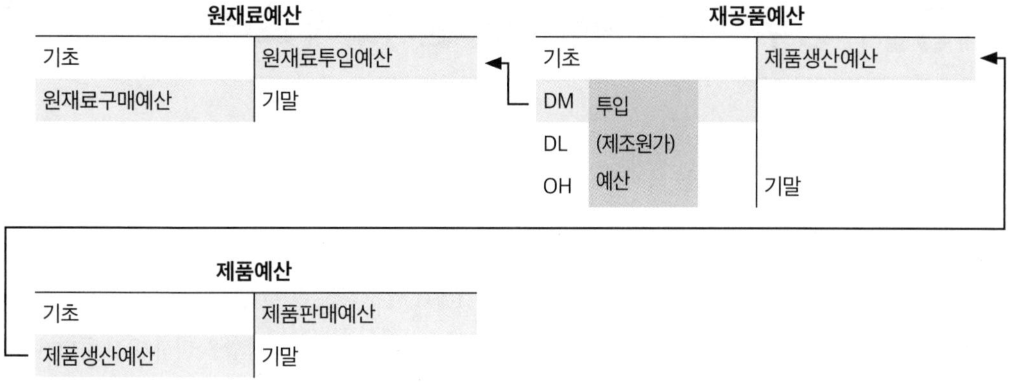

원재료예산
기초
원재료구매예산
원재료투입예산
기말
재공품예산
기초
DM
DL
OH
투입
(제조원가)
예산
제품생산예산
기말
제품예산
기초
제품생산예산
제품판매예산
기말

원가회계에서 제품원가를 계산하는 목적은 크게 두 가지다. 하나는 외부보고 목적의 제품원가를 계산하는 것이며, 다른 하나는 내부의사결정에 적합한 원가를 계산하는 것이다. 이 책은 이제부터 시험문제에 등장하는 다양한 원가계산방법 혹은 원가회계시스템에 대해 설명할 것이다. 개별원가계산, 종합원가계산, 실제원가계산, 정상원가계산, 표준원가계산, 전부원가계산, 변동원가계산을 다루게 될 것이다. 그리고 관리회계의 영역인 CVP분석, 장단기 의사결정, 성과평가도 다룬다. 수험생은 각각의 원가계산방법을 익히기 전에 먼저 그러한 원가시스템이 어떤 목적을 가지고 개발되었는지를 이해할 필요가 있다. 1923년 John M. Clark가 얘기한 "different costs for different purposes"라는 말의 의미를 이해하는 것이 원가와 관리회계를 연결한 프레임을 이해하는 출발점이 될 것이다.

1 기본적인 원가계산

Chapter1에서 배운 기초지식을 바탕으로 다음 예제의 원가를 계산해보자.

예제 원가계산(기본)

✎ 문제

집에서 매일 식빵을 사먹던 A씨는 매일 지출되는 빵값을 걱정하다가 문득 집에서 직접 빵을 구워 보면 어떨까라는 생각을 했다. 인터넷을 뒤져보니 레시피도 어렵지 않고 들어가는 재료도 밀가루와 우유가 전부다. 오븐만 한 대 있으면 충분히 집에서도 구울 수 있겠다는 생각이 들었다. 비싼 오븐을 구입한다는 것이 부담이었으나 마침 홈쇼핑에서 제빵용 오븐을 월 30,000원에 임대해준다는 방송을 보고는 덜컥 주문하였다. 식빵 하나를 굽기 위해서는 200g의 밀가루와 100㎖의 우유가 필요하다. 밀가루는 1kg에 ₩3,000, 우유는 1ℓ에 ₩2,000이다. 빵은 오븐에 30분간 굽는데 전력량을 따져보니 한 번 구울 때마다 전기료는 ₩300이 예상된다. 오븐은 한 번에 식빵을 다섯 개까지 구울 수 있지만, 신선도를 생각해 매일매일 한 개씩만 구워서 먹을 예정이다. 집에서 직접 굽는 식빵의 원가는 얼마인가? 매일 ₩2,000에 식빵을 사먹던 A씨는 빵값을 한 달에 얼마나 절약할 수 있는가?

⚙ 풀이

식빵 하나의 원가는 다음과 같다.

재료비	밀가루 0.2kg × ₩3,000/kg	₩600
	우유 0.1ℓ × ₩2,000/ℓ	₩200
경비	전기료 ₩300 ÷ 1개	₩300
	렌탈료 ₩30,000/월 ÷ 30일	₩1,000
합계		₩2,100

원래 ₩2,000에 사던 식빵을 ₩2,100에 만들게 되었으므로 ₩100씩 손해다. 한 달이면 ₩3,000을 더 지출하게 된다.

이것이 바로 가장 기본적인 원가계산 방법이다. 한 가지 주의할 점은 오븐 렌탈료다. 빵을 만드는 데는 재료만 필요한 게 아니라 오븐을 빌리는 비용도 고려해야 한다. 재료비 ₩800만 들이면 빵을 만들 수 있다고 생각해서 ₩1,200을 절약한다고 생각할 수 있지만, 렌탈료까지 포함시켜서 어떤 것이 유리한지 따져야 한다. 전기료와 렌탈료까지 고려하면 오히려 집에서 굽는 게 ₩100 손해다. 한 달이면 ₩3,000이 손해다.

2 개별원가계산

A씨는 단순히 재료비만 따져서 덜컥 오븐을 렌탈한 게 오히려 손해라는 점을 알고 잠시 혼란에 빠졌다. 오븐은 3년간 의무사용하는 조건으로 임대한 거라 중간에 해지하면 위약금을 물어야 한다. 그런데 직접 만들어 먹는 식빵의 원가계산 자료를 보니 절반이 오븐의 렌탈료다. 만약 오븐을 더 잘 활용한다면 손해가 아닐 수도 있을 것 같다는 생각이 든 A씨는 평소 아내와 함께 즐겨먹던 치킨도 오븐을 이용해 직접 구워 보기로 했다. 다음 예제를 통해 식빵과 치킨의 원가를 계산해 보자.

예제 | 개별원가계산

▷ 문제

식빵에 들어가는 재료(밀가루 200g, 우유 100㎖)와 재료가격(밀가루 ₩3,000/kg, 우유 ₩2,000/ℓ)은 같다. 치킨을 굽는 데 필요한 생닭은 한 마리 ₩3,000에 구할 수 있다. 오븐을 사용하는 데 들어가는 전기료는 10분에 ₩100인데 식빵은 30분, 치킨구이는 1시간 동안 구워야 한다. 식빵은 하루에 한 번 만들고 치킨은 3일에 한 번씩 구워 먹을 예정이다. 오븐의 한 달 렌탈료 ₩30,000을 오븐 사용횟수에 따라 식빵과 치킨의 원가에 배분한다고 할 때, 식빵과 치킨의 개당 원가는 얼마인가?

⚙ 풀이

식빵과 치킨의 개당 원가는 다음과 같다. 한 달간 오븐사용은 식빵 30회, 치킨 10회로 총 40회 사용하므로 한 번 사용할 때마다 ₩750(₩30,000 ÷ 40회)의 원가가 배부된다.

구분	식빵	치킨
재료비	밀가루 0.2kg × ₩3,000/kg = ₩600 우유 0.1ℓ × ₩2,000/ℓ = ₩200	생닭 ₩3,000
경비	전기료 30분 × ₩100/10분 = ₩300 렌탈료 ₩750	전기료 60분 × ₩100/10분 = ₩600 렌탈료 ₩750
합계	₩1,850	₩4,350

이렇게 계산하는 것이 개별원가계산이다. 식빵과 치킨의 원가를 개별적으로 따져 보는 것이다. 재무제표를 작성하여 외부에 보고할 때 재고자산과 매출원가를 얼마로 기록할지 정하는 것을 주목적으로 하는 방법인데, 기본적인 원가계산방법과 차이 나는 것이 별로 없다. 다만, 한 가지 고민해야 할 부분이 있다. 위에서 렌탈료 월 ₩30,000을 오븐 사용횟수에 따라 똑같이 배분을 했는데 이것이 과연 합당할까? 이렇게 배분함으로써 식빵의 원가는 ₩250 낮아졌지만, 오븐을 렌탈했던 주목적이 식빵을 굽기 위한 용도였음을 생각하면 불합리한 측면도 보인다. 또한 오

븐을 사용하는 횟수는 같다고 하더라도 사용시간은 치킨이 식빵의 2배이다. 만약 사용시간에 비례해서 배분한다면 한 달간 식빵을 굽는 시간은 30회 × 0.5시간 = 15시간, 치킨을 굽는 시간은 10회 × 1시간 = 10시간이 되어 총 사용시간은 25시간이 된다. 월 ₩30,000의 렌탈료를 내고 실제 사용한 시간은 총 25시간이므로 시간당 렌탈료는 ₩1,200, 식빵의 개당 렌탈료는 ₩600, 치킨은 ₩1,200이 된다. 결국 식빵과 치킨의 원가는 각각 ₩1,700, ₩4,800으로 바뀐다. 이 때문에 배부기준을 무엇으로 할지 정하는 것이 중요한 문제가 되고, 시험에서도 개별원가계산에 관한 문제보다는 배부기준에 관한 문제가 더 많이 출제된다.

3 전부원가계산과 변동원가계산

다시 1번 상황(치킨을 굽기 전 빵만 만들던 때)으로 돌아가 보자. A씨는 집에 찾아온 동생에게도 빵을 구워 줬는데, 맛을 본 동생이 맛있다며 돈을 댈 테니 몇 개 더 구워 달라는 요청을 받았다. 동생에게 이익을 남기려는 생각은 없기에 손해보지 않는 선에서 빵을 구워 주려고 한다. 다음 예제를 통해 손해보지 않기 위한 청구액은 얼마인지 구해보자.

예제 변동원가계산

문제

동생의 요청에 따라 빵을 몇 개 구워 주기로 했다. 들어가는 재료의 양과 원가는 종전(1번 상황)과 같고 전기료(동생 것만 따로 구워 준다)와 렌탈료 역시 아래처럼 변함없다고 할 때, A씨가 손해를 보지 않기 위해 동생에게 받아야 하는 금액은 식빵 1개당 얼마인가?

재료비	밀가루 0.2kg × ₩3,000/kg	₩600
	우유 0.1ℓ × ₩2,000/ℓ	₩200
경비	전기료 ₩300 ÷ 1개	₩300
	렌탈료 ₩30,000/월 ÷ 30일	₩1,000
합계		₩2,100

풀이

빵을 추가로 만들기 위해 들어가는 원가는 재료비와 전기료다. 오븐에 대한 렌탈료는 동생의 빵을 추가로 굽더라도 별도로 들어가는 비용은 아니다. 따라서 렌탈료를 제외한 개당 ₩1,100을 받으면 A씨 입장에서 손해가 없다.[2] 만약 식빵값으로 ₩1,500을 받는다면 재료비와 경비를 건지고도 ₩400만큼 렌탈료 부담을 줄일 수 있게 된다. 원가(전부원가)인 ₩2,100보다 낮은 ₩1,500에 팔았지만 손해가 아니라 고정비를 줄일 수 있으므로 이익이 된다.

---

2 물론 빵을 굽기 위해 A씨가 써야 하는 시간만큼 손해지만, 여기서는 간단히 눈에 보이는 금전적 손해만 따지기로 한다. A씨가 들이는 시간에 대한 대가는 뒤에 본내용을 전개할 때 노무원가로 고려할 것이다.

여기서 A씨가 하는 의사결정을 '특별주문의 수락'이라고 한다. 동생이 별도로 특별히 주문한 건에 대해서는 놀고 있는 오븐을 활용해서 만들어 주면 된다. 렌탈료는 고정원가이기 때문에 추가주문을 받더라도 증가하지 않는다. 따라서 동생이 재료비만 대주고 전기료만 부담한다면 만들어줘도 손해가 없다. 즉 변동원가만 부담해 준다면 A씨 입장에서는 손해가 없는 것이다. 따라서 이러한 특별주문에 대한 의사결정을 하기 위해서는 변동원가만을 원가로 계산하게 되는데 이를 '변동원가계산'이라고 한다. 변동원가만을 원가로 보는 변동원가계산제도와 비교하여 고정 원가까지 전부를 원가로 계산하는 제도를 '전부원가계산제도'라고 한다. 특별주문의 수락과 같은 '단기의사결정'이 나 손익분기점과 목표이익을 구하는 'CVP분석'을 위해서 변동원가계산제도가 필요하다. 따라서 변동원가계산이 라는 원가계산방법은 단기의사결정, CVP분석이라는 주제와 함께 정리하는 것이 좋다.

4   **종합원가계산**

A씨는 잘 만들어진 빵을 종종 이웃에게 나눠 주기도 했는데, 이웃들의 반응이 '제과점 빵보다 더 맛있다'며 본격적 으로 만들어서 팔아보라는 권유를 받았다. 그래서 대량으로 식빵을 만들어 보았다. 대용량으로 구매하다 보니 밀 가루를 좀 싸게 구입할 수 있었지만, 굽다가 실수로 망치기도 하였다. 다음 예제를 통해 식빵의 개당 원가를 구해 보시오.

예제   **종합원가계산**

▷ 문제

A씨는 밀가루 10kg짜리 1포대를 ₩26,000에 구매하고, 우유 1ℓ짜리 5팩을 총 ₩10,000에 구입했다. 총 50개를 생산할 수 있는 양이므로, 한 번에 5개씩 총 10번의 작업을 통해 하루 동안 50개를 구웠다. 전기료 는 마찬가지로 10분에 ₩100씩 한 번 작업에 30분간 굽게 되며, 오븐의 월 임대료도 ₩30,000으로 동일 하다. 10번의 작업 중 2번은 반죽이 실패해서 완성된 식빵은 총 40개다. 식빵의 개당 원가는 얼마인가?

⚙ 풀이

이 경우 식빵의 개당원가를 알기 위해서는 전체 원가를 구한 다음 완성품수량(40개)으로 나누어 개당 원가를 구해야 한다.

구분		총원가	개당원가
재료비	밀가루 10kg	₩26,000	₩650
	우유 5ℓ	₩10,000	₩250
경비	전기료 ₩300 × 10번	₩3,000	₩75
	렌탈료 ₩30,000/월 ÷ 30일	₩1,000	₩25
합계		₩40,000	₩1,000

완성품수량이 40개이므로 총원가 ₩40,000을 40개로 나누면 개당 원가는 ₩1,000이다.

이것이 종합원가계산이다. 종합원가계산의 목표 역시 재무제표에 재고자산과 매출원가를 얼마로 기록할지 정하 는 것으로 개별원가계산과 주된 목적이 같다. 다만, 대량생산의 경우 개별 제품의 원가를 일일이 구하는 개별원가계산이 번거롭다. 따라서 생산된 제품의 원가가 모두 동일하다는 가정[3]하에 전체 생산원가를 완성품수량으로 나누어 개당원가를 구하게 된다. 이 때는 완성품수량을 구하는 것이 이슈가 된다. 예제에서는 반죽 실패로 망친 것(이것을 '공손품'이라 한다)을 제외하고 나머지 40개를 완성품수량으로 구하였다. 이러한 공손품 외에도 아직 생산 도중에 있는 미완성품(재공품)에 대해서는 완성품수량에 어떻게 반영할지가 수험목적상 주된 주제가 된다.

5 정상원가계산과 실제원가계산

A씨는 본격적으로 빵을 만들어 판매를 해보려 한다. 그런데 한 가지 고민되는 것이 판매가격을 얼마로 정하는가 하는 문제이다. A씨는 원가에 10% 정도 마진을 붙이기로 정했다. 4번에서 밀가루 10kg 1포대로 만들어 본 결과를 통해 개당 원가가 ₩1,000정도 될 것으로 예상하고 가격을 ₩1,100으로 정하려 했지만 여기에 한 가지 문제가 있다는 것을 알아냈다. 바로 몇 개가 팔릴지 예상할 수 없다는 점이다. 변동원가는 몇 개가 팔리든지 개당원가가 비슷할 것으로 예상되지만, 문제는 고정원가다. 하루 렌탈료 ₩1,000을 지불하고 40개를 만들어 팔면 4번에서 구한 대로 개당렌탈료는 ₩25이 되지만, 만약 판매량이 저조해서 20개만 만들어 판다면 개당 렌탈료는 ₩50이 될 것이다. 10개 밖에 못 판다면 개당 렌탈료는 ₩100이 되고, 5개라면 ₩200으로 개당 ₩1,100에 팔 경우 원가도 건지지 못하는 상황이 된다. 이 때문에 실제 팔아보기 전까지는 원가를 알 수 없다는 문제점이 생긴다. 이렇게 생산을 마친 다음에 실제 생산량을 바탕으로 원가를 구하는 방법을 '실제원가계산'이라고 한다. 실제원가계산은 이처럼 생산이 끝나기 전에는 원가를 알 수 없어서, 제품 판매가격을 정하는 등의 의사결정을 할 수 없다. 이 때문에 생산이 완료되기 전이라도 정상적인 생산량을 가정하여 원가를 미리 계산해 볼 필요가 있다. 이렇게 등장한 것이 바로 '정상원가계산'이다. 정상원가계산제도는 고정원가에 대해서 실제생산량을 바탕으로 배부하지 않고, 정상생산량을 바탕으로 배부하게 된다. 다음 예제를 풀어보자.

예제 정상원가계산

▷ 문제

A씨는 초기에는 하루에 40개 정도의 빵을 판매하지만, 가게가 알려지고 정상적인 판매가 시작되면 하루 100개 정도를 판매할 수 있을 것으로 예상하고 있다. 재료비의 개당원가나 전기료의 발생은 40개를 생산할 때와 마찬가지로 발생한다고 가정할 때, 정상원가는 얼마인가?

구분(40개 생산자료)		총원가	개당원가
재료비	밀가루 10kg	₩26,000	₩650
	우유 5ℓ	₩10,000	₩250
경비	전기료 ₩300 × 10번	₩3,000	₩75
	렌탈료 ₩30,000/월 ÷ 30일	₩1,000	₩25
합계		₩40,000	₩1,000

---

3 물론 냉정하게 따져 보면 40개의 빵에 들어간 밀가루와 우유의 양이 단 0.01%의 차이도 없이 모두 같다고 할 수는 없다. 40개의 개별제품원가는 ₩1 ~ ₩2의 차이가 발생할 수도 있다. 하지만, 전체 원가는 달라지지 않을 것이기 때문에 모든 제품의 원가가 같다는 가정 하에 원가계산을 수행한다.

생산량이 달라지면 재료비와 전기료 등 변동원가는 40개일 때와 마찬가지로 발생한다(공손도 마찬가지로 5번 중에 1번은 실패한다고 가정한다). 다만, 고정원가에 해당하는 렌탈료는 총원가가 그대로이므로 개당원가는 ₩1,000 ÷ 100개 = ₩10으로 감소하게 된다. 따라서 정상원가는 다음과 같이 ₩985이 된다.

구분(100개 생산자료)		총원가	개당원가
재료비	밀가루 25kg	₩65,000	₩650
	우유 12.5ℓ	₩25,000	₩250
경비	전기료 ₩300 × 25번	₩7,500	₩75
	렌탈료 ₩30,000/월 ÷ 30일	₩1,000	₩10
합계		₩98,500	₩985

6 표준원가계산

(위 5번 상황과는 별개로) A씨는 정상적인 상황에서 40개의 빵을 판매할 것으로 예상하고 정상원가 ₩1,000에 마진을 10% 더한 ₩1,100으로 가격을 정했다. 실제로 첫날 판매량은 예상과 일치한 40개였다. 따라서 개당 ₩100씩 이익을 남겨 ₩4,000을 벌었다고 생각했지만 실제로 남은 이익은 예상과 다른 ₩3,600이었다. 왜 예상과 실제 이익이 달라졌을까? 그 원인을 찾기 위해 다음 예제를 풀어보자.

예제　표준원가계산

✏ 문제

A씨는 시험생산 결과로 얻었던 다음의 원가자료를 바탕으로 마진 10%를 더한 ₩1,100에 식빵을 판매했다.

구분		총원가	개당원가
재료비	밀가루 10kg	₩26,000	₩650
	우유 5ℓ	₩10,000	₩250
경비	전기료 ₩300 × 10번	₩3,000	₩75
	렌탈료 ₩30,000/월 ÷ 30일	₩1,000	₩25
합계		₩40,000	₩1,000

예상대로 40개의 빵을 팔아서 ₩44,000을 받았는데 빵을 만드는 데 들어간 실제원가는 ₩40,000이 아닌 ₩40,400이었다. 이유를 확인해 보니 다음과 같다.

> ① 새로 개업한 대형마트에서 오픈기념 할인행사를 했다. 밀가루 10kg을 정가보다 ₩2,000 할인해서 ₩24,000에 팔고 있기에 3포대(30kg)를 ₩72,000에 사왔다.
> ② 1포대(10kg)를 뜯는 과정에서 실수로 1kg을 쏟았다. 어쩔 수 없이 1포대를 더 개봉한 다음 1kg을 덜어 옮겨 결국 밀가루 11kg을 사용했다.

예상보다 원가가 늘어나고 이익이 줄어든 원인은 무엇인가? 재료의 가격변동 때문인가, 아니면 투입량 변동 때문인가?

⚙ 풀이

실제 생산결과에 따른 원가계산은 다음과 같다.

구분		총원가	개당원가
재료비	밀가루 11kg	₩26,400	₩660
	우유 5ℓ	₩10,000	₩250
경비	전기료 ₩300 × 10번	₩3,000	₩75
	렌탈료 ₩30,000/월 ÷ 30일	₩1,000	₩25
합계		₩40,400	₩1,010

원래 예상보다 재료를 싸게 구입해서 원가를 낮출 수 있었지만, 생산과정에서의 실수로 인해 밀가루 투입량이 늘어나는 바람에 원가가 늘어나 버렸다. 원래 예상보다 1kg이 더 투입되는 바람에 ₩26,000(₩2,600 × 10kg)보다 ₩2,600이 늘어난 ₩28,600(₩2,600 × 11kg)의 원가가 발생했을 것이다. 그런데 할인행사를 통해 구매가격을 ₩2,200 낮출 수 있어서 최종원가는 ₩26,400이 되었다. 수량은 ₩2,600 불리하게 작용했지만, 가격이 ₩2,200 유리하게 작용함으로써 결국에는 예상보다 ₩400만큼 원가가 더 발생했다.

성과평가를 하기 위해서는 기준이나 목표가 필요하다. 사전에 표준을 정해놓고 이를 달성하였는지에 따라 성과급이나 인사고과가 적용된다. 위의 예제에서 A씨 개인이 아닌 규모가 큰 법인에서 이러한 일이 발생했다고 가정하자. 회사내에 구매부서와 생산부서가 따로 존재한다. 사전에 예상했던 식빵의 원가는 ₩1,000이었지만, 실제 원가는 ₩10이 늘어난 ₩1,010이 되었고 회사의 이익은 그만큼 줄었다. 이 경우 구매부서와 생산부서 모두에게 원가상승의 책임이 있을까? 구매부서는 원래 예상했던 가격보다 싸게 밀가루를 구매해 올 수 있었다. 원가상승의 책임을 구매부서에게 묻기는 힘들다. 오히려 절감한 원가만큼 보상을 해주는 게 마땅해 보인다. 이 상황에서 원가상승의 책임은 전적으로 생산부서에 물어야 할 것이다. 이렇게 합리적인 성과평가를 위해 필요한 것이 바로 사전에 정한 기준이다. 이를 '표준원가'라고 한다. 사전에 식빵을 생산하기 위한 '표준투입량'과 '표준가격'을 정해 놓았기에 원가상승의 원인이 무엇인지, 혹은 반대로 원가절감이 일어난 경우 누구의 공로인지를 파악할 수 있다. 이렇게 성과평가를 위한 표준을 정하는 것이 바로 '표준원가계산제도'이다.

01 다음 빈칸을 채우시오.

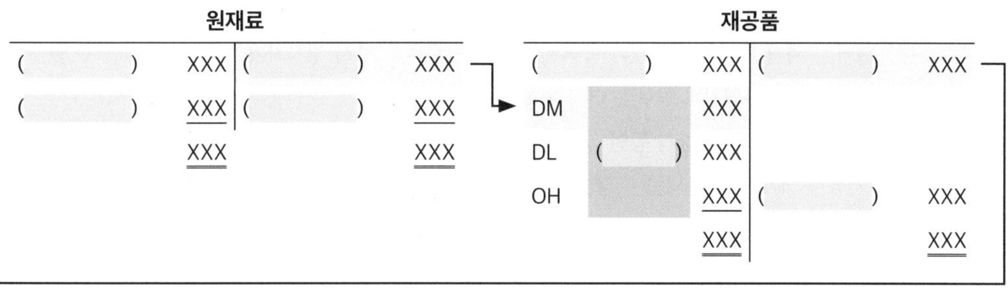

01 원가에 대한 설명으로 옳지 않은 것은?   2015 지방직 9급

① 기회원가는 여러 대안 중 최선안을 선택함으로써 포기된 차선의 대안에서 희생된 잠재적 효익을 의미하며, 실제로 지출되는 원가는 아니다.

② 매몰원가는 과거 의사결정의 결과에 의해 이미 발생한 원가로서 경영자가 더 이상 통제할 수 없는 과거의 원가로 미래의사결정에 영향을 미치지 못하는 원가이다.

③ 당기총제조원가는 특정 기간 동안 완성된 제품의 제조원가를 의미하며, 당기제품제조원가는 특정 기간 동안 재공품 계정에 가산되는 총금액으로 생산완료와는 상관없이 해당 기간 동안 투입된 제조원가가 모두 포함된다.

④ 관련 범위 내에서 조업도 수준이 증가함에 따라 총변동원가는 증가하지만 단위당 변동원가는 일정하다.

02 당기제품제조원가는 무엇을 의미하는가?

① 당기에 제품을 완성하기 위해 투입된 원가

② 당기에 완성된 제품으로 대체된 모든 제조원가

③ 당기에 현금으로 지출된 투입원가

④ 당기에 발생한 모든 제조원가

정답과 해설

01 **정답** ③

해설 당기총제조원가와 당기제품제조원가에 대한 설명이 뒤바뀌었다. 당기총제조원가가 특정 기간 동안 투입된 총금액이 되고, 이 중에서 완성된 제품의 원가는 기초재공품과 함께 당기제품제조원가를 구성하고 나머지는 기말재공품 원가가 된다.

02 **정답** ②

해설 당기제품제조원가는 당기에 완성되어 제품으로 대체된 모든 제조원가를 말한다.

03 2007년 3월 ㈜강원의 지급임금 총액은 ₩900,000이었으며, 이 중에는 2월분 임금의 미지급액 ₩200,000이 포함되어 있다. 3월분 임금의 실제소비액은 직접노무원가 ₩800,000이고 간접노무원가 ₩150,000이었다. ㈜강원의 2007년 3월분 임금의 미지급액은 얼마인가?　2007 국가직 9급

① ₩50,000　　　　② ₩150,000

③ ₩200,000　　　　④ ₩250,000

04 ㈜제주는 2006년 1월 1일 설립되었으며, 연간 보험료 ₩500,000을 납부하였다. 이 가운데 ₩400,000은 공장운영과 관련되는 것이었고, 나머지 ₩100,000은 판매활동과 일반관리활동에 관련된 것이다. 이 회사는 2006년 회계기간에 제품 1,000단위를 생산하여 그 중 600단위를 판매하였다. 2006년의 당기순이익을 결정하는 데 있어서 지급된 ₩500,000의 보험료 중 비용으로 인식되는 금액은 얼마인가? (단, 2006년 말 기말재공품 재고는 없다)　2007 국가직 9급

① ₩500,000　　　　② ₩400,000

③ ₩340,000　　　　④ ₩240,000

정답과 해설

03 **정답** ④

해설

미지급급여

지급액	900,000	기초	200,000
		발생액(DL)	800,000
기말	?	발생액(OH)	150,000

미지급임금 ₩200,000 + 당월발생 노무원가 (₩800,000 + ₩150,000) - 당월 지급액 ₩900,000 = 기말 ₩250,000

04 **정답** ③

해설 판매비와 관리비 ₩100,000은 전액 비용으로 인식한다.
제조간접원가에 해당하는 ₩400,000 중 40%(400/1,000)는 기말재고자산을 구성하고, 판매된 600단위에 대한 부분 ₩400,000 × 600/1,000 = ₩240,000은 매출원가로 비용 인식한다.
비용인식액 = 매출원가 ₩240,000 + 판매비와관리비 ₩100,000 = ₩340,000

05 ㈜한강은 단일 제품을 생산·판매하고 있다. 이 회사의 2008년 12월 한 달 동안 매출총이익은 ₩2,640이며, 당기제품제조원가는 ₩13,600이다. 월초 및 월말 재고자산이 다음과 같을 경우 2008년 12월의 매출액은?

2009 지방직 9급

계정과목	12월 1일	12월 31일
원재료	₩1,000	₩300
재공품	₩1,120	₩1,520
제 품	₩1,800	₩2,080

① ₩15,840   ② ₩16,940

③ ₩16,540   ④ ₩15,960

06 다음은 ㈜보성의 2007년 12월 31일로 종료되는 회계연도의 제조원가와 관련된 자료이다. 기초재공품은 얼마인가?

2008 국가직 9급

• 직접재료비	₩50,000	• 직접노무비	₩40,000
• 제조간접비	₩30,000	• 기말재공품	₩20,000
• 당기제품제조원가	₩130,000	• 제품제조단가	₩100

① ₩10,000   ② ₩20,000

③ ₩30,000   ④ ₩40,000

정답과 해설

05 정답 ④

해설

제품			
기초	1,800	매출원가	
제품제조	13,600	기말	2,080

매출원가 = 기초제품 ₩1,800 + 당기제품제조원가 ₩13,600 - 기말제품 ₩2,080 = ₩13,320

매출액 = 매출원가 ₩13,320 + 매출총이익 ₩2,640 = ₩15,960

06 정답 ③

해설

재공품			
기초		제품제조	130,000
DM 총	50,000		
DL 제	40,000		
OH 조	30,000	기말	20,000

기초재공품 = ₩130,000 + ₩20,000 - (₩50,000 + ₩40,000 + ₩30,000) = ₩30,000

07 다음의 자료는 ㈜한강의 2010년 3월의 재공품계정 차변 내용의 일부이다.

• 기초재공품	₩6,000
• 직접재료원가	12,000
• 직접노무원가	8,000

한편, ㈜한강의 당기제품제조원가는 ₩24,000이고, 기말 현재 미완성인 작업은 #10이며, 기말재공품에는 직접노무원가가 ₩1,000 포함되어 있다. ㈜한강은 제조간접원가를 직접노무원가의 50%의 비율로 예정배부하고 있다. 기말재공품에 포함되어 있는 직접 재료원가는? (단, 제조간접원가의 배부차이는 매출원가에서 조정한다)

2010 국가직 9급

① ₩500 ② ₩1,000

③ ₩4,500 ④ ₩5,000

07 정답 ③

해설

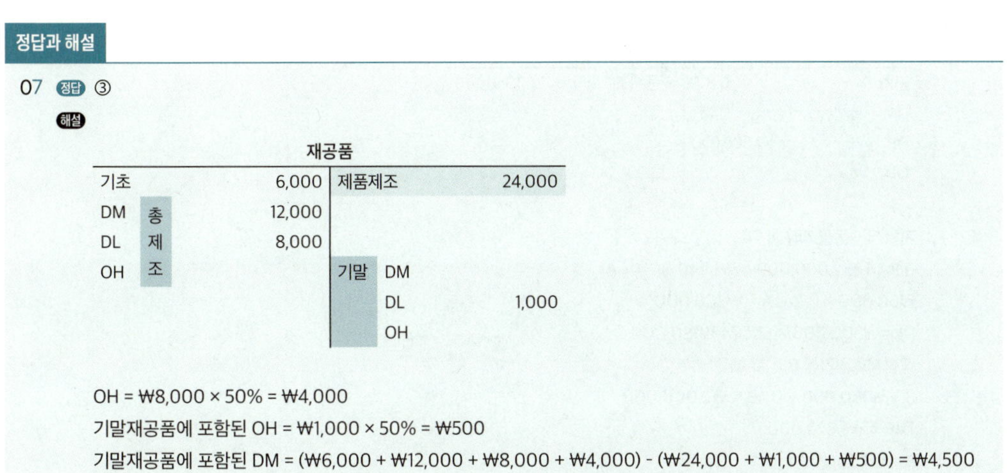

OH = ₩8,000 × 50% = ₩4,000

기말재공품에 포함된 OH = ₩1,000 × 50% = ₩500

기말재공품에 포함된 DM = (₩6,000 + ₩12,000 + ₩8,000 + ₩4,000) − (₩24,000 + ₩1,000 + ₩500) = ₩4,500

08 ㈜한국의 2013년 원가자료는 다음과 같다. 제조간접비가 직접노무비의 3배로 발생할 때 ㈜한국의 당기제품제조원가는 얼마인가?

2014 서울시 9급

• 기초재공품재고액	₩10,000	• 기초원가	₩40,000
• 기말재공품재고액	₩15,000	• 가공원가	₩64,000

① ₩24,000 ② ₩48,000 ③ ₩88,000

④ ₩83,000 ⑤ ₩104,000

09 ㈜한국은 단일 제품을 생산 판매하고 있다. ㈜한국의 1월 중 생산활동과 관련된 정보가 다음과 같을 때, 1월의 직접재료원가는?

2014 국가직 9급

- 당월총제조원가는 ₩2,000,000이고 당월제품제조원가는 ₩1,940,000이다.
- 1월 초 재공품은 1월 말 재공품원가의 80%이다.
- 직접노무원가는 1월 말 재공품원가의 60%이며, 제조간접원가는 직접재료원가의 40%이다.

① ₩1,000,000 ② ₩1,100,000

③ ₩1,200,000 ④ ₩1,300,000

정답과 해설

08 정답 ④

해설

재공품

기초		10,000	제품제조	83,000
DM	총	24,000		
DL	제	16,000		
OH	조	48,000	기말	15,000
		98,000		98,000

가공원가 ₩64,000 = DL + DL × 3 = 4DL

DL = ₩16,000; OH = ₩16,000 × 3 = ₩48,000

기초원가 ₩40,000 = DM + DL ₩16,000

DM = ₩24,000

09 정답 ④

해설

재공품

기초		0.8 A	제품제조	1,940,000
DM	총			
DL	제	2,000,000		
OH	조		기말	A

기말재공품을 A라 할 때,

0.8A + ₩2,000,000 = ₩1,940,000 + A

₩60,000 = 0.2A; A = ₩300,000

DL = ₩300,000 × 60% = ₩180,000

직접재료원가를 B라 할 때

B + ₩180,000 + 0.4B = ₩2,000,000

1.4B = ₩1,820,000

B = ₩1,300,000

10 ㈜한국의 원가자료가 다음과 같을 때, 당기제품제조원가는?

> - 직접재료원가는 ₩5,000이며 당기총제조원가의 25%이다.
> - 제조간접원가는 가공원가의 40%를 차지한다.
> - 기초재공품은 당기총제조원가의 40%이고 기말재공품은 기초재공품의 2배이다.

① ₩12,000   ② ₩15,000

③ ₩16,000   ④ ₩20,000

11 다음 자료를 이용한 제조간접원가는? 2025 국가직 9급

- 기초원가	₩350,000
- 기초재공품	₩150,000
- 기말재공품	₩300,000
- 당기제품제조원가	₩500,000

① ₩250,000   ② ₩300,000

③ ₩350,000   ④ ₩400,000

정답과 해설

10 정답 ①

해설

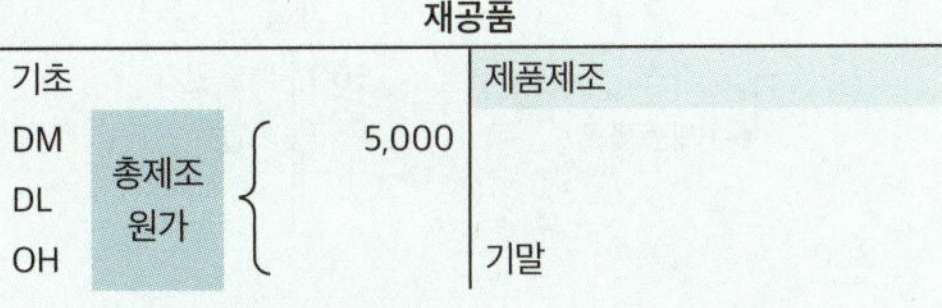

재공품

기초			제품제조	
DM	총제조원가	5,000		
DL				
OH			기말	

당기총제조원가 = ₩5,000 ÷ 25% = ₩5,000 ÷ 25/100 = ₩5,000 × 100/25 = ₩20,000

기초재공품 = ₩20,000 × 40% = ₩8,000

당기제품제조원가 = 기초재공품 ₩8,000 + 당기총제조원가 ₩20,000 - 기말재공품 ₩8,000 × 2 = ₩12,000

11 정답 ②

해설

재공품

기초	150,000	제품제조	500,000
DM	총제조		
DL			
OH		기말	300,000
	800,000		800,000

총제조원가 = ₩800,000 - 기초재공품 ₩150,000 = ₩650,000

총제조원가(DM + DL + OH) ₩650,000 - 기초원가(DM + DL) ₩350,000 = OH ₩300,000

12 ㈜갑은 제조기업이다. 다음 자료에 의하여 당기의 매출원가를 산출하면?

• 기초제품재고액	₩1,500	• 당기총제조비용	₩5,000
• 기초재공품재고액	₩1,000	• 기말재공품재고액	₩800
• 기말제품재고액	₩1,200		

① ₩4,500 ② ₩5,000

③ ₩5,300 ④ ₩5,500

13 다음은 ㈜한국의 제품제조 및 판매와 관련된 계정과목들이다. ㉠~㉣ 중 옳지 않은 것은?

• 직접재료원가	₩900	• 당기제품제조원가	₩13,000
• 직접노무원가	₩700	• 기초제품재고액	₩8,000
• 제조간접원가	(㉠)	• 기말제품재고액	(㉢)
• 당기총제조원가	₩2,000	• 매출원가	(㉣)
• 기초재공품재고액	₩14,000	• 매출액	₩25,000
• 기말재공품재고액	(㉡)	• 매출총이익	₩8,000

① ㉠ ₩400 ② ㉡ ₩3,000

③ ㉢ ₩5,000 ④ ㉣ ₩17,000

12 정답 ④

해설

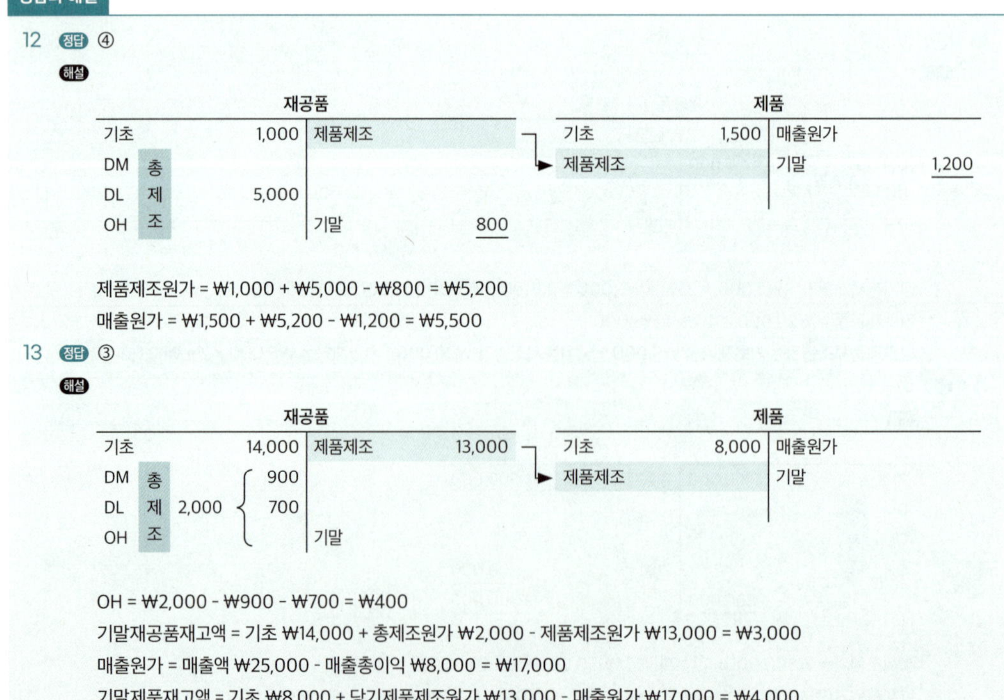

제품제조원가 = ₩1,000 + ₩5,000 − ₩800 = ₩5,200

매출원가 = ₩1,500 + ₩5,200 − ₩1,200 = ₩5,500

13 정답 ③

해설

OH = ₩2,000 − ₩900 − ₩700 = ₩400

기말재공품재고액 = 기초 ₩14,000 + 총제조원가 ₩2,000 − 제품제조원가 ₩13,000 = ₩3,000

매출원가 = 매출액 ₩25,000 − 매출총이익 ₩8,000 = ₩17,000

기말제품재고액 = 기초 ₩8,000 + 당기제품제조원가 ₩13,000 − 매출원가 ₩17,000 = ₩4,000

14 다음 자료를 토대로 계산한 ㈜대한의 매출총이익은?

> - 당기 중 직접재료원가는 전환원가의 50%이다.
> - 직접노무원가 발생액은 매월 말 미지급임금으로 처리되며 다음 달 초에 지급된다. 미지급임금의 기초금액과 기말금액은 동일하며, 당기 중 직접노무원가의 지급액은 ₩450이다.
> - 재공품 및 제품의 기초금액과 기말금액은 ₩100으로 동일하다.
> - 기타 발생비용으로 감가상각비(생산현장) ₩100, 감가상각비(영업점) ₩100, CEO 급여 ₩150, 판매수수료 ₩100이 있다. CEO 급여는 생산현장에 1/3, 영업점에 2/3 배부된다.
> - 매출액은 ₩2,000이다.

① ₩1,050   ② ₩1,100
③ ₩1,150   ④ ₩1,200

15 ㈜한국은 20X1년에 영업을 시작하여 20X1년 말 재고자산은 재공품 ₩10,000, 제품 ₩20,000을 가지고 있었다. 20X2년 회사는 영업부진을 이겨내지 못하고 사정이 어렵게 되자 재공품 전부를 제품으로 생산한 뒤 싼 가격에 모두 처분하고 공장을 폐쇄하였다. 회사의 20X2년 원가를 큰 것부터 순서대로 바르게 나열한 것은?

① 매출원가, 당기총제조원가, 당기제품제조원가
② 매출원가, 당기제품제조원가, 당기총제조원가
③ 당기총제조원가, 당기제품제조원가, 매출원가
④ 당기총제조원가, 매출원가, 당기제품제조원가

14 정답 ②

해설

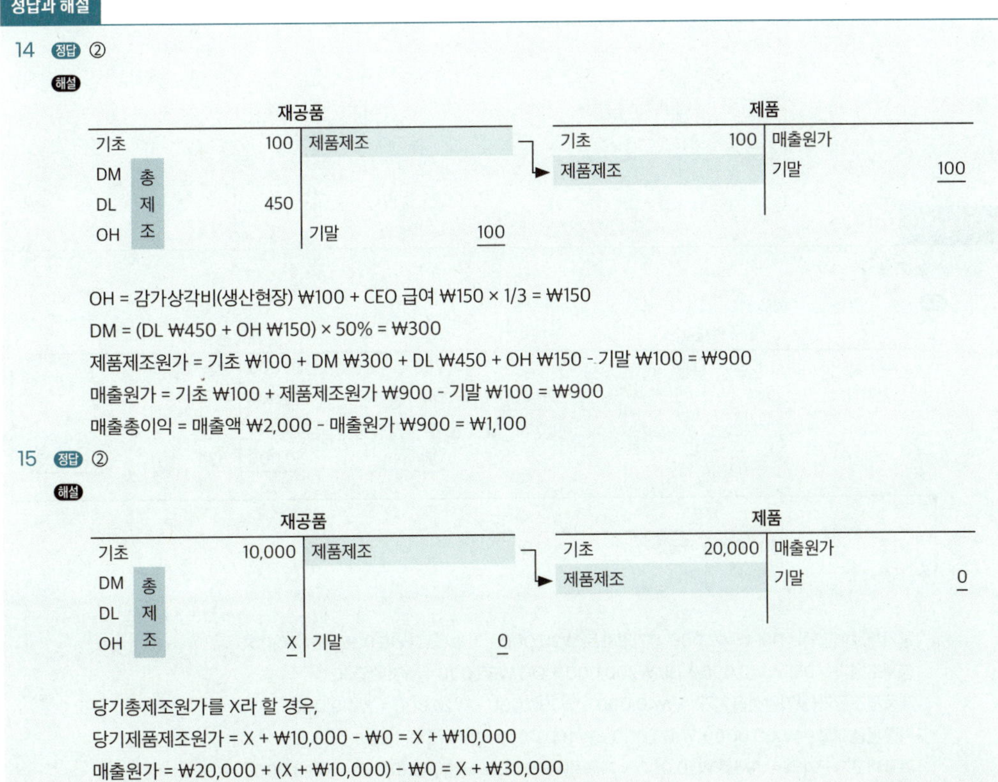

OH = 감가상각비(생산현장) ₩100 + CEO 급여 ₩150 × 1/3 = ₩150
DM = (DL ₩450 + OH ₩150) × 50% = ₩300
제품제조원가 = 기초 ₩100 + DM ₩300 + DL ₩450 + OH ₩150 - 기말 ₩100 = ₩900
매출원가 = 기초 ₩100 + 제품제조원가 ₩900 - 기말 ₩100 = ₩900
매출총이익 = 매출액 ₩2,000 - 매출원가 ₩900 = ₩1,100

15 정답 ②

해설

당기총제조원가를 X라 할 경우,
당기제품제조원가 = X + ₩10,000 - ₩0 = X + ₩10,000
매출원가 = ₩20,000 + (X + ₩10,000) - ₩0 = X + ₩30,000

16 다음은 ㈜독도의 2008 회계연도 말의 제조원가명세서와 손익계산서에서 얻은 자료이다.

• 기초재료재고액	₩10,000	• 기말재료재고액	₩20,000
• 기초재공품재고액	₩40,000	• 기말재공품재고액	₩20,000
• 기초제품재고액	₩100,000		
• 당기재료비 발생액	₩140,000	• 당기노무비 발생액	₩200,000
• 당기경비 발생액	₩50,000	• 매출원가	₩460,000

아래 설명 중 옳지 않은 것은?

2009 국가직 9급

① 당기의 판매가능제품원가를 계산하기 위하여 기초제품재고에 가산해야 할 당기완성품원가는 ₩410,000이다.

② 당기총제조원가는 ₩390,000이다.

③ 당기재료매입액은 ₩150,000이다.

④ 2008 회계연도의 기말 대차대조표에 보고해야 할 재고자산가액은 ₩40,000이다.

정답과 해설

16 **정답** ④

해설

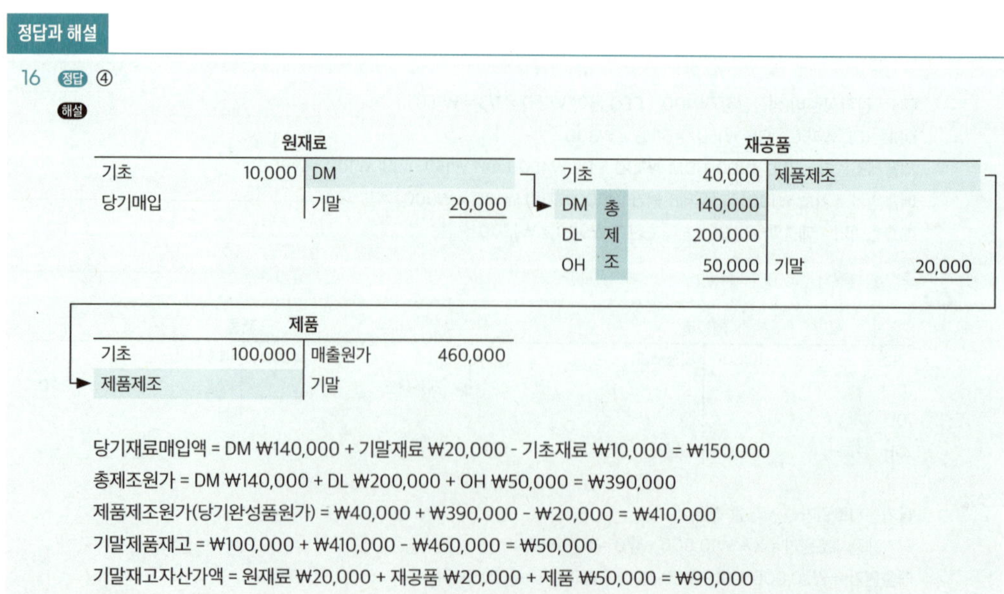

당기재료매입액 = DM ₩140,000 + 기말재료 ₩20,000 - 기초재료 ₩10,000 = ₩150,000

총제조원가 = DM ₩140,000 + DL ₩200,000 + OH ₩50,000 = ₩390,000

제품제조원가(당기완성품원가) = ₩40,000 + ₩390,000 - ₩20,000 = ₩410,000

기말제품재고 = ₩100,000 + ₩410,000 - ₩460,000 = ₩50,000

기말재고자산가액 = 원재료 ₩20,000 + 재공품 ₩20,000 + 제품 ₩50,000 = ₩90,000

17 다음은 ㈜한국의 2010년 7월의 원가자료이다.

	2010년 7월 1일	2010년 7월 31일
직접재료	₩ 10,000	₩ 20,000
재공품	₩ 100,000	₩ 200,000
제품	₩ 100,000	₩ 50,000

㈜한국의 2010년 7월의 직접재료 매입액이 ₩610,000이고, 매출원가는 ₩2,050,000이다. 가공원가가 직접노무원가의 300%라고 할 때, ㈜한국의 2010년 7월의 제조간접원가는?

2010 지방직 9급

① ₩ 800,000 ② ₩1,000,000
③ ₩1,600,000 ④ ₩2,000,000

17 정답 ②

해설

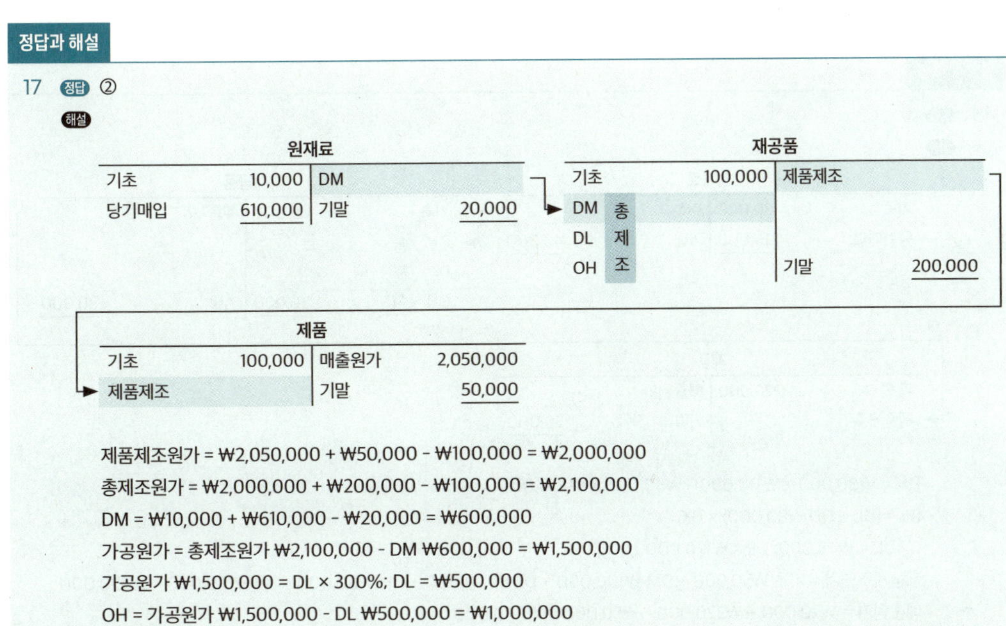

제품제조원가 = ₩2,050,000 + ₩50,000 − ₩100,000 = ₩2,000,000

총제조원가 = ₩2,000,000 + ₩200,000 − ₩100,000 = ₩2,100,000

DM = ₩10,000 + ₩610,000 − ₩20,000 = ₩600,000

가공원가 = 총제조원가 ₩2,100,000 − DM ₩600,000 = ₩1,500,000

가공원가 ₩1,500,000 = DL × 300%; DL = ₩500,000

OH = 가공원가 ₩1,500,000 − DL ₩500,000 = ₩1,000,000

18 다음 자료를 이용하여 2009년 1월의 매출원가를 계산하면?

〈자료 1〉

재고자산	2009.1.1	2009.1.31
직접재료	₩30,000	₩40,000
재공품	50,000	30,000
제 품	70,000	50,000

〈자료 2〉

- 2009년 1월 중 직접재료 매입액은 ₩110,000이다.
- 2009년 1월 중 직접노무원가의 발생액은 가공원가 발생액의 60%이다.
- 2009년 1월 중 제조간접원가 발생액은 ₩80,000이다.

① ₩340,000 ② ₩370,000
③ ₩400,000 ④ ₩420,000

18 정답 ①

해설

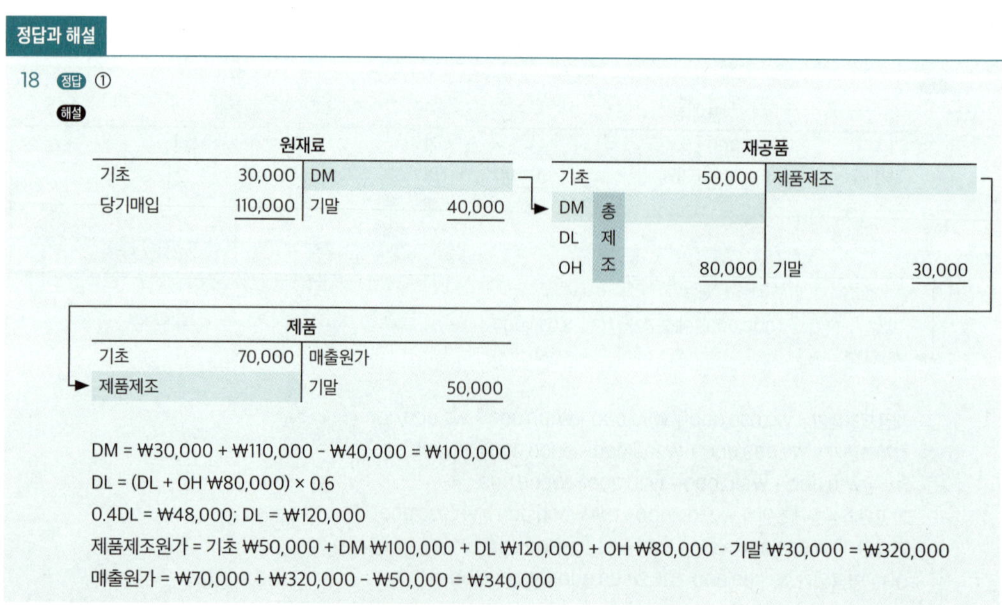

DM = ₩30,000 + ₩110,000 - ₩40,000 = ₩100,000

DL = (DL + OH ₩80,000) × 0.6

0.4DL = ₩48,000; DL = ₩120,000

제품제조원가 = 기초 ₩50,000 + DM ₩100,000 + DL ₩120,000 + OH ₩80,000 - 기말 ₩30,000 = ₩320,000

매출원가 = ₩70,000 + ₩320,000 - ₩50,000 = ₩340,000

19 다음은 ㈜한국제조의 2011년 원가자료이다. 이를 바탕으로 산정한 당기제품제조원가 및 매출원가는?

2012 지방직 9급

구분	기초 재고	당기 매입액	당기 투입액	기말 재고
원재료	₩50,000	₩700,000		₩100,000
재공품	200,000			500,000
제품	300,000			200,000
직접노무원가	N/A	N/A	₩350,000	N/A
제조간접원가	N/A	N/A	500,000	N/A

	제품제조원가	매출원가
①	₩1,200,000	₩1,000,000
②	₩1,200,000	₩1,300,000
③	₩1,500,000	₩1,000,000
④	₩1,500,000	₩1,300,000

19 정답 ②

해설

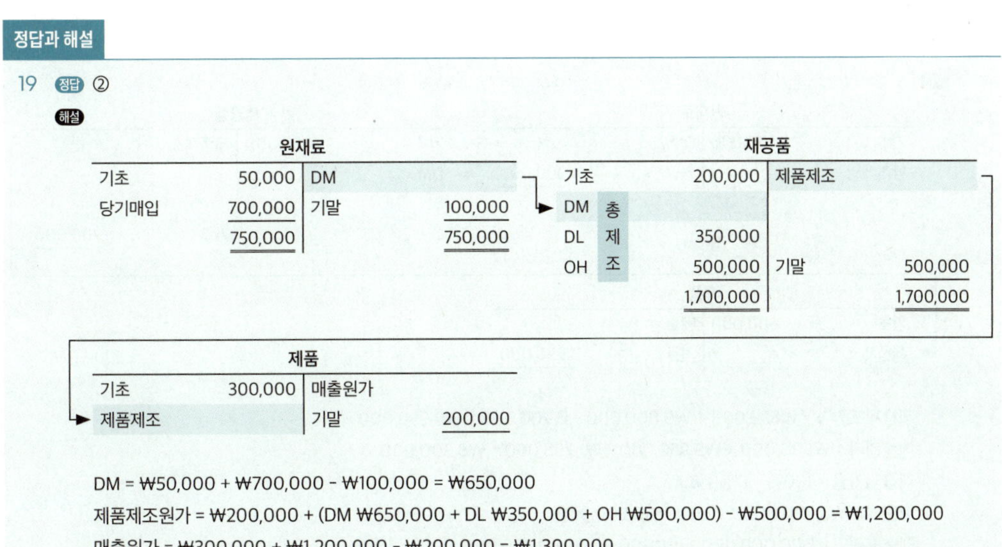

DM = ₩50,000 + ₩700,000 − ₩100,000 = ₩650,000

제품제조원가 = ₩200,000 + (DM ₩650,000 + DL ₩350,000 + OH ₩500,000) − ₩500,000 = ₩1,200,000

매출원가 = ₩300,000 + ₩1,200,000 − ₩200,000 = ₩1,300,000

 다음 자료에 따른 당기제품제조원가와 매출총이익은? (단, 매출총이익률은 17%이다)

2013 지방직 9급

	기초재고	기말재고
원재료	₩400,000	₩300,000
재공품	650,000	700,000
제품	600,000	1,250,000
당기총제조원가	9,000,000	

	당기제품제조원가	매출총이익
①	₩8,300,000	₩1,070,000
②	₩8,300,000	₩1,700,000
③	₩8,950,000	₩1,070,000
④	₩8,950,000	₩1,700,000

정답과 해설

20 **정답** ④

해설

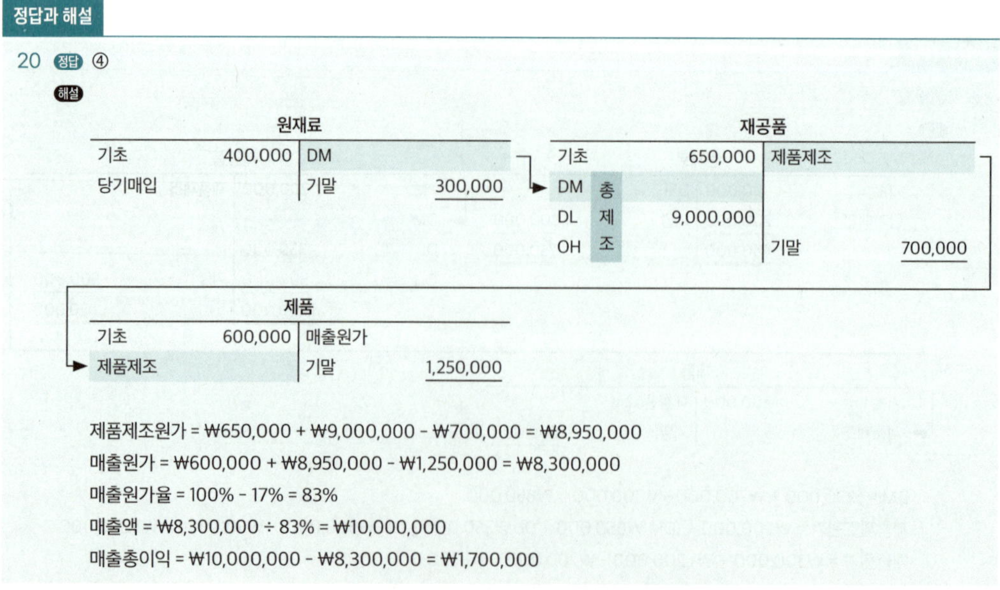

제품제조원가 = ₩650,000 + ₩9,000,000 − ₩700,000 = ₩8,950,000

매출원가 = ₩600,000 + ₩8,950,000 − ₩1,250,000 = ₩8,300,000

매출원가율 = 100% − 17% = 83%

매출액 = ₩8,300,000 ÷ 83% = ₩10,000,000

매출총이익 = ₩10,000,000 − ₩8,300,000 = ₩1,700,000

21 ㈜한국의 20×1년도 회계자료가 다음과 같고, 당기총제조원가가 ₩300,000일 때, ㉠~㉣에 들어
갈 금액으로 옳지 않은 것은?

2017 지방직 9급 추가채용

• 직접재료 구입액	₩100,000	• 재공품 기초재고	₩5,000
• 직접재료 기초재고	₩20,000	• 재공품 기말재고	₩20,000
• 직접재료 기말재고	(㉠)	• 당기제품제조원가	(㉢)
• 직접재료원가	(㉡)	• 제품 기초재고	(㉣)
• 직접노무원가	₩80,000	• 제품 기말재고	₩40,000
• 제조간접원가	₩110,000	• 매출원가	₩400,000

① ㉠: ₩10,000
② ㉡: ₩110,000
③ ㉢: ₩285,000
④ ㉣: ₩115,000

---

21 정답 ④

해설

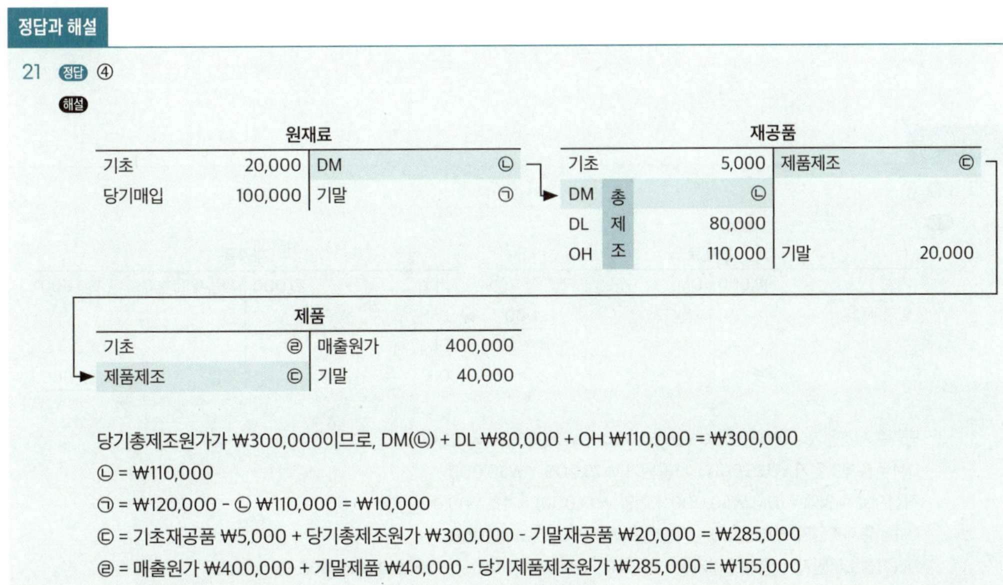

당기총제조원가가 ₩300,000이므로, DM(㉡) + DL ₩80,000 + OH ₩110,000 = ₩300,000

㉡ = ₩110,000

㉠ = ₩120,000 − ㉡ ₩110,000 = ₩10,000

㉢ = 기초재공품 ₩5,000 + 당기총제조원가 ₩300,000 − 기말재공품 ₩20,000 = ₩285,000

㉣ = 매출원가 ₩400,000 + 기말제품 ₩40,000 − 당기제품제조원가 ₩285,000 = ₩155,000

22 ㈜한국은 단일제품을 생산하고 있다. 20×1년 자료가 다음과 같을 때, 당기 직접재료 매입액과 당기에 발생한 직접노무원가는?

2020 국가직 9급

• 재고자산		기초재고	기말재고
	직접재료	₩18,000	₩13,000
	재공품	₩25,000	₩20,000
• 기본원가		₩85,000	
• 가공원가		₩75,000	
• 당기제품제조원가		₩130,000	
• 매출원가		₩120,000	

	직접재료 매입액	직접노무원가
①	₩45,000	₩35,000
②	₩45,000	₩40,000
③	₩50,000	₩35,000
④	₩50,000	₩40,000

22 정답 ①

해설

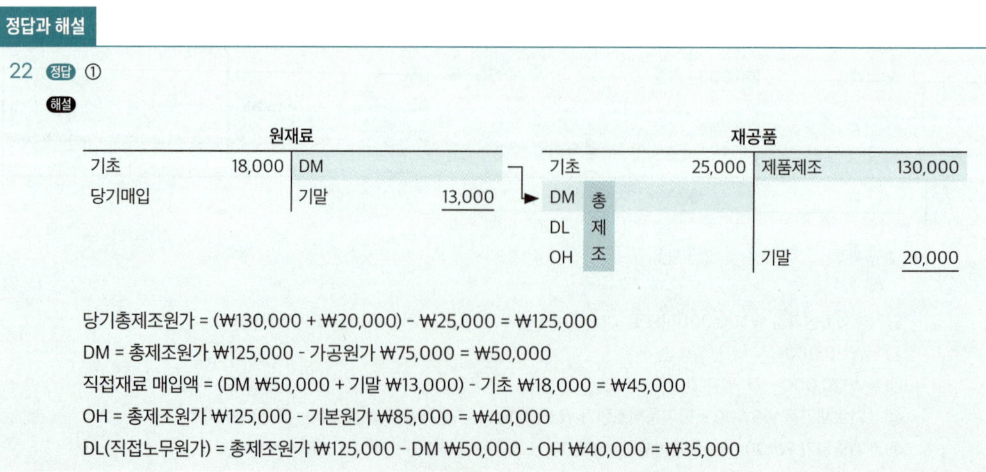

당기총제조원가 = (₩130,000 + ₩20,000) - ₩25,000 = ₩125,000

DM = 총제조원가 ₩125,000 - 가공원가 ₩75,000 = ₩50,000

직접재료 매입액 = (DM ₩50,000 + 기말 ₩13,000) - 기초 ₩18,000 = ₩45,000

OH = 총제조원가 ₩125,000 - 기본원가 ₩85,000 = ₩40,000

DL(직접노무원가) = 총제조원가 ₩125,000 - DM ₩50,000 - OH ₩40,000 = ₩35,000

23 다음 자료를 이용하여 계산한 20×1년도 매출총이익은?

구분	20×1년 초	20×1년 기중	20×1년 말
직접재료	₩20		₩15
재공품	₩30		₩10
제품	₩20		₩10
직접재료 매입액		₩350	
직접노무원가		₩250	
간접노무원가		₩80	
공장 임차료		₩10	
영업장 화재보험료		₩5	
공장 수도광열비		₩15	
판매원 상여금		₩40	
매출액		₩1,400	

① ₩660   ② ₩665

③ ₩730   ④ ₩740

---

23 정답 ①

해설

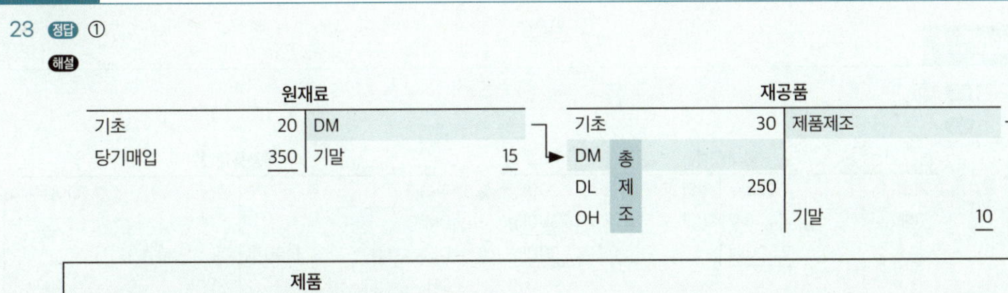

OH = 간접노무원가 ₩80 + 공장 임차료 ₩10 + 공장 수도광열비 ₩15 = ₩105

※ 영업장 화재보험료와 판매원 상여금은 제조원가가 아닌 판관비에 해당한다.

DM = 기초 ₩20 + 매입 ₩350 - 기말 ₩15 = ₩355

제품제조원가 = 기초 ₩30 + 총제조원가(DM ₩355 + DL ₩250 + OH ₩105) - 기말 ₩10 = ₩730

매출원가 = 기초 ₩20 + 당기제조 ₩730 - 기말 ₩10 = ₩740

매출총이익 = 매출액 ₩1,400 - 매출원가 ₩740 = ₩660

24 ㈜한국은 제품 1단위에 2 kg의 원재료를 사용하고 있으며, 원재료 1 kg당 가격은 ₩10이다. 각 분기 말 원재료 재고량은 다음 분기 원재료 예상사용량의 10%를 유지하고 있다. ㈜한국이 1분기 초에 보유하고 있는 원재료는 220kg이다. 분기별 실제(=목표)생산량이 다음과 같을 때, 1분기의 원재료 예산구입액은? (단, 재공품 및 제품 재고는 없다)

2019 국가직 9급

	1분기	2분기
실제생산량(=목표생산량)	1,100개	1,500개

① ₩17,200 ② ₩18,800

③ ₩22,800 ④ ₩23,000

---

24 정답 ③

해설

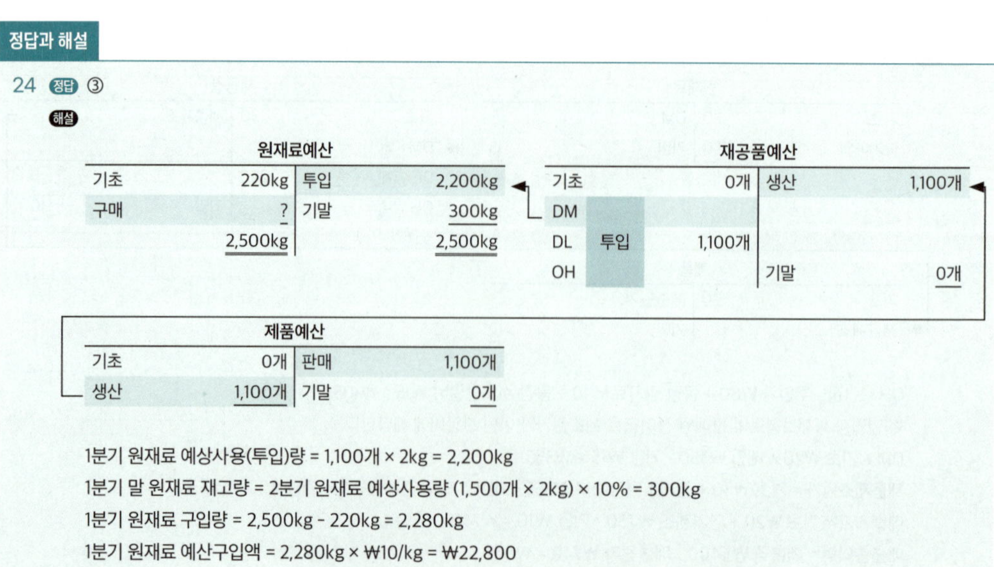

1분기 원재료 예상사용(투입)량 = 1,100개 × 2kg = 2,200kg

1분기 말 원재료 재고량 = 2분기 원재료 예상사용량 (1,500개 × 2kg) × 10% = 300kg

1분기 원재료 구입량 = 2,500kg - 220kg = 2,280kg

1분기 원재료 예산구입액 = 2,280kg × ₩10/kg = ₩22,800

25 다음은 ㈜한국의 20X1년 6월 생산과 관련된 원가 자료이다.

• 재고 자산 현황

구분 일자	직접재료	재공품	제품
6월 1일	₩3,000	₩6,000	₩9,000
6월 30일	₩2,000	₩2,000	₩8,000

• 6월의 직접재료 매입액은 ₩35,000이다.
• 6월 초 직접노무원가에 대한 미지급입금은 ₩5,000, 6월에 현금 지급한 임금은 ₩25,000, 6월 말 미지급 임금은 ₩10,000이다.
• 6월에 발생한 제조간접원가는 ₩22,000이다.

20X1년 6월의 매출원가는?

2022 지방직 9급

① ₩74,000　　② ₩88,000
③ ₩92,000　　④ ₩93,000

---

25 정답 ④

해설

원재료			
기초	3,000	DM	?
당기매입	35,000	기말	2,000
	38,000		38,000

재공품			
기초	6,000	제품제조	
DM 총			
DL 제			
OH 조	22,000	기말	2,000

미지급급여			
당기지급	25,000	기초	5,000
기말	10,000	발생(DL)	?
	35,000		35,000

제품			
기초	9,000	매출원가	
제품제조		기말	8,000

직접재료원가 = ₩38,000 − ₩2,000 = ₩36,000

직접노무원가 = ₩35,000 − ₩5,000 = ₩30,000

당기총제조원가 = DM ₩36,000 + DL ₩30,000 + OH ₩22,000 = ₩88,000

당기제품제조원가 = 기초재공품 ₩6,000 + 당기총제조원가 ₩88,000 − 기말재공품 ₩2,000 = ₩92,000

매출원가 = 기초제품 ₩9,000 + 당기제품제조원가 ₩92,000 − 기말제품 ₩8,000 = ₩93,000

사경인
프레임회계학
원가회계

개별원가계산제도

개별원가계산제도는 가장 기본적인 원가계산 방법이다. 개별작업별로 원가를 계산하는 데 '모아서 뿌린다'는 기본개념에 충실하다. 다만, 보조부문의 원가를 어떤 기준으로 뿌릴 거냐는 부문별 원가계산, 뿌리는 기준을 활동으로 보는 활동기준원가계산, 배부율을 사전에 정하는 정상원가계산 등으로 구분해 볼 수 있다.

이 부분은 지방직 시험에서 상대적으로 출제빈도가 높은 편이다. 보조부문 원가배부가 3년에 한 번 꼴로 출제되며, 정상개별원가계산은 지방직에서 2년에 한 번(국가직 3년에 한 번) 출제되는 주제다.

메타인지

01 개별원가계산에서는 공정단위로 원가를 계산한다. (O I ×)

02 직접원가는 직접 추적하여 집계하는 반면, 간접원가는 일정한 배부기준에 따라 제품이 (O I ×)
나 공정에 배부하게 된다.

03 제조간접원가를 제품에 배분할 때는 일반적으로 수혜기준에 따라 배분한다. (O I ×)

04 제조간접비 발생총액은 ₩1,000,000이며, 배부기준은 기계시간인데 총 기계시간은 (O I ×)
1,000시간이다. 이때, 제조간접비배부율은 시간당 ₩1,000이다.

05 보조부문의 원가는 제품에 직접 배분하기 보다는 다른 제조부문에 배분하는 것이 합리 (O I ×)
적이다.

06 보조부문 원가를 직접배분법에 따라 배부하면 보조부문 상호 간의 용역수수관계가 정 (O I ×)
확하게 반영된다.

07 실제원가계산제도에서는 제조간접원가 예정배부율을 사용하여 원가를 배분한다. (O I ×)

08 정상원가보다 실제원가가 더 작다면 제조간접원가는 과소배부된 것이다. (O I ×)

09 제조원가에서 제조간접원가가 차지하는 비중이 과거보다 증가했기 때문에 정확한 배부 (O I ×)
기준을 선정하는 것이 훨씬 중요해졌다.

10 활동기준원가계산은 소품종 대량생산에 적합한 원가계산시스템이다. (O I ×)

정답																			
01	×	02	O	03	×	04	O	05	O	06	×	07	×	08	×	09	O	10	×

제1절 | 개별원가계산

기업이 제품을 생산하는 방식에는 여러 가지가 있지만, 가장 대표적인 형태로는 주문에 따른 개별생산방식과 표준품을 대량으로 생산하는 방식이 있다. 옷을 예로 들자면 고객의 사이즈를 직접 재서 거기에 맞춰서 제작하는 맞춤복과 대기업에서 표준 사이즈를 정해 대량으로 만들어내는 기성복의 형태가 있다. 맞춤복처럼 주문에 따라 제작하면 개별 제품별로 원단이나 소품에 해당하는 원재료, 투입되는 노동력, 사용되는 설비 등이 모두 다르다. 이 경우에 각각의 제품이나 작업별로 원가를 구별하여 계산하는데 이를 개별원가계산(job costing)이라 한다. 반면에 기성복의 경우에는 투입되는 원재료나 제작하는 공정이 같기 때문에 개별 제품의 원가를 구분해서 계산하는 것이 큰 의미가 없고 번거롭기만 하다. 따라서 이 경우에는 일정한 주기를 정해서 해당 기간 동안 투입된 원가를 그 기간에 생산된 수량으로 나누어 제품원가를 계산하는데 이를 종합원가계산(process costing)이라고 한다.[1] 이번 장에서는 먼저 개별원가계산제도에 대해 살펴본다.

1 개별원가계산의 의의

개별원가계산이란 위에서 설명한 바와 같이 생산하는 제품 혹은 주문별로, 서비스업의 경우에는 제공하는 서비스 혹은 프로젝트 별로 원가계산을 수행하는 방법이다. 주로 선박, 비행기, 기계제작, 건설업 등과 같이 주문에 따라 개별적으로 제품을 생산하는 업종에서 사용한다. 개별원가계산은 개별제품 혹은 개별작업 별로 원가가 계산되기 때문에 직접원가와 간접원가의 구분이 중요하다. 직접원가에 해당하는 직접재료원가와 직접노무원가는 해당 제품이나 공정 별로 직접 추적할 수 있기 때문에 발생된 원가를 그대로 집계하면 되지만, 간접원가에 해당하는 제조간접원가의 경우에는 집계된 원가를 일정한 기준에 따라 제품이나 공정 별로 배부해야 한다. 이때 간접원가를 배부하는 방법은 '1장 3절 2. 원가의 배분'에서 배웠던 것처럼 간접원가를 집계하고 배부기준을 정한 다음 간접원가 배부율을 구해서 배부하게 된다.

$$\text{간접원가 배부율} \quad = \quad \frac{\text{간접원가 총 발생액}}{\text{배부기준 총량}}$$

---

[1] 사실 영어표현을 보면 개별원가계산은 job costing으로 작업별 원가계산에 해당하고, 종합원가계산은 process costing으로 공정별 원가계산에 해당한다고 이해하는 것이 좋다. 개별원가계산이라고 하지만 꼭 한 개의 제품만을 생산하는 것은 아니고, 한 번의 작업으로 소량이지만 여러 개의 제품이 생산될 수도 있다. 작업과 공정의 차이는 생산량에서도 차이를 보이지만, 작업을 묶어 놓은 것이 공정에 해당한다는 점에서도 차이가 있다. 즉, 제품을 생산하는 공정은 여러 개의 작업들로 구성되는데, 제품별로 작업시간이나 투입재료가 다른 주문품은 작업단위로 원가를 계산해야 하지만(개별원가계산), 작업이나 공정이 표준화된 표준품은 작업단위로 원가를 계산할 필요 없이 공정단위로 원가를 계산하면 되므로 상대적으로 편리한 종합원가계산 방법을 사용한다.

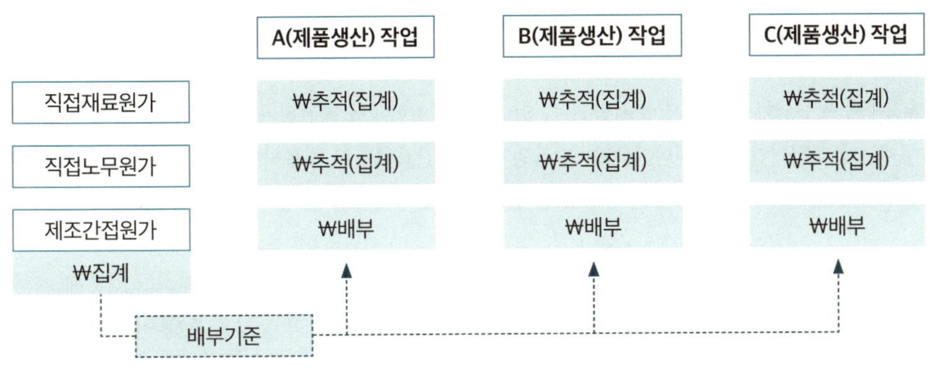

예제 ****개별원가계산**

문제

㈜한국은 선박에 들어갈 엔진을 주문생산하는 회사이다. 당기 중에 3건의 주문을 받아 101엔진과 102엔진은 완성하여 납품했으며, 103엔진은 여전히 제작 중에 있다. 제품별로 직접원가 발생액과 원가자료는 다음과 같다. 제조간접원가 발생액 ₩1,000,000은 작업시간을 기준으로 배부한다.

작업구분	101엔진	102엔진	103엔진	합계
직접재료원가	₩300,000	₩400,000	₩250,000	₩950,000
직접노무원가	₩400,000	₩200,000	₩150,000	₩750,000
작업시간	500시간	300시간	200시간	1,000시간

1. 각 제품별 제조원가는 얼마인가?

2. 당기제품제조원가와 기말재공품원가는 얼마인가?

풀이

1.
- 제조간접원가 배부율 = ₩1,000,000 / 1,000시간 = ₩1,000/시간
- 제조간접원가 배부액
  101엔진: 500시간 × ₩1,000/시간 = ₩500,000
  102엔진: 300시간 × ₩1,000/시간 = ₩300,000
  103엔진: 200시간 × ₩1,000/시간 = ₩200,000
- 제품별 제조원가

작업구분	101엔진	102엔진	103엔진
직접재료원가	₩300,000	₩400,000	₩250,000
직접노무원가	₩400,000	₩200,000	₩150,000
제조간접원가	₩500,000	₩300,000	₩200,000
제품제조원가	₩1,200,000	₩900,000	₩600,000

2. 완성품인 101엔진, 102엔진의 원가 ₩2,100,000은 당기제품제조원가가 되고, 미완성인 103엔진의 원가 ₩600,000은 기말재공품원가가 된다.

수험목적에서 직접원가의 추적은 문제될 것이 없다. 실제 시험에서 직접원가는 십중팔구 집계된 결과가 주어지기 때문에 더하기만 하면 된다. 문제는 간접원가이다. 간접원가를 배부하기 위해서는 배부기준을 정하고 배부해야 하는데, 배부기준을 정하는 방법이나 배부단위 등이 이슈가 된다.

원가의 배분은 제조간접원가를 제품에 배부하는 데 국한된 것이 아니라 결합원가를 여러 제품에 배분한다거나 공통원가를 여러 부문에 배분할 때도 발생한다. 결합원가는 하나의 공정을 통해 여러 제품이 나오는 경우, 예를 들어 원유를 정제하여 휘발유, 등유, 경유, 중유, 아스팔트 등을 만들어 낼 때 정제하는 데 들어간 원가를 각각의 제품에 어떻게 배분할 것이냐는 문제다. 공통원가의 배분은 삼성그룹이 'SAMSUNG'이라는 그룹 전체의 브랜드를 만들어 광고를 하는 데 들어간 비용을 각각의 계열사에 얼마씩 부담시킬지 정하는 것을 예로 들 수 있다. *이러한 배부기준을 정하는 원칙에는 다음과 같은 것들이 있다.

① 인과관계기준
원가가 발생하게 된 원인을 찾아 이를 배부기준으로 하는 가장 이상적인 배분기준이다. 예를 들어 전기료를 전기사용량에 따라 배부하는 것이 여기에 해당한다.

② 수혜기준
원가의 소비로 인해 얻게 된 수혜에 비례해서 원가를 배분하는 기준이다. 그룹 전체 이미지 광고에 들어간 비용을 계열사별로 분담할 때, 광고 전과 광고 후의 매출액을 비교하여 매출액이 증가한 정도에 따라 배분한다면 수혜기준에 따른 배분에 해당한다.

③ 부담능력 기준
원가배분대상의 원가부담능력에 비례해서 공통원가를 배부하는 기준이다. 그룹 전체 광고비를 계열사별 이익에 비례하여 부담하는 것이 예가 될 수 있다. 결합원가를 상대적 판매가치나 순실현가치에 비례하여 배분하는 방법을 배우게 될 것이다.

④ 공정성 혹은 공평성 기준
공정 혹은 공평하게 원가를 배분해야 한다는 원칙으로 이상적인 방법에 해당한다.

제조간접원가를 제품에 배분할 때는 일반적으로 인과관계기준에 따른다. 이 때문에 전통적으로는 직접노무시간이나 기계가동시간 등에 따라 제조간접원가를 배분하는 경우가 많다. 하지만, 시험문제에서는 배부기준을 정해주는 경우가 대부분이므로 이에 따라 배분하면 된다. 예제를 통해 다양한 기준에 따라 제조간접원가를 배분하는 방법을 배워보자.

📝 문제

㈜한국은 선박에 들어갈 엔진을 주문생산하는 회사인데 당기 중에 3건의 작업을 수행했다. 공장전체에서 발생한 제조간접원가와 각종 자료는 다음과 같다.

작업구분	101엔진	102엔진	103엔진	합계
제조간접원가				₩3,000,000
작업투입인원	6명	4명	5명	15명
직접노무원가	₩2,000,000	₩1,200,000	₩1,800,000	₩5,000,000
기계시간	500시간	300시간	200시간	1,000시간
제품판매가격	₩4,500,000	₩1,500,000	₩3,000,000	₩9,000,000

1. 작업투입인원을 기준으로 제조간접원가를 각 제품에 배부하면?

2. 직접노무원가를 기준으로 제조간접원가를 각 제품에 배부하면?

3. 기계시간을 기준으로 제조간접원가를 각 제품에 배부하면?

4. 제품판매가격을 기준으로 제조간접원가를 각 제품에 배부하면?

⚙️ 풀이

배부기준	배부율	101엔진	102엔진	103엔진
작업투입인원	₩3,000,000 ÷ 15명 = ₩200,000/명	6명×₩200,000 = ₩1,200,000	4명×₩200,000 = ₩800,000	5명×₩200,000 = ₩1,000,000
직접노무원가	₩3,000,000 ÷ ₩5,000,000 = ₩0.6/₩	₩2,000,000×₩0.6 = ₩1,200,000	₩1,200,000×₩0.6 = ₩720,000	₩1,800,000×₩0.6 = ₩1,080,000
기계시간	₩3,000,000 ÷ 1,000시간 = ₩3,000/시간	500시간×₩3,000 = ₩1,500,000	300시간×₩3,000 = ₩900,000	200시간×₩3,000 = ₩600,000
제품판매가격	₩3,000,000 ÷ ₩9,000,000 = ₩1/3	₩4,500,000×1/3 = ₩1,500,000	₩1,500,000×1/3 = ₩500,000	₩3,000,000×1/3 = ₩1,000,000

제2절 | 부문별 원가계산(간접원가의 배분)

앞에서 살핀 대로 개별원가계산에서는 제조간접원가를 배분하는 것이 중요하다. 원가의 계산은 '모아서 뿌리는' 작업인데 이때 모으는 범위와 뿌리는 단위에 따라 다양한 주제가 생겨난다. 앞에서는 그저 제조간접원가를 '모두' 모아서 '하나의 기준'으로 뿌렸지만, 기업의 규모가 커지고 제조과정이 복잡해지는 경우에는 다양한 단계에서 제조간접원가가 발생할 수 있다. 이 경우에는 제조과정을 절단, 조립, 도색, 검사 등 다양한 부문으로 나눈 다음 각각의 부문별로 원가를 모으고 뿌리는 과정을 통해 좀 더 정확한 원가계산을 할 수 있다. 원가계산이 정교해지면 올바른 의사결정을 할 수 있게 되는데, 올바른 의사결정으로 인한 효익이 정교한 원가계산을 위한 비용을 능가한다면 부문별로 나누어 원가를 계산하게 된다.

1 공장전체 일괄배부와 제조부문별 배부

제조간접원가를 배분할 때는 공장전체의 제조간접원가를 집계해서 하나의 배부기준에 따라 배부할 수도 있고, 각 제조부문별로 제조간접원가를 집계해서 부문별 배부기준에 따라 배부할 수도 있다. 다음 예제를 통해 두 가지 방법을 비교해 보자.

예제 · 공장전체 일괄배부와 제조부문별 배부

▷ 문제

㈜한국은 고객의 주문에 따라 철판을 절단하고 조립하여 철제가구를 만든다. 절단작업은 주로 기계를 이용하며 조립은 수작업으로 이루어진다. 당기에 각 부문별로 발생한 원가자료는 다음과 같다.

구분	절단부문	조립부문	합계
직접재료원가	₩500,000	₩100,000	₩600,000
직접노무원가	₩100,000	₩400,000	₩500,000
제조간접원가	₩200,000	₩200,000	₩400,000
기계사용시간	400시간	100시간	500시간

회사가 당기 중에 주문을 받아 납품한 #101 작업에 대한 원가자료는 다음과 같다.

구분	절단부문	조립부문	합계
직접재료원가	₩50,000	₩20,000	₩70,000
직접노무원가	₩10,000	₩40,000	₩50,000
기계사용시간	30시간	10시간	40시간

1. 회사가 공장전체 제조간접원가배부율을 사용하고, 직접노무원가를 기준으로 배부하는 경우 #101의 총 제조원가를 계산하시오.

2. 회사가 절단부문은 기계사용시간, 조립부문은 직접노무원가를 기준으로 부문별 제조간접원가배부율을
   사용하여 제조간접원가를 배부하는 경우 #101의 총제조원가를 구하시오.

⚙ **풀이**

1.
   ① 공장전체 제조간접원가배부율: ₩400,000 ÷ ₩500,000 = ₩0.8/직접노무원가
   ② 총제조원가 = DM ₩70,000 + DL ₩50,000 + OH ₩50,000 × ₩0.8 = ₩160,000

2.
   ① 절단부문 제조간접원가배부율: ₩200,000 ÷ 400시간 = ₩500/기계사용시간
   ② 조립부문 제조간접원가배부율: ₩200,000 ÷ ₩400,000 = ₩0.5/직접노무원가
   ③ 총제조원가 = DM ₩70,000 + DL ₩50,000 + OH (30시간 × ₩500 + ₩40,000 × ₩0.5)
     = ₩155,000

2 보조부문 원가의 배분   기출 15, 17, 18

공장전체 일괄배부가 아닌 부문별 원가계산을 하다 보면, 제조와 직접관련된 제조부문 외에 제조활동을 돕
게 되는 보조부문도 생겨난다. 예를 들어 제품을 생산하는 과정은 절단, 조립, 도색의 세 부문으로 구성되더
라도 각각의 부문에서 사용하는 기계장치의 수선과 유지를 위한 수선부문, 작업장의 근로자들에게 식사를
제공하는 식당부문도 필요하다. 직접 제품을 생산하는 활동을 수행하는 부문을 제조부문 또는 생산부문이
라 하며, 직접 제품생산활동을 하지는 않지만 제조부문의 제조활동을 보조하고 지원하는 부문을 보조부문
혹은 지원부문이라고 한다. 제조부문은 제품생산활동을 직접 수행하므로 제품에 원가를 배부하는 것이 합
리적이나, 보조부문의 원가를 제품에 직접 배부하기에는 인과관계를 밝히기가 어렵다는 문제점이 있다. 오히
려 보조부문의 원가는 제품과 연관되어 있기 보다는 제조부문과 연관성을 가지므로 보조부문에서 발생한
원가를 제조부문에 먼저 배분한 다음 이를 다시 제품원가로 배부하는 것이 합리적이다.

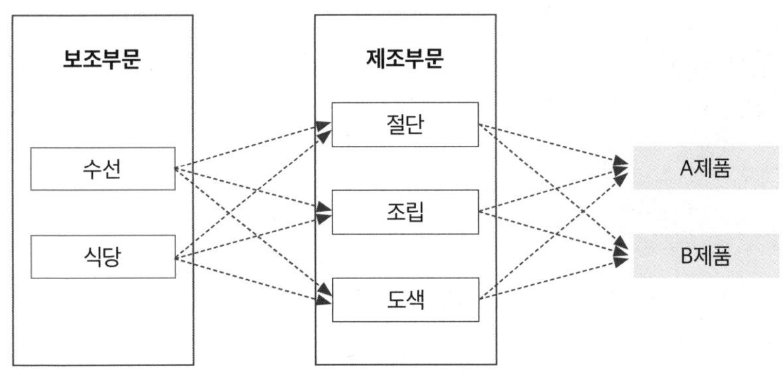

📑 문제

㈜한국은 제조부문에 해당하는 절단부, 조립부와 보조부문에 해당하는 수선부로 구성되어 있다. 수선부는 절단부와 조립부에 수선서비스를 제공하고 있으며 서비스제공 시간에 따라 제조부문에 원가를 배부한다. 수선부가 제공한 서비스시간과 원가자료는 다음과 같다.

구분	절단부문	조립부문	제조간접원가
서비스 제공시간	30시간	20시간	₩100,000

제조부문에서 발생한 원가자료는 다음과 같다. 제조부문의 간접원가는 기계사용시간을 기준으로 제품에 배부한다.

구분	절단부문	조립부문	합계
제조간접원가	₩200,000	₩100,000	₩300,000
기계사용시간	200시간	100시간	300시간

회사가 당기 중에 주문을 받아 납품한 #101 작업에 대한 원가자료는 다음과 같다.

구분	절단부문	조립부문	합계
직접재료원가	₩40,000	₩20,000	₩60,000
직접노무원가	₩10,000	₩30,000	₩40,000
기계사용시간	10시간	10시간	20시간

#101의 총제조원가는 얼마인가?

⚙️ 풀이

① 보조부문 원가의 배분

보조부문(수선부)의 원가 ₩100,000은 서비스 제공시간에 따라 절단부문에 ₩60,000(30시간/50시간), 조립부문에 ₩40,000(20시간/50시간)이 배부된다. 따라서 절단부문의 제조간접원가는 ₩260,000이 되며, 조립부문의 제조간접원가는 ₩140,000이 된다. 이에 따라 제조간접원가 배부율은 아래와 같이 절단부문 ₩1,300/기계시간, 조립부문 ₩1,400/기계시간이 된다.

구분	절단부문	조립부문	합계
수선서비스 제공시간	30시간	20시간	50시간
보조부문 원가배분	₩60,000	₩40,000	₩100,000
제조간접원가	₩200,000	₩100,000	₩300,000
합계	₩260,000	₩140,000	₩400,000
기계사용시간	200시간	100시간	300시간
제조간접원가 배부율	₩1,300/기계시간	₩1,400/기계시간	

② #101 총제조원가 = DM ₩60,000 + DL ₩40,000 + OH (₩1,300/시간 × 10시간 + ₩1,400/시간 × 10시간) = ₩127,000

만약 보조부문이 2개 이상이라면 보조부문 상호 간에 서비스를 제공하게 된다. 수선부문과 식당부문 2개의 보조부문이 있을 때 수선부문에 근무하는 인원에게도 식당부문이 식사를 제공하고, 식당설비가 고장 났을 때는 수선부문에서 수선서비스를 제공한다. 이렇게 보조부문 상호 간에 서비스가 제공될 때는 상호 간의 보조부문원가를 어떻게 배분할 것인가를 정하여야 하는데 그 인식정도에 따라 직접배분법, 단계배분법, 상호배분법으로 나누어 볼 수 있다. 다음 예제를 통해 세 가지 방법에 따라 원가를 배분해 보자.

🗒 기본자료

㈜한국은 두 개의 보조부문 동력부, 수선부와 두 개의 제조부문 절단부, 조립부를 운영하고 있다. 동력부의 원가는 전력사용량을 기준으로 배분하며, 수선부의 원가는 노무시간을 기준으로 배분한다. 당기 중에 각 부문에서 발생한 원가와 용역제공 자료는 다음과 같다.

사용부문 제공부문	보조부문		제조부문		계
	동력부	수선부	절단부	조립부	
동력부	-	600kw	100kw	300kw	1,000kw
수선부	400시간	-	200시간	200시간	800시간
부문별 원가	₩60,000	₩90,000	₩150,000	₩200,000	₩500,000

(1) 직접배분법

직접배분법은 보조부문 상호 간의 용역수수를 전혀 인식하지 않는 방법이다. 따라서 상호 간의 용역수수 자료는 무시하고 제조부문에 제공하는 서비스 양만 고려하여 보조부문 원가를 배분한다. ★다른 방법에 비해 상대적으로 간단하다는 장점은 있지만, 보조부문 상호 간의 용역수수를 고려하지 않음으로 인해 정확성은 떨어지는 방법이다.

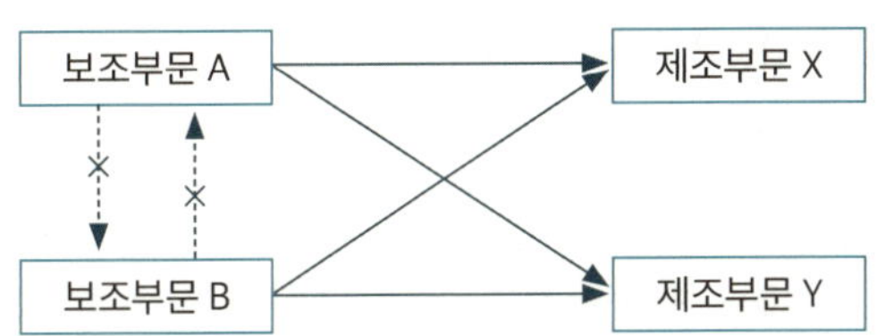

예제 직접배분법

📝 문제

기본자료의 보조부문원가를 직접배분법에 의하여 배분하면 배분 후의 제조부문원가는 절단부와 조립부가 각각 얼마인가?

직접배분법에서는 보조부문 상호 간에 제공한 용역수수를 무시하므로 다음과 같이 동력부가 수선부에 제공한 600kw와 수선부가 동력부에 제공한 400시간을 무시한 채 나머지 제조부문에 제공한 용역량을 기준으로 보조부문원가를 제조부문에 배부한다.

사용부문 제공부문	보조부문		제조부문		계
	동력부	수선부	절단부	조립부	
동력부	-	~~600kw~~	100kw	300kw	400kw
수선부	~~400시간~~	-	200시간	200시간	400시간
부문별 원가	₩60,000	₩90,000	₩150,000	₩200,000	₩500,000

동력부 원가 ₩60,000 ☞ 절단부:조립부(100kw:300kw) = ₩15,000:₩45,000

수선부 원가 ₩90,000 ☞ 절단부:조립부(200시간:200시간) = ₩45,000:₩45,000

절단부의 배분 후 원가 = ₩150,000 + ₩15,000 + ₩45,000 = ₩210,000

조립부의 배분 후 원가 = ₩200,000 + ₩45,000 + ₩45,000 = ₩290,000

(2) 단계배분법 `기출 11, 14, 16`

*단계배분법은 보조부문 상호 간의 용역수수에 우선순위를 정한 다음 순위에 따라 단계적으로 배분하는 방법이다. 이때 후순위 보조부문의 원가는 선순위 보조부문에 배분하지 않게 된다. 보조부문이 A, B 둘로 구성된 경우 A부터 배분한다면 A → B로의 배분은 이루어지지만, B → A로의 배분은 이루어지지 않는다. 만약 보조부문이 A, B, C 셋으로 구성되고 A, B, C의 순서로 배분한다면 A의 원가는 B와 C에 배분하고, B는 C에, 그리고 C는 보조부문에 배분하지 않고 제조부문에만 배부하게 된다. 이 경우에 보조부문 상호 간의 용역수수는 부분적으로 인식하게 된다.

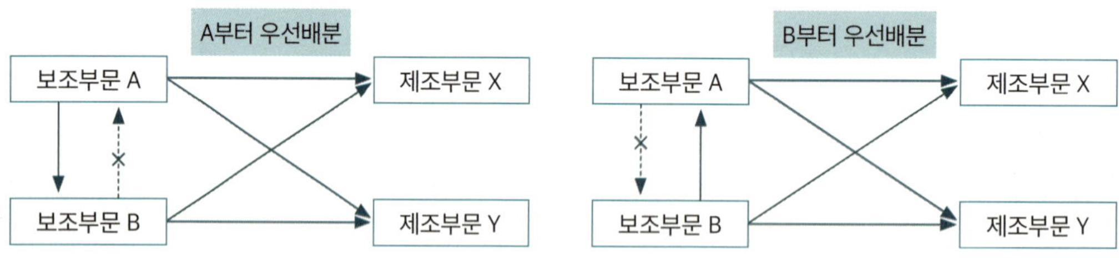

 ★★★★단계배분법

▷ 문제

1. 기본자료의 보조부문원가를 동력부부터 우선배분하는 단계배분법으로 배분할 경우, 절단부와 조립부의 배분 후 원가는 각각 얼마인가?

2. 기본자료의 보조부문원가를 수선부부터 우선배분하는 단계배분법으로 배분할 경우, 절단부와 조립부의 배분 후 원가는 각각 얼마인가?

⚙ 풀이

1. 동력부부터 우선배분하는 경우, 동력부의 원가는 수선부와 절단부 조립부 모두에 배분한다. 그런 다음 수선부는 동력부에서 1차적으로 배부 받은 원가를 포함하여 절단부와 조립부에 배분하게 된다.

사용부문 / 제공부문	보조부문		제조부문		계
	동력부	수선부	절단부	조립부	
동력부	-	600kw	100kw	300kw	1,000kw
수선부	~~400시간~~	-	200시간	200시간	400시간
부문별 원가	₩60,000	₩90,000	₩150,000	₩200,000	₩500,000

동력부 원가 ₩60,000 ☞ 수선부:절단부:조립부(600kw:100kw:300kw) = ₩36,000:₩6,000:₩18,000

수선부 원가(₩90,000 + ₩36,000) ☞ 절단부:조립부(200시간:200시간) = ₩63,000:₩63,000

절단부의 배분 후 원가 = ₩150,000 + ₩6,000 + ₩63,000 = ₩219,000

조립부의 배분 후 원가 = ₩200,000 + ₩18,000 + ₩63,000 = ₩281,000

2. 수선부부터 우선배분하는 경우, 수선부의 원가는 동력부, 절단부, 조립부에 배분한다. 그런 다음 동력부는 수선부에서 배부 받은 원가를 포함하여 절단부와 조립부에 배분하게 된다.

사용부문 / 제공부문	보조부문		제조부문		계
	동력부	수선부	절단부	조립부	
동력부	-	~~600kw~~	100kw	300kw	400kw
수선부	400시간	-	200시간	200시간	800시간
부문별 원가	₩60,000	₩90,000	₩150,000	₩200,000	₩500,000

수선부 원가 ₩90,000 ☞ 동력부:절단부:조립부(400시간:200시간:200시간) = ₩45,000:₩22,500:₩22,500

동력부 원가 (₩60,000 + ₩45,000) ☞ 절단부:조립부(100kw:300kw) = ₩26,250:₩78,750

절단부의 배분 후 원가 = ₩150,000 + ₩22,500 + ₩26,250 = ₩198,750

조립부의 배분 후 원가 = ₩200,000 + ₩22,500 + ₩78,750 = ₩301,250

(3) 상호배분법 기출 21, 22

*상호배분법은 방정식을 통해 보조부문 상호 간의 용역수수를 완전히 인식하는 방법이다. 이때 방정식은 '보조부문의 배분대상 원가 = 자기부문원가 + 다른 보조부문 원가 × 배분비율'로 구하게 된다. *이 방법은 보조부문원가를 정확히 배분할 수 있고 배분순서를 결정할 필요가 없다는 장점이 있지만 시간과 비용이 많이 소요된다는 단점이 있다.

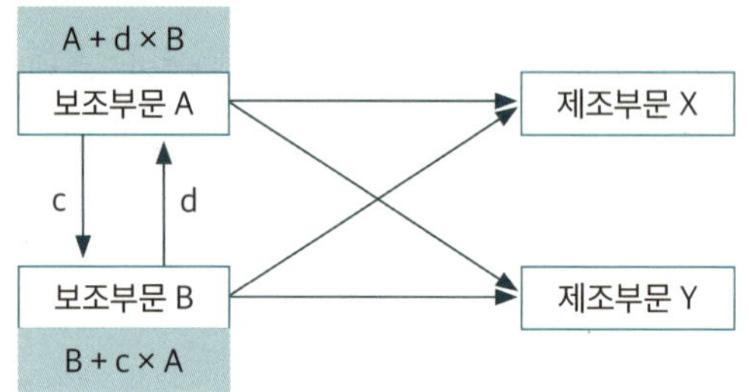

📝 문제

기본자료의 보조부문원가를 상호배분법에 의하여 배분하면 배분 후의 제조부문원가는 절단부와 조립부가 각각 얼마인가?

⚙️ 풀이

상호배분법에서는 방정식에 의하여 보조부문의 배부대상 원가를 다시 구하게 된다.

사용부문 제공부문	보조부문		제조부문		계
	동력부	수선부	절단부	조립부	
동력부	-	600kw	100kw	300kw	1,000kw
수선부	400시간	-	200시간	200시간	800시간
부문별 원가	₩60,000	₩90,000	₩150,000	₩200,000	₩500,000

동력부 배부대상 원가(X) = ₩60,000 + 400시간/800시간 × 수선부 배부대상 원가(Y)

수선부 배부대상 원가(Y) = ₩90,000 + 600kw/1,000kw × 동력부 배부대상 원가(X)

이를 정리하면 다음과 같이 나타낼 수 있다.

X = ₩60,000 + 0.5Y … ①

Y = ₩90,000 + 0.6X … ②

①식의 Y에 ②식을 대입하면,

X = ₩60,000 + 0.5 × (₩90,000 + 0.6X)

X = ₩60,000 + ₩45,000 + 0.3X

0.7X = ₩105,000

X = ₩150,000

②식에 X = ₩150,000을 대입하면

Y = ₩90,000 + 0.6 × ₩150,000 = ₩180,000

동력부의 배부대상 원가(X) ₩150,000과 수선부의 배부대상 원가(Y) ₩180,000을 보조부문과 제조부문에 다음과 같이 배분한다.

X(₩150,000) ☞ 수선부·절단부·조립부(600kw:100kw:300kw) = ₩90,000:₩15,000:₩45,000

Y(₩180,000) ☞ 동력부·절단부·조립부(400시간:200시간:200시간) = ₩90,000:₩45,000:₩45,000

절단부의 배분 후 원가 = ₩150,000 + ₩15,000 + ₩45,000 = ₩210,000

조립부의 배분 후 원가 = ₩200,000 + ₩45,000 + ₩45,000 = ₩290,000

사쌤 가이드

보조부문인 식당부문에서 근무하는 종업원도 식사를 한다. 이렇게 자기부문이 제공하는 서비스를 자기부문이 소비하는 것을 자기부문소비용역이라고 하는데, 자기부문에 원가를 배분하든 하지 않든 그 결과는 같다. 따라서 수험목적에서 자기부문소비용역은 자료가 주어지더라도 무시하고 풀면 된다.

만약 본문에 제시된 기본자료가 이렇게 주어지더라도

사용부문 제공부문	보조부문		제조부문		계
	동력부	수선부	절단부	조립부	
동력부	200kw	600kw	100kw	300kw	1,200kw
수선부	400시간	100시간	200시간	200시간	900시간
부문별 원가	₩60,000	₩90,000	₩150,000	₩200,000	₩500,000

이렇게 두고 풀면 된다.

사용부문 제공부문	보조부문		제조부문		계
	동력부	수선부	절단부	조립부	
동력부	~~200kw~~	600kw	100kw	300kw	1,000kw
수선부	400시간	~~100시간~~	200시간	200시간	800시간
부문별 원가	₩60,000	₩90,000	₩150,000	₩200,000	₩500,000

3 단일배분율법과 이중배분율법 `기출 17, 19`

제조간접원가는 원가행태에 따라 다시 변동제조간접원가와 고정제조간접원가로 구분할 수 있다. 배부기준을 정할 때는 인과관계를 따르는 게 일반적인데, 변동제조간접원가는 생산량 증가에 따라 원가도 증가하므로 둘 사이의 인과관계를 추론해 볼 수 있다. 하지만, 공장건물 감가상각비나 임차료 등의 고정제조간접원가는 실제 생산량과는 무관하게 발생한다. 오히려 감가상각비나 임차료와 상관관계가 높은 공장의 규모나 임대면적은 실제 생산량이 아닌 최대 생산량에 대비할 수 있도록 정하는 경우가 많다. 예상되는 최대수요에 대응할 수 있도록 공장규모를 정하는 것이다. 따라서 이 경우에는 원가가 실제생산량이 아닌 최대생산량과 인과관계를 갖게 된다. 고정원가와 변동원가를 구분하지 않고 하나의 기준으로 간접원가를 배분하는 것을 단일배분율법이라고 한다. 반면에 둘을 구분하여 변동원가는 실제조업도를 기준으로 배부하고, 고정원가는 최대조업도를 기준으로 배부하는 방법을 이중배분율법이라고 한다.

▷ 문제

㈜한국은 보조부문인 전력부와 제조부문인 절단부, 조립부로 구성되어 있다. 전력부는 제조부문에 전력을 제공하고 있는데, 성수기 최대 사용량을 대비한 설비를 보유하고 있다. 연간 최대 전력사용가능량과 당기에 실제로 사용한 전력량은 다음과 같다.

	절 단 부	조 립 부	합 계
최대사용가능량	30,000kw	20,000kw	50,000kw
실제사용량	20,000kw	10,000kw	30,000kw

전력부의 당기 변동원가는 ₩120,000, 고정원가는 ₩150,000이 발생하였다.

1. 실제사용량을 기준으로 한 단일배분율법을 적용할 경우 절단부와 조립부에 배부될 전력부의 원가는 얼마인가?

2. 이중배분율법을 적용할 경우 절단부와 조립부에 배부될 전력부의 원가는 얼마인가?

⚙ 풀이

1. 단일배분율법을 적용할 경우

전력부 원가(₩120,000 + ₩150,000 = ₩270,000) ☞ 절단부:조립부(20,000kw:10,000kw)
= ₩180,000:₩90,000

2. 이중배분율법을 적용할 경우

변동원가(₩120,000) ☞ 절단부:조립부(20,000kw:10,000kw) = ₩80,000:₩40,000
고정원가(₩150,000) ☞ 절단부:조립부(30,000kw:20,000kw) = ₩90,000:₩60,000
절단부에 배부되는 원가 = ₩80,000 + ₩90,000 = ₩170,000
조립부에 배부되는 원가 = ₩40,000 + ₩60,000 = ₩100,000

제**3**절 | 정상원가계산

1 실제원가계산과 정상원가계산

제조간접원가를 배부하기 위해서는 제조간접원가 총 발생액을 배부기준 총 발생량으로 나누어 제조간접원가 배부율을 산정해야 한다. 실제 발생한 제조간접원가와 배부기준 총량을 바탕으로 제조간접원가를 배부하는 방법을 실제원가계산이라고 한다.

$$\text{제조간접원가 배부율(실제원가계산)} \;=\; \frac{\text{제조간접원가 실제 발생액}}{\text{배부기준 실제 발생량}}$$

그런데 이때 한 가지 문제가 발생한다. 당기 제조간접원가의 실제 발생액이나 배부기준의 실제 발생량의 집계는 회계기간이 종료되어야 가능하다. 회계기간이 1월 1일부터 12월 31일이라면 연말이 되기 전까지는 원가의 발생액도 배부기준의 발생량도 구할 수가 없기 때문에 제조간접원가 배부율을 산정할 수 없다. 그렇다면 제조간접원가를 제품에 배부할 수 없으므로 제품의 원가도 계산할 수 없게 된다. 제품은 생산이 끝났고 판매도 이루어져야 하는데 원가를 알 수 없다면 어떻게 될까? 원가를 알 수 없으므로 제품을 팔아도 이익이 얼마인지, 혹여 손해를 보고 파는 건 아닌지 계산할 수가 없다. 뿐만 아니라 여러 가지 의사결정도 제대로 이루어질 수가 없게 된다. 이러한 문제점을 해결하기 위해서 도입된 것이 정상원가계산제도이다. 정상원가계산제도에서는 제조간접원가 실제 발생액이 아닌 예정액(예산액)과 배부기준 발생예정량을 통해 제조간접원가 예정배부율을 사용하여 원가를 배분한다. 이렇게 예정배부율을 사용하면 제품의 완성과 동시에 제품원가를 계산하여 활용할 수 있게 된다.

$$\text{제조간접원가 예정배부율(정상원가계산)} \;=\; \frac{\text{제조간접원가 예상 발생액}}{\text{배부기준 발생 예상량}}$$

실제개별원가계산과 정상개별원가계산은 제조간접원가를 배부하는 배부율에서 차이가 날 뿐, 직접재료원가나 직접노무원가는 동일하게 계산된다. 이때 주의할 점은 정상원가계산의 경우에 배부율은 예정배부율을 사용하지만, 배부기준은 실제 배부기준수를 사용하여야 한다는 점이다.

구분	실제개별원가계산	정상개별원가계산
직접재료원가	실제발생액	실제발생액
직접노무원가	실제발생액	실제발생액
제조간접원가	실제배부기준수 × 실제배부율	실제배부기준수 × 예정배부율

▷ 문제

㈜한국은 직접노동시간을 기준으로 제조간접원가를 배부한다. 제조간접원가 연간 예산액은 ₩1,000,000이며, 연간 예상되는 직접노동시간은 1,000시간이다. 1월에 실제 발생한 제조간접원가는 ₩90,000이며 직접노동시간은 100시간이다.

1. 제조간접원가 예정배부율은?

2. 정상개별원가계산에 의한 1월 제조간접원가는 얼마인가?

3. 실제개별원가계산에 의한 1월 제조간접원가는 얼마인가?

4. 정상개별원가계산에 의한 제조간접원가 예정배부액은 실제발생액에 비하여 얼마나 과대배부 혹은 과소배부되었는가?

⚙ 풀이

1. 제조간접원가 예정배부율 = ₩1,000,000 ÷ 1,000시간 = ₩1,000/시간

2. 정상개별원가계산에 의한 제조간접원가 배부액 = 100시간 × ₩1,000/시간 = ₩100,000

3. 실제 발생한 제조간접원가인 ₩90,000이 된다.

4. 정상개별원가계산에 의한 제조간접원가 배부액은 ₩100,000으로 실제발생액 ₩90,000에 비하여 ₩10,000이 과대배부 되었다.

2　배부차이의 조정

정상원가계산을 통해 제조간접원가 예정배부액을 구하면, 실제발생액과 배부기준 발생량이 예상과 완전히 일치하지 않는 이상 실제발생원가와 차이가 발생한다. 예정배부액이 실제발생액보다 크면 과대배부, 작으면 과소배부가 된다. 배부금액은 예상액을 의미하기도 하므로 실제발생액이 예정배부액보다 작은 과대배부는 예상보다 비용이 작게 발생했음을 의미하므로 유리한 차이라고도 부른다. 반대로 과소배부는 불리한 차이가 된다.

> - 예정배부액 〉 실제발생액: 과대배부(유리한 차이)
> - 예정배부액 〈 실제발생액: 과소배부(불리한 차이)

이때 외부에 보고하는 재무제표에는 실제발생원가로 보고되어야 한다. 앞의 예제에서 실제 1월에 발생한 제조간접원가가 ₩90,000인데 예정원가 ₩100,000으로 보고하면 발생하지도 않은 원가를 비용으로 보고하는 결과가 된다. 따라서 이러한 배부차이를 조정하여 실제 발생한 원가로 재무보고가 이루어지도록 해야 한다. 배부차이를 조정하는 방법에는 비례조정법(총원가비례법, 원가요소비례법), 매출원가조정법, 영업외손익조정법이 있다.

(1) 비례조정법

앞에서 배웠던 원가흐름을 다시 살펴보면 아래 그림과 같다. 이때 제조간접원가를 예정배부해서 실제원가와 차이가 생겨나는 금액은 당기총제조원가로 집계된 다음 당기제품제조원가와 기말재공품을 구성하게 된다. 그리고 당기제품제조원가는 다시 제품계정으로 이동하여 매출원가와 기말제품재고를 구성한다. 결국 배부차이는 기말시점에 기말재공품, 기말제품재고, 매출원가에 남아있게 되므로 이 세 가지 계정에서 배부차이를 조정하는 것이 비례조정법(비례배분법)이다. 기말재공품, 기말제품재고, 매출원가는 각각 직접재료원가, 직접노무원가, 제조간접원가로 구성이 되는데 어떤 원가를 기준으로 하여 배부차이를 조정할 것이냐에 따라 다시 총원가비례법과 원가요소비례법으로 구분할 수 있다.

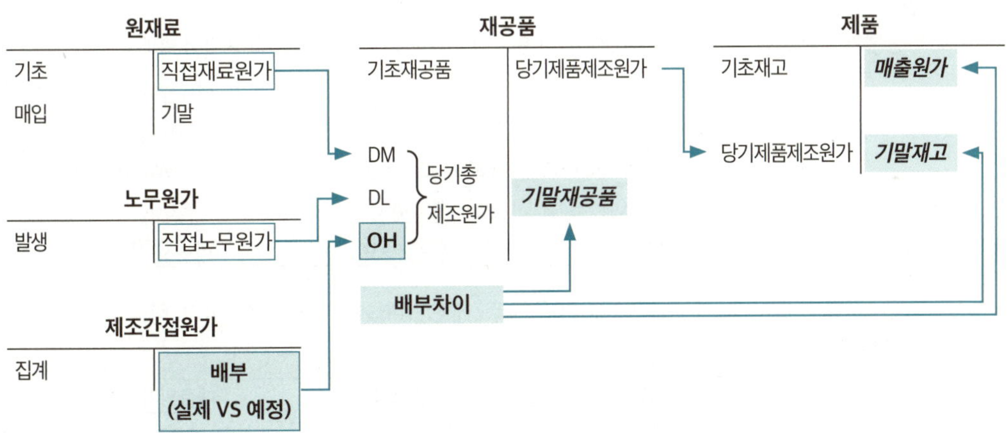

① ★★총원가비례법
총원가비례법은 기말재공품, 기말재고, 매출원가를 구성하는 총원가 비율에 따라 배부차이를 조정하는 방법이다. 원가요소비례법에 비하여 간편하다.

② ★원가요소비례법
원가요소비례법은 기말재공품, 기말재고, 매출원가에 포함된 ★제조간접원가(예정배부액)의 비율에 따라 배부차이를 조정하는 방법이다. 이 방법을 사용하면 처음부터 실제원가계산을 적용했을 경우와 동일한 결과를 얻게 된다.

▷ 문제

㈜한국은 정상개별원가계산을 채택하고 있으며, 당기에 발생한 제조간접원가의 배부차이는 ₩20,000(과소배부)이다. 배부차이를 조정하기 전의 원가자료는 다음과 같다.

	기말재공품	기말제품	매출원가
직접재료원가	₩12,000	₩10,000	₩160,000
직접노무원가	₩8,000	₩10,000	₩100,000
제조간접원가	₩20,000	₩40,000	₩140,000
합　　계	₩40,000	₩60,000	₩400,000

1. 총원가비례법에 따라 배부차이를 조정하고 기말재공품, 기말제품, 매출원가를 구하시오.

2. 원가요소비례법에 따라 배부차이를 조정하고 기말재공품, 기말제품, 매출원가를 구하시오.

⚙ 풀이

1. 총원가비례법: 과소배부된 ₩20,000을 총원가비율에 따라 4 : 6 : 40 의 비율로 추가배부한다.

	기말재공품	기말제품	매출원가
조정전 원가	₩40,000	₩60,000	₩400,000
조정비율	₩40,000/₩500,000	₩60,000/₩500,000	₩400,000/₩500,000
조정액	₩1,600	₩2,400	₩16,000
조정후 원가	₩41,600	₩62,400	₩416,000

2. 원가요소비례법: 과소배부된 ₩20,000을 제조간접원가비율에 따라 2 : 4 : 14 의 비율로 추가배부한다.

	기말재공품	기말제품	매출원가
조정전 원가	₩40,000	₩60,000	₩400,000
조정비율	₩20,000/₩200,000	₩40,000/₩200,000	₩140,000/₩200,000
조정액	₩2,000	₩4,000	₩14,000
조정후 원가	₩42,000	₩64,000	₩414,000

(2) **매출원가조정법

배부차이를 재공품과 제품에는 반영하지 않고 모두 매출원가에서 조정하는 방법이다. 배부차이가 크게 중요하지 않거나, 기말 재고자산이 거의 없을 경우에 간편하게 적용할 수 있는 방법이다. 이 경우에 기말 재고자산(재공품, 제품)의 제조간접원가는 예정배부액으로 보고된다.

(3) 영업외손익조정법

배부차이를 모두 영업외손익으로 조정하는 방법이다. 배부차이가 발생하게 된 원인이 공장의 화재나 재해 등 비정상적인 원인에 의한 것이라면 이는 매출원가가 아닌 영업외손익으로 반영하는 것이 바람직하다.

예제　매출원가조정법과 영업외손익조정법

▷ 문제

㈜한국은 정상개별원가계산을 채택하고 있으며, 당기에 발생한 제조간접원가의 배부차이는 ₩20,000(과소배부)이다. 배부차이를 조정하기 전의 원가자료는 다음과 같다.

	기말재공품	기말제품	매출원가
직접재료원가	₩12,000	₩10,000	₩160,000
직접노무원가	₩8,000	₩10,000	₩100,000
제조간접원가	₩20,000	₩40,000	₩140,000
합　　계	₩40,000	₩60,000	₩400,000

1. 매출원가조정법에 따라 배부차이를 조정하고 기말재공품, 기말제품, 매출원가를 구하시오.

2. 영업외손익조정법에 따라 배부차이를 조정하고 기말재공품, 기말제품, 매출원가를 구하시오.

⚙ 풀이

1. 매출원가조정법: 과소배부된 ₩20,000을 모두 매출원가에 추가배부한다.

	기말재공품	기말제품	매출원가
조정전 원가	₩40,000	₩60,000	₩400,000
조정액			₩20,000
조정후 원가	₩40,000	₩60,000	₩420,000

2. 영업외손익조정법에 의할 경우 과소배부된 ₩20,000이 모두 영업외비용에 반영되므로 기말재공품, 기말제품, 매출원가는 변하지 않는다. 따라서 각각 ₩40,000, ₩60,000, ₩400,000이 된다.

제4절 │ 활동기준원가계산

1 활동기준원가계산의 도입배경: 배부기준의 개선에 대한 노력

과거에 노동력에 의존하여 제품을 생산하던 시절에는 제조간접원가의 비중이 높지 않았다. 재료비와 노무비가 원가의 대부분이었으며 경비는 말 그대로 기타원가에 해당하는 소액이었다. 따라서 제조간접원가의 배분이 중요한 이슈가 되지 않았으며, 설사 간접원가의 배분이 잘못되더라도 의사결정에 크게 영향을 미치지 않았다. 하지만, 생산시스템이 자동화되면서 직접노무원가가 차지하던 부분을 기계장치의 감가상각비나 설비의 수선활동 같은 제조간접원가가 대체하기 시작했다. 또한 산업화 초기에는 싼 가격에 보다 많은 제품을 생산하기 위해 소품종 대량생산을 하던 것이 고객의 다양한 수요를 만족하기 위한 다품종 소량생산체제로 바뀌게 된다. 다품종 소량생산체제에서는 제품을 직접 생산하는 시간보다 다양하고 빈번한 구매주문, 품종에 따라 설비의 배치나 부품교환, 주형을 교체하는 작업준비, 완성품에 대한 품질검사 등의 시간이 증가함에 따라 제조간접원가의 발생이 점점 증가한다. 그 결과 현재는 제조간접원가에 해당하는 경비가 직접원가인 노무비의 3~4배에 이르게 되었다. 이 때문에 간접원가를 보다 정확하게 배분해야 할 필요성이 부각되었다. 간접원가를 잘못 배분할 경우 원가정보가 왜곡되고 이로 인해 잘못된 의사결정을 할 확률이 높아진 것이다. 따라서 좀 더 정확한 원가배분을 위해 제조부문별로 다른 배부기준을 사용한다거나(부문별 원가계산), 보조부문과 제조부문을 나누어 2단계 원가배분을 하고(보조부문 원가의 배부), 변동원가와 고정원가에 별도의 배부기준을 적용(이중배분율법)하는 등의 다양한 개선이 이루어져 왔다.

하지만, 이렇게 배부의 단위를 부문별 혹은 원가행태별로 세밀하게 나누더라도 근본적인 한계를 벗어나지 못했는데 그건 바로 배부기준으로 선택하는 조업도에 대한 문제였다. 전통적인 원가계산제도에서는 '제품생산이 증가하면 원가도 증가한다'는 통념에 따라 생산량, 기계시간, 노동시간, 직접재료원가, 직접노무원가 등 조업도(생산량)와 관련된 지표를 배부기준으로 사용하였다. 하지만, 최근에는 생산량과 무관하게 발생하는 간접원가가 많아졌다. 예를 들어 제품을 설계하는 데 들어가는 제품설계원가는 생산량과 직접적인 인과관계가 없다. 판매량에서 수십 배 차이가 나는 아반떼와 i30를 설계하는 데 들어가는 원가는 결코 수십 배의 차이가 나지 않는다. 특히나 다품종 소량생산체제에서는 설계원가나 주문원가, 작업준비비 등 제품생산량과 무관하게 발생하는 간접원가의 발생이 증가한다. 따라서 전통적인 배부기준을 대체할 수 있는 배부기준이 필요하게 되었으며, 그 대안으로 제시된 것이 바로 '활동'을 기준으로 원가를 배부하는 활동기준원가계산(ABC: Activity Based Costing)이다. 제품설계, 고객주문 접수, 작업의 준비 등에는 모두 공통적으로 '활동'이 필요하다. 따라서 원가발생과 인과관계가 높은 활동이 무엇인지 파악하여, 이를 기준으로 간접원가를 배부한다면 보다 정확한 원가계산과 함께 의사결정의 합리성도 증가하게 된다.

다음 사례를 통해 활동기준원가계산제도가 어떻게 원가배부방식을 개선하는지 살펴보자.

예제 | **전통적인 원가배분**

📝 문제

오랜만에 고교 동창 4명이 만나서 모임을 가졌다. 1차로 중국음식점에서 식사를 하고, 2차로 술을 마신 다음 3차는 노래방으로 이어졌다. 비용은 4명이서 공평하게 나누기로 하고 총무를 맡은 윤공주가 영수증을 모았다. 다음은 영수증에 적힌 계산내역이다.

장소	계산내역	금액
중국음식점	짜장면 ₩4,000 × 2 볶음밥 ₩5,000 × 1 굴짬뽕 ₩8,000 × 1	₩21,000
호프집	맥주 ₩3,000 × 8병 모듬안주 ₩20,000 모듬소시지 ₩15,000	₩59,000
노래방	2시간 × ₩12,000	₩24,000

1인당 부담해야 하는 금액은 얼마인가?

⚙ 풀이

1인당 부담액 = (₩21,000 + ₩59,000 + ₩24,000) ÷ 4인 = ₩26,000/인

이런 식의 더치페이(dutch treat)는 얼핏 공평해 보이지만, 사실 따져보면 공평하지가 않다. 술을 잘 마시지 못해서 구경만해야 한다거나, 타고난 음치라서 노래 부르는 것을 싫어하는 사람이 있다면 결코 공평하다는 느낌을 갖지 못할 것이다. 다음은 모임을 가진 4명의 친구가 실제 먹은 양과 속마음이다.

구분	식사	술	안주	노래방	속마음
김자취	굴짬뽕	2병	20젓가락	1곡	간만에 잘 먹었네. 근데, 노래방은 왜 가는 거야?
노술빨	짜장면	4병	5젓가락	15곡	자취 쟤는 혼자 왠 굴짬뽕? 안주는 안주빨 세우는 거 봐.
박안주	짜장면	1병	40젓가락	5곡	술은 술빨 혼자 다 먹었는데 돈은 똑같이 내네…
윤공주	볶음밥	1병	5젓가락	3곡	다들 왜 이렇게 많이들 먹지? 난 별로 먹지 않았는데…

이것이 바로 전통적인 단일조업도기준(생산량, 인원수)에 의해 원가를 균등배분함으로써 생겨나는 문제점이다. 이 문제점을 해결하기 위한 개선책은 어떤 것이 있을까? 먼저 부문별로 배부기준을 달리 할 필요가 있다. 중국집에서 발생한 식사비는 각자가 주문한 음식을 기준으로 추적하면 직접원가가 된다. 굴짬뽕을 먹은 사람은 ₩8,000, 짜장면을 먹은 사람은 ₩4,000을 부담하면 된다. 술집에서 마신 술은 누가 몇 병을 마셨는지에 따라 부담하면 되겠다. 4병을 마신 술빨은 ₩12,000을, 1병을 마신 공주는 ₩3,000을 부담하면 된다. 그렇다면 안주값은 어떻게 부담해야 할까? 이때 등장하는 것이 바로 활동기준이다. 안주값이 많이 나온 이유는 바로 안주를 많이 집어먹었기 때문이다. 따라서 많이 집어먹은 사람이 많이 부담하도록 하면 합리적인

배부가 될 것이다. 따라서 젓가락질이라는 활동을 기준으로 원가를 배부한다. 마찬가지로 노래방비는 노래를 부른 활동에 따라 원가를 배부한다. 이것이 활동기준원가계산이다.

예제 활동기준원가계산(1)

▷ 문제

앞에서 살펴본 회식비용 내역이다.

장소	계산내역	금액
중국음식점	짜장면 ₩4,000 × 2 볶음밥 ₩5,000 × 1 굴짬뽕 ₩8,000 × 1	₩21,000
호프집	맥주 ₩3,000 × 8병 모듬안주 ₩20,000 모듬소시지 ₩15,000	₩59,000
노래방	2시간 × ₩12,000	₩24,000

단순히 인원수를 기준으로 1/4씩 부담하는 것이 불합리하다고 판단하여 실제 활동을 기준으로 비용을 부담하기로 하였다. 친구 4명이 각자 소비하거나 활동한 내역은 다음과 같다.

구분	식사	술	안주	노래방
김자취	굴짬뽕	2병	20젓가락	1곡
노술빨	짜장면	4병	5젓가락	15곡
박안주	짜장면	1병	40젓가락	5곡
윤공주	볶음밥	1병	5젓가락	3곡

활동내역을 근거로 하여 합리적인 비용배분을 한다면 각자 얼마씩 부담하여야 할까?

⚙ 풀이

안주값은 총 ₩35,000인데 젓가락질한 합계는 70젓가락이다. 따라서 한 젓가락 당 ₩500씩 부담한다. 노래방비는 ₩24,000인데 총 24곡을 불렀으므로 한 곡당 ₩1,000씩 부담하면 된다.

구분	식사(직접비)	술(수량기준) 병당 ₩3,000	안주(활동기준) 젓가락 당 ₩500	노래방(활동기준) 1곡당 ₩1,000	계
김자취	굴짬뽕 ₩8,000	2병 ₩6,000	20젓가락 ₩10,000	1곡 ₩1,000	₩25,000
노술빨	짜장면 ₩4,000	4병 ₩12,000	5 젓가락 ₩2,500	15곡 ₩15,000	₩33,500
박안주	짜장면 ₩4,000	1병 ₩3,000	40젓가락 ₩20,000	5곡 ₩5,000	₩32,000
윤공주	볶음밥 ₩5,000	1병 ₩3,000	5 젓가락 ₩2,500	3곡 ₩3,000	₩13,500
합계	₩21,000	₩24,000	₩35,000	₩24,000	₩104,000

이상의 내용을 바탕으로 활동기준원가계산의 도입배경을 정리하면 다음과 같다.

① *제품원가에서 제조간접원가의 비중이 증가하였다.

② *제품의 생산방식이 소품종 대량생산체제에서 다품종 소량생산체제로 바뀌었다.

③ 제품원가 개념이 과거에는 제조원가를 의미하였으나, 최근에는 연구개발, 제품설계, 마케팅, 유통, 사후서비스까지로 확대되었다. 이러한 원가들은 대부분 제품생산량이나 조업도와 직접적인 인과관계가 없다.

④ 활동기준원가계산을 적용하기 위해서는 활동을 분석하고 집계하는 작업이 필요한데, 정보수집기술의 발달로 활동기준원가계산의 도입비용이 감소하였다.

2 활동기준원가계산의 적용

활동기준원가계산은 활동이 원가를 유발하고, 원가배부대상은 이러한 활동을 소비한다는 가정에 근거한다. 따라서 발생한 원가를 활동별로 집계한 다음 이를 배부대상이 소비한 활동량에 따라 배부한다.

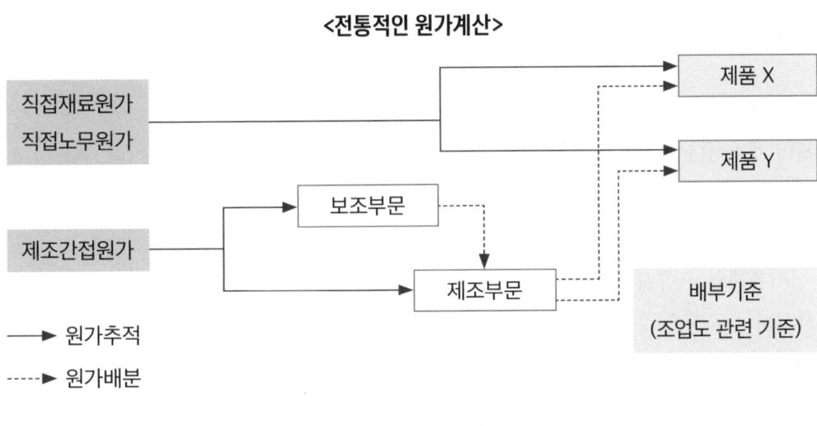

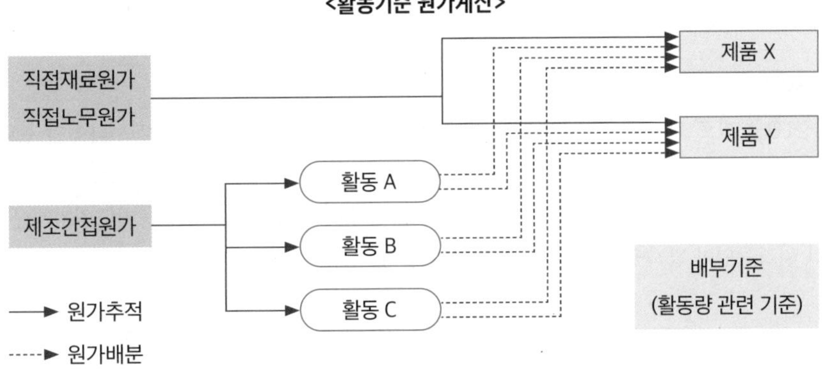

(1) 원가계층

활동기준원가계산을 적용하기 위해서는 각각의 활동별로 원가를 추적하여야 하는데, 이때 활동을 나누는 수준이 있다. 예를 들어 제과점에서 빵을 만드는 경우 빵에 앙금을 넣는 것은 빵 하나하나에 필요한 활동으로 개별단위의 활동이다. 하지만, 빵을 구울 때는 여러 개의 빵을 한 판에 넣고 굽게 되므로 이는 묶음수준의 활동이 되어 묶음단위로 원가를 집계하고 배분하여야 한다. 빵 맛을 더 좋게 하기 위해 레시

피를 개발하는 것은 제품수준의 활동이 되고, 오븐을 청소하거나 수리하는 활동은 설비수준의 활동이 된다. 이렇게 활동은 단위수준, 묶음수준, 제품유지수준, 설비유지수준으로 나눌 수 있고 이에 따라 원가계층도 단위수준원가, 묶음수준(배치수준)원가, 제품유지원가, 설비유지(공장수준)원가로 나누어 볼 수 있다.

① 단위수준원가

제품 한 단위를 생산할 때마다 수행되는 단위수준활동에서 발생하는 원가이다. 기계작업원가, 전수검사원가 등을 예로 들 수 있으며, 생산량이 늘어나면 그에 비례하여 원가도 증가한다.

② 묶음수준원가(배치수준원가)

작업준비나 구매주문처럼 묶음(batch)단위로 수행되는 활동에서 발생하는 원가이다. 작업준비원가, 구매주문원가, 배치별 검사원가 등을 예로 들 수 있다. 생산량과는 상관없이 묶음 수가 증가하면 그에 비례하여 원가가 발생한다. 제품의 품질을 검사할 때 모든 제품을 확인하는 전수검사를 한다면 단위수준원가가 되지만, 일정 단위에서 샘플을 선택해서 검사하는 표본검사의 경우에는 묶음수준원가가 된다.

③ 제품유지원가

제품의 개발이나 설계처럼 한 종류의 제품을 유지하기 위해 발생하는 원가이다. 제품의 종류가 많아지면 증가하는 원가로 제품설계원가, 연구개발원가 등이 있다.

④ 설비유지원가(공장수준원가)

생산설비나 공장을 유지하기 위해 발생하는 원가로 공장건물의 임차료, 보험료 등 공장관리원가나 건물관리원가를 말한다. 제품 종류 수, 묶음 수, 생산량과 관계없이 발생하는 원가이므로 제품에 배부하기 곤란한 부분이 있다. 이 때문에 외부보고목적으로는 전통적인 원가계산 방식처럼 조업도에 따라 제품에 배부하지만, 내부의사결정을 할 때는 제품에 배부하지 않기도 한다.

(2) 원가동인

원가계층(활동)별로 원가를 집계하였다면, 배부기준에 따라 이를 제품원가에 배부하여야 한다. 이때 배부기준이 되는 것을 원가동인이라고 한다. 원가동인이란 활동원가를 발생시키는 요인을 말하며, 인과관계가 높은 원가동인을 파악하여 이를 배부기준으로 원가를 배분하는 것이 활동기준원가계산이다. 활동에 따라 원가동인이 될 수 있는 예시들은 다음과 같다.

활동원가	원가동인
기계작업원가	기계작업시간
전수검사원가	검사시간
작업준비원가	작업준비횟수
구매주문원가	구매주문횟수
제품설계원가	부품 수
연구개발원가	연구개발기간

문제

㈜한국은 활동기준원가계산 도입을 검토 중에 있다. 제조간접원가에 대한 활동별 자료는 다음과 같다.

활동	활동별 제조간접원가	원가동인	원가동인 수
생산준비	₩300,000	생산준비횟수	50회
기계작업	₩400,000	기계사용시간	400시간
품질검사	₩200,000	검사횟수	200회
계	₩900,000		

회사는 여러 제품을 생산하고 있는데 그 중 A와 B 두 가지 제품에 대한 생산자료는 다음과 같다.

	제품 A	제품 B
생산수량	100개	200개
직접재료원가	₩300,000	₩800,000
직접노무원가	₩200,000	₩400,000
생산준비횟수	20회	5회
기계사용시간	40시간	80시간
검사횟수	40회	10회

1. 회사가 기계사용시간을 기준으로 제조간접원가를 배부할 경우 두 제품의 단위당 제조원가를 구하시오.

2. 회사가 활동기준원가계산을 사용할 경우 두 제품의 단위당 제조원가를 구하시오.

풀이

1. 기계사용시간을 기준으로 배부할 경우

	제품 A	제품 B
직접재료원가	₩300,000	₩800,000
직접노무원가	₩200,000	₩400,000
제조간접원가	₩900,000 × 40시간/400시간 = ₩90,000	₩900,000 × 80시간/400시간 = ₩180,000
합계	₩590,000	₩1,380,000
생산수량	100개	200개
단위당 제조원가	₩5,900	₩6,900

2. 활동기준원가계산을 사용할 경우

	제품 A	제품 B
직접재료원가	₩300,000	₩800,000
직접노무원가	₩200,000	₩400,000
생산준비원가	₩300,000 × 20회/50회 = ₩120,000	₩300,000 × 5회/50회 = ₩30,000
기계작업원가	₩400,000 × 40시간/400시간 = ₩40,000	₩400,000 × 80시간/400시간 = ₩80,000
품질검사원가	₩200,000 × 40회/200회 = ₩40,000	₩200,000 × 10회/200회 = ₩10,000
합계	₩700,000	₩1,320,000
생산수량	100개	200개
단위당 제조원가	₩7,000	₩6,600

 개별원가계산제도

인 출 과 제

01 보조부문의 원가배부와 관련하여 다음 빈칸을 채우시오.

배부방법	방법	보조부문의 상호배분
( )	보조부문원가를 제조부문에만 배분	( )
( )	( ) 정하여 배분	부분적으로 배분됨
( )	보조부문과 제조부문 모두에 배분	( )

02 회사의 보조부문과 제조부문의 용역제공 자료가 다음과 같을 때, 보조부문의 원가를 제조부문에 다음에 주어진 4가지 방법에 따라 배분하시오.

사용부문 제공부문	보조부문		제조부문		계
	동력부	수선부	절단부	조립부	
동력부	-	600kw	100kw	300kw	1,000kw
수선부	400시간	-	200시간	200시간	800시간
부문별 원가	₩60,000	₩90,000	₩150,000	₩200,000	₩500,000

ㄱ. 직접배분법

ㄴ. 단계배분법(동력부부터 배분)

ㄷ. 단계배분법(수선부부터 배분)

ㄹ. 상호배분법으로 배부하시오.

03 정상원가계산과 관련하여 다음 빈칸을 채우시오.

의의	실제발생액을 기준으로 제조간접원가를 배부하려면, 실제발생액 집계시점까지 기다려야 원가산정이 가능하다는 문제점을 해결하기 위해 제조간접원가를 (　　　　　)을 이용하여 배부함
배부차이	(　　　　　) > (　　　　　): 과대배부 (　　　　　) < (　　　　　): 과소배부
배부차이 조정	비례배분법: (　　　　　), (　　　　　), (　　　　　)에 비례하여 조정 매출원가 조정법: 전액을 (　　　　　)에서 조정 영업외손익 조정법: 전액을 (　　　　　)에서 조정

04 활동기준원가계산의 원가계층 4가지를 구분하고 간략하게 설명하시오.

01 다음의 개별원가계산 자료에 의한 당기총제조원가는? 2013 국가직 9급

> - 직접재료원가는 ₩3,000이며 직접노동시간은 30시간이고 기계시간은 100시간이다.
> - 직접노무원가의 임률은 직접노동시간당 ₩12이다.
> - 회사는 기계시간을 기준으로 제조간접원가를 배부한다.
> - 제조간접원가 예정배부율이 기계시간당 ₩11이다.

① ₩4,460   ② ₩4,530

③ ₩4,600   ④ ₩4,670

02 활동기준원가계산의 등장배경에 대한 설명으로 옳지 않은 것은?

① 제품생산이 자동화됨에 따라 노무원가나 제조간접원가의 비중이 줄어들고 직접재료원가의 비중이 상대적으로 증가했다.

② 제품생산방식이 소품종 대량생산에서 다품종 소량생산 방식으로 바뀌었다.

③ 단일기준으로 원가를 배부하는 전통적인 방식에 대한 비판이 증가하였다.

④ 정보수집기술의 발달로 활동과 관련한 원가정보를 수집하기가 용이해졌다.

03 보조부문원가의 배부에 대한 설명으로 옳은 것은? 2017 지방직 9급

① 보조부문원가는 제조부문에 배부하지 않고 기간비용으로 처리하여야 한다.

② 보조부문원가의 배부순서가 중요한 배부방법은 상호배부법이다.

③ 직접배부법은 보조부문의 배부순서에 관계없이 배부액이 일정하다.

④ 상호배부법은 보조부문 상호 간의 용역수수관계가 중요하지 않을 때 적용하는 것이 타당하다.

정답과 해설

01 정답 ①

해설 제조간접원가 = 기계시간 100시간 × 시간당 ₩11 = ₩1,100

당기총제조원가 = DM ₩3,000 + DL 30시간 × ₩12/시간 + OH ₩1,100 = ₩4,460

02 정답 ①

해설 자동화생산에 따라 직접노무원가는 감소하였지만, 자동화된 설비의 증가로 제조간접원가의 비중은 증가하였다. 이 때문에 제조간접원가의 정확한 배분이 중요해졌다.

03 정답 ③

해설 ① 보조부문원가는 일단 제조부문에 배분한 다음, 최종적으로 제품원가에 배부된다.

② 상호배부법은 배부순서에 상관없이 배부되는 금액이 일정하다. 단계배분법이 배부순서에 따라 배부금액이 달라지므로 순서가 중요하다.

④ 상호배부법은 보조부문 상호 간의 용역수수를 완전히 인식하는 방법으로 보조부문 상호 간의 용역수수가 중요한 경우에 적용하기 적절한 방법이다.

04 **보조부문원가 배부 방법에 대한 설명으로 옳지 않은 것은?** 2015 지방직 9급

① 상호배부법은 연립방정식을 이용하여 보조부문 간의 용역제공비율을 정확하게 고려해서 배부하는 방법이다.

② 단계배부법은 보조부문원가의 배부순서를 적절하게 결정할 경우 직접배부법보다 정확하게 원가를 배부할 수 있다.

③ 단계배부법은 우선순위가 높은 보조부문의 원가를 우선순위가 낮은 보조부문에 먼저 배부하고, 배부를 끝낸 보조부문에는 다른 보조부문원가를 재배부하지 않는 방법이다.

④ 직접배부법은 보조부문 간의 용역수수관계를 정확하게 고려하면서 적용이 간편하다는 장점이 있어 실무에서 가장 많이 이용되는 방법이다.

05 **㈜한국은 정상개별원가계산을 사용하고 있으며, 제조간접원가는 직접재료원가를 기준으로 배부하고 있다. 2016년 말 ㈜한국의 제조간접원가 과대 또는 과소배부액은?** 2016 지방직 9급

	2016년도 예산	2016년도 실제 발생액
직접재료원가	₩ 2,000,000	₩ 3,000,000
직접노무원가	₩ 1,500,000	₩ 2,200,000
제조간접원가	₩ 3,000,000	₩ 4,550,000

① 과대배부액 ₩150,000
② 과대배부액 ₩50,000
③ 과소배부액 ₩150,000
④ 과소배부액 ₩50,000

06 **㈜한국은 정상개별원가계산을 채택하고 있으며, 당기에 발생한 제조간접원가의 배부차이는 ₩9,000(과대배부)이다. 다음의 원가자료를 이용하여 총원가비례법으로 배부차이를 조정하는 경우 조정 후의 매출원가는?** 2015 지방직 9급

기말재공품 ₩20,000	기말제품 ₩30,000	매출원가 ₩450,000

① ₩441,000
② ₩441,900
③ ₩458,100
④ ₩459,000

---

04 **정답** ④

해설 직접배부법은 보조부문 상호 간의 용역수수를 고려하지 않아 간편하지만, 정확성이 떨어지는 방법이다.

05 **정답** ④

해설 제조간접원가 배부율 = 제조간접원가 예산 ₩3,000,000 ÷ 직접재료원가 예산 ₩2,000,000 = ₩1.5/직접재료원가

제조간접원가 배부액 = 직접재료원가 실제 발생액 ₩3,000,000 × ₩1.5/직접재료원가 = ₩4,500,000

제조간접원가 배부차이 = 배부액 ₩4,500,000 - 실제 발생액 ₩4,550,000 = (-)₩50,000

06 **정답** ②

해설 ₩9,000만큼 과대배부되었으므로 총원가에 비례하여 감소시켜야 한다.

매출원가에서 조정되는 배부차이 = (-)₩9,000 × ₩450,000/(₩20,000 + ₩30,000 + ₩450,000) = (-)₩8,100

조정 후의 매출원가 = ₩450,000 - ₩8,100 = ₩441,900

07 ㈜한국에는 보조부문에 수선부와 전력부가 있고, 제조부문에 A와 B가 있다. 수선부의 변동원가 당기 발생액은 ₩10,000이며, 전력부와 두 제조부문에 1,000시간의 수선 용역을 제공하였다. 전력부의 변동원가 당기 발생액은 ₩7,000이며, 수선부와 두 제조부문에 2,000kwh의 전력을 제공하였다. ㈜한국이 보조부문원가 중 수선부 원가를 먼저 배부하는 단계배부법을 사용할 경우, 제조부문 A에 배부되는 보조부문의 원가는?

2016 국가직 9급

제공 \ 사용	수선부	전력부	제조부문 A	제조부문 B
수선부(시간)	-	200	500	300
전력부(kwh)	500	-	1,000	500

① ₩11,000   ② ₩12,000
③ ₩13,000   ④ ₩14,000

08 다음 원가계산 자료에서 제조지시서 #1과 #2는 완성되었으나 제조지시서 #3은 미완성이다. 재공품 계정의 월말 재고액은? (단, 제조간접비는 직접재료비에 근거하여 배부한다)

2008 국가직 9급

비 목	지시서 #1	지시서 #2	지시서 #3	합 계
직접재료비	2,000	2,000	1,000	5,000
직접노무비	5,000	6,000	2,500	13,500
제조간접비	( )	( )	( )	9,000

① ₩1,800   ② ₩5,300
③ ₩10,600   ④ ₩11,600

07 정답 ①

해설

	수선부	전력부	제조부문 A	제조부문 B
수선부 원가(₩10,000) 배분	(-)₩10,000	₩10,000 × 200/1,000 = ₩2,000	₩10,000 × 500/1,000 = ₩5,000	₩10,000 × 300/1,000 = ₩3,000
전력부 원가(₩7,000 + ₩2,000) 배분		(-)₩9,000	₩9,000 × 1,000/1,500 = ₩6,000	₩9,000 × 500/1,500 = ₩3,000
합계	(-)₩10,000	(-)₩7,000	₩11,000	₩6,000

08 정답 ②

해설 미완성된 #3의 원가가 기말재공품이 된다.

    #3 총제조원가 = DM ₩1,000 + DL ₩2,500 + OH ₩9,000 × ₩1,000/₩5,000 = ₩5,300

09 개별원가계산제도에서 제품계정으로 대체되는 재공품계정의 금액은 다음 중 무엇을 의미하는가?

① 당기에 투입된 모든 작업의 원가

② 당기에 완성된 모든 작업의 원가

③ 기초재공품과 당기에 투입된 작업원가의 합계

④ 당기에 투입되어 당기에 완성된 작업의 원가

10 ㈜한국은 개별원가계산제도를 채택하고 있으며, 당기에 작업한 #101 작업의 원가자료는 다음과 같다. #101작업의 제조원가는 얼마인가?

• 직접재료투입액	₩80,000	• 직접노동시간	150시간
• 직접노무원가 임률	₩200/시간	• 기계사용시간	200시간
• 제조간접원가 배부율	₩250/기계시간		

① ₩130,000   ② ₩140,000

③ ₩150,000   ④ ₩160,000

11 재고자산이 없다는 전제 하에 보조부문의 원가배분에 관한 설명으로 옳지 않은 것은?

① 보조부문 상호 간에 제공하는 서비스를 어떻게 인식하는지에 따라 직접배분법, 단계배분법, 상호배분법 등이 있다.

② 보조부문 상호 간의 용역수수를 완전히 인식하는 방법은 상호배분법이다.

③ 고정원가와 변동원가를 구분하지 않는 단일배분율법 외에 이 둘을 구분하여 배부하는 이중배분율법도 가능하다.

④ 어떤 방법으로 배분하는지에 따라 회사의 총이익이 달라지기 때문에 신중한 선택이 필요하다.

09 정답 ②

해설

재공품		제품	
기초	당기완성	기초	매출원가
당기투입	기말	당기완성	기말

10 정답 ④

해설 DM ₩80,000 + DL(150시간 × ₩200/시간) + OH(200시간 × ₩250/시간) = ₩80,000 + ₩30,000 + ₩50,000 = ₩160,000

11 정답 ④

해설 보조부문의 원가배분은 각 제품에 대한 이익률에는 영향을 줄 수 있지만, 회사 전체 이익에는(재고자산이 없다는 전제 하에) 영향이 없다. 어디에 얼마가 뿌려지더라도 전체 뿌려지는 금액은 같기 때문이다.

12 활동기준원가계산(ABC)에 대한 다음의 설명 중 가장 옳지 않은 것은? 2015 서울시 9급

① 공정의 자동화로 인한 제조간접원가의 비중이 커지고 합리적인 원가배부기준을 마련하기 위한 필요에 의해 도입되었다.

② 발생하는 원가의 대부분이 하나의 원가동인에 의해 설명이 되는 경우에는 ABC의 도입효과가 크게 나타날 수 없다.

③ 활동별로 원가를 계산하는 ABC를 활용함으로써 재무제표 정보의 정확성과 신속한 작성이 가능해지게 되었다.

④ ABC의 원가정보를 활용함으로써 보다 적정한 가격결정을 할 수 있다.

13 다음 자료에 의하여 보조부문비를 단계배부법으로 배부할 경우 제1제조부문비의 합계는? (단, 수선부문비를 먼저 배부한다) 2008 국가직 9급

비 목	배부 기준	제조부문		보조부문	
		제1제조부문	제2제조부문	동력부문	수선부문
자기부문 발생액		₩100,000	₩80,000	₩40,000	₩20,000
보조부문비 배부					
동력부문비	kwh	5,000	4,000	-	1,000
수선부문비	시간	100	50	50	-

① ₩25,000

② ₩105,500

③ ₩122,500

④ ₩135,000

12 정답 ③

해설 ABC는 제조간접원가의 비중이 커지고(①), 원가동인이 다양해진 상황에서(②) 보다 정확한 원가계산을 통해 적정한 의사결정을 할 수 있도록 해준다(④). 하지만 제품원가계산에 더 많은 시간과 비용이 소요된다는 단점이 있다.

13 정답 ④

해설

	제1제조부문	제2제조부문	동력부문	수선부문
배부 전 원가	₩100,000	₩80,000	₩40,000	₩20,000
수선부문 원가 (₩20,000) 배분	₩20,000 × 100/200 = ₩10,000	₩20,000 × 50/200 = ₩5,000	₩20,000 × 50/200 = ₩5,000	(-)₩20,000
동력부문 원가(₩40,000 + ₩5,000) 배분	₩45,000 × 5,000/9,000 = ₩25,000	₩45,000 × 4,000/9,000 = ₩20,000	(-)₩45,000	
배부 후 원가	₩135,000	₩105,000	-	-

14 ㈜한국은 개별원가계산제도를 사용하고 있으며 직접노무비를 기준으로 제조간접비를 예정배부하고 있다. 2013년 6월의 제조원가 관련 정보가 다음과 같을 때, 과소 또는 과대 배부된 제조간접비에 대한 수정분개로 옳은 것은? (단, 과소 또는 과대 배부된 금액은 매출원가로 조정한다) 2013 지방직 9급

> • 직접노무비와 제조간접비에 대한 예산은 각각 ₩200,000과 ₩250,000이다.
> • 직접재료비 ₩520,000과 직접노무비 ₩180,000이 발생되었다.
> • 실제 발생한 총제조간접비는 ₩233,000이다.

	차변		대변	
①	제조간접비	₩8,000	매출원가	₩8,000
②	매출원가	₩8,000	제조간접비	₩8,000
③	매출원가	₩17,000	제조간접비	₩17,000
④	제조간접비	₩17,000	매출원가	₩17,000

15 보조부문인 수선부와 전력부에서 발생한 원가는 각각 ₩20,000과 ₩12,000이며, 수선부 원가에 이어 전력부 원가를 배부하는 단계배부법으로 제조부문인 A공정과 B공정에 배부한다. 보조부문이 제공한 용역이 다음과 같을 때, 보조부문의 원가 ₩32,000 중에서 A공정에 배부되는 금액은?

2014 지방직 9급

제공 \ 사용	수선부	전력부	A 공정	B 공정	합계
수선부	-	4,000	4,000	2,000	10,000 시간
전력부	8,000	-	4,000	4,000	16,000 kWh

① ₩13,000   ② ₩14,000
③ ₩16,000   ④ ₩18,000

14 정답 ②

해설 예정배부율 = OH 예산 ₩250,000 ÷ DL 예산 ₩200,000 = DL의 125%
예정배부액 = DL ₩180,000 × 125% = ₩225,000
배부차이 = ₩225,000 - ₩233,000 = (-)₩8,000
₩8,000이 과소배부 되었으므로 매출원가를 ₩8,000 증가시켜야 한다. 비용의 증가는 차변에 계상한다.

15 정답 ④

해설

	수선부	전력부	A 공정	B 공정
수선부 원가(₩20,000) 배분	(-)₩20,000	₩20,000 × 4,000/10,000 = ₩8,000	₩20,000 × 4,000/10,000 = ₩8,000	₩20,000 × 2,000/10,000 = ₩4,000
전력부 원가(₩12,000 + ₩8,000) 배분		(-)₩20,000	₩20,000 × 4,000/8,000 = ₩10,000	₩20,000 × 4,000/8,000 = ₩10,000
배부후 원가			₩18,000	₩14,000

16 경영의사결정에서 원가의 합리적인 배부는 중요한 정보를 제공할 수 있다. 일반적인 원가배부기준으로 옳지 않은 것은?

2013 지방직 9급

① 원가집적대상이 제공받는 수혜정도에 따라 원가를 배부해야 한다.

② 원가가 발생한 원인을 파악하여 인과관계에 의해 원가를 배부해야 한다.

③ 원가집적대상이 부담할 수 있는 능력에 따라 원가를 배부해야 한다.

④ 기업전체의 적정한 이익을 유지하기 위해 재량적으로 원가를 배부해야 한다.

17 ㈜서울은 정상개별원가계산을 사용하고 있다. 제조간접원가는 직접노무시간을 기준으로 작업별로 예정배부를 하고 있는데, 20X1년 제조간접원가 예정배부율은 직접노무시간당 ₩100이다. 20X1년 한 해 동안 제조간접원가는 ₩52,500이 실제 발생하였으며 ₩2,500이 과대배부된 것으로 나타났다. 그리고 실제 직접노무시간은 예정 직접노무시간을 50시간 초과하였다. 20X1년도 제조간접비 예산은 얼마인가?

2017 서울시 7급

① ₩50,000 ② ₩55,000

③ ₩60,000 ④ ₩65,000

정답과 해설

16 **정답** ④

해설 공통원가를 배부하는 원칙에는 인과관계기준, 수혜기준, 부담능력기준, 공정성(공평성)기준 등이 있다. 재량에 따라 임의로 배부하는 방법은 일반적인 배부기준에 해당하지 않는다.

17 **정답** ①

해설 제조간접원가 배부액 = 실제 발생액 ₩52,500 + 과대배부액 ₩2,500 = ₩55,000

배부액 ₩55,000 = (예정 직접노무시간 + 50시간) × ₩100/시간

예정 직접노무시간 = 500시간

제조간접비 예산 ÷ 예정 직접노무시간 500시간 = 예정배부율 ₩100/시간

제조간접비 예산 = ₩50,000

18 ㈜태양은 주문에 의한 제품생산을 하고 있는 조선업체이다. 2010년 중에 자동차운반선(갑)과 LNG 운반선(을)을 완성하여 주문자에게 인도하였고, 2010년 말 미완성된 컨테이너선(병)이 있다. 갑, 을, 병 이외의 제품주문은 없었다고 가정한다. 다음은 2010년의 실제 원가자료이다.

	갑	을	병	합계
기초재공품	₩300	₩400	₩100	₩800
직접재료원가	₩150	₩200	₩160	₩510
직접노무원가	₩60	₩80	₩40	₩180
직접노무시간	200시간	500시간	300시간	1,000시간

2010년에 발생한 총제조간접원가는 ₩1,000이다. ㈜태양은 제조간접원가를 직접노무시간에 따라 배부한다고 할 때, ㈜태양의 2010년 기말재공품원가는? 2010 지방직 9급

① ₩300 ② ₩600
③ ₩800 ④ ₩1,000

19 활동기준원가계산을 적용하는 ㈜대한은 다음과 같은 활동별 관련 자료를 입수하였다. 생산제품 중 하나인 제품 Z에 대해 당기중에 발생한 기초원가는 ₩50,000, 생산준비횟수는 10회, 기계사용시간은 20시간, 검사수행횟수가 10회일 때, 제품 Z의 총원가는? 2012 지방직 9급

활동	원가동인	최대활동량	총원가
생산준비	생산준비횟수	100회	₩100,000
기계사용	기계사용시간	300시간	600,000
품질검사	검사수행횟수	200회	80,000

① ₩54,000 ② ₩90,000
③ ₩102,000 ④ ₩104,000

18 정답 ②
해설 기말에 남아 있는 재공품은 병이다.
병의 원가 = 기초재공품 ₩100 + 당기총제조원가 (DM ₩160 + DL ₩40 + OH ₩1,000 × 300시간/1,000시간) = ₩600

19 정답 ④
해설 총원가 = 기초원가 ₩50,000 + ₩100,000 × 10회/100회 + ₩600,000 × 20시간/300시간 + ₩80,000 × 10회/200회
= ₩50,000 + ₩10,000 + ₩40,000 + ₩4,000 = ₩104,000

20 ㈜전북의 5월의 생산 및 원가자료는 다음과 같다.

<원가계산표>

과 목	제조지시서 #1	제조지시서 #2
월초재공품	₩180,000	-
직접재료비	₩950,000	₩380,000
직접노무비	₩650,000	₩200,000
제조간접비	₩220,000	₩100,000
합 계	₩2,000,000	₩680,000

월초제품재고액은 ₩400,000이고, 월말제품재고액은 ₩500,000이다. 그리고 제조지시서 #1은 완성되었으나, 제조지시서 #2는 완성되지 못하였다. 손익계산서에 계상될 매출원가는 얼마인가?

2007 국가직 9급

① ₩1,800,000　　　　② ₩1,900,000

③ ₩2,000,000　　　　④ ₩2,100,000

21 ㈜한국의 수선부문에서 발생한 변동원가는 ₩1,000,000, 고정원가는 ₩400,000이다. 수선부문에서는 두 개의 제조부문(작업 1반, 작업 2반)에 용역을 공급하는데 각 제조부문의 실제조업도 및 최대조업도는 다음과 같다.

	작업 1반	작업 2반
실제조업도	210시간	90시간
최대조업도	240시간	160시간

이중배부율법을 사용할 경우 작업 1반에 배부될 수선부문의 원가는 얼마인가?

① ₩840,000　　　　② ₩880,000

③ ₩940,000　　　　④ ₩980,000

정답과 해설

20 정답 ②

해설 당기제품제조원가(#1) = 기초재공품 ₩180,000 + DM ₩950,000 + DL ₩650,000 + OH ₩220,000 = ₩2,000,000

매출원가 = 기초제품 ₩400,000 + 당기제품제조원가 ₩2,000,000 - 기말제품 ₩500,000 = ₩1,900,000

21 정답 ③

해설 변동원가 ₩1,000,000 × 210시간/(210시간 + 90시간) = ₩700,000

고정원가 ₩400,000 × 240시간/(240시간 + 160시간) = ₩240,000

22 ㈜한국은 활동기준원가계산제도를 적용하고 있는데, 활동별 분석자료와 제품생산자료는 다음과 같다.

[활동별 분석자료]

작업활동	배부기준	배부기준당 배부율
작업준비	부품 수	₩10
절삭	부품 수	₩30
조립	작업시간	₩100
검사	제품수량	₩100

[제품생산자료]

제품	일반형	고급형
생산량	100개	20개
총 기초원가	₩100,000	₩40,000
총 작업시간	300시간	100시간
제품 단위당 부품 수	10개	30개

일반형과 고급형 제품의 단위당 제조원가는 얼마인가?

	일반형	고급형
①	₩1,400	₩2,800
②	₩1,400	₩3,000
③	₩1,800	₩3,200
④	₩1,800	₩3,800

23 정상개별원가계산을 적용하는 ㈜대한은 제조간접원가를 예정배부하며, 예정 배부율은 직접노무원가의 50%이다. 제조간접원가의 배부차이는 매기말 매출원가에서 전액 조정한다. 당기에 실제 발생한 직접재료원가는 ₩24,000이며, 직접노무원가는 ₩16,000이다. 기초재공품은 ₩5,600이며, 기말재공품에는 직접재료원가 ₩1,200과 제조간접원가 배부액 ₩1,500이 포함되어 있다. 또한 기초제품은 ₩4,700이며 기말제품은 ₩8,000이다. 제조간접원가 배부차이를 조정한 매출원가가 ₩49,400이라면 당기에 발생한 실제 제조간접원가는?

2014 지방직 9급

① ₩8,000 ② ₩10,140

③ ₩12,800 ④ ₩13,140

24 다음 자료를 이용하여 제1제조부에 배부되는 동력부 부문원가를 직접배부법에 의해 계산하면?

2009 지방직 9급

- 부문원가 합계 ： ₩1,320,000
  제조부문 : 제1제조부 = ₩500,000
  　　　　　 제2제조부 = ₩300,000
  보조부문 : 동력부 = ₩240,000
  　　　　　 수선부 = ₩160,000
- 부문별 배부율

보조부문		동력부	수선부
부문별 배부율	제1제조부	30%	40%
	제2제조부	20%	40%
	동력부	-	20%
	수선부	50%	-

① ₩144,000 ② ₩128,000

③ ₩72,000 ④ ₩250,000

---

23 정답 ③

해설 당기총제조원가(예정배부) = DM ₩24,000 + DL ₩16,000 + OH (DL₩16,000 × 50%) = ₩48,000

기말재공품(예정배부) = DM ₩1,200 + DL (OH ₩1,500 × 2) + OH ₩1,500 = ₩5,700

당기제품제조원가(예정배부) = 기초재공품 ₩5,600 + 당기총제조원가 ₩48,000 - 기말재공품 ₩5,700 = ₩47,900

매출원가(예정배부) = 기초제품 ₩4,700 + 당기제품제조원가 ₩47,900 - 기말제품 ₩8,000 = ₩44,600

제조간접원가 배부차이 = 조정 후 매출원가 ₩49,400 - 조정 전 매출원가 ₩44,600 = ₩4,800

제조간접원가 실제 발생액 = 예정배부액 ₩8,000 + 배부차이 ₩4,800 = ₩12,800

24 정답 ①

해설 직접배부법은 보조부문 상호 간의 용역수수(동력부 → 수선부: 50%)는 고려하지 않고 배부한다.

₩240,000 × 30%/(30% + 20%) = ₩144,000

25 ㈜한국은 보조부문인 동력부와 제조부문인 절단부, 조립부가 있다. 동력부는 절단부와 조립부에 전력을 공급하고 있으며, 각 제조부문의 월간 전력 최대사용가능량과 3월의 전력 실제사용량은 다음과 같다.

	절단부	조립부	합계
최대사용가능량	500kw	500kw	1,000kw
실제사용량	300kw	200kw	500kw

한편, 3월 중 각 부문에서 발생한 제조간접원가는 다음과 같다.

	동력부	절단부	조립부	합계
변동원가	₩50,000	₩80,000	₩70,000	₩200,000
고정원가	₩100,000	₩150,000	₩50,000	₩300,000
합계	₩150,000	₩230,000	₩120,000	₩500,000

이중배부율법을 적용할 경우 절단부와 조립부에 배부될 동력부의 원가는?   2017 국가직 9급

	절단부	조립부
①	₩75,000	₩75,000
②	₩80,000	₩70,000
③	₩90,000	₩60,000
④	₩100,000	₩50,000

25 정답 ②

해설 이중배부율법에서 변동원가는 실제사용량을 기준으로, 고정원가는 최대사용가능량을 기준으로 배부한다.

	절단부	조립부
변동원가	₩50,000 × 300kw/500kw = ₩30,000	₩50,000 × 200kw/500kw = ₩20,000
고정원가	₩100,000 × 500kw/1,000kw = ₩50,000	₩100,000 × 500kw/1,000kw = ₩50,000
합계	₩80,000	₩70,000

26 ㈜서울은 두 종류의 제품 A, B를 생산하고 있다. 회사는 활동기준원가계산에 의하여 제품원가를 계산하고 있으며, 회사의 활동 및 활동별 제조간접원가 자료는 다음과 같다. 제품 A를 100개 생산하기 위한 직접재료원가가 ₩30,000, 직접노무원가가 ₩10,000이며, 재료의 가공을 위해 소요된 기계작업은 500시간, 조립작업은 200시간이다. 이렇게 생산한 제품 A의 단위당 판매가격이 ₩700이고, 매출총이익 ₩20,000을 달성하였다면, 제품 A의 제조를 위한 생산준비횟수는 몇 회인가? (단, 기초재고자산과 기말재고자산은 없다고 가정한다.)

2017 서울시 9급

구분	원가동인	단위당 배부액
생산준비	생산준비횟수	₩50
기계작업	기계시간	₩15
조립작업	조립시간	₩10

① 8회 ② 10회

③ 12회 ④ 14회

27 ㈜행복자동차는 한 개의 보조부문(수선부문)과 두 개의 제조부문(조립부문과 도장부문)으로 구성되어 있다. 수선부문은 제조부문에 설비수선 용역을 제공하고 있는데, 각 제조부문에 대한 최대공급노동시간과 실제 공급노동시간 그리고 수선부문발생 원가는 다음과 같다.

	조립부문	도장부문	합계
최대공급노동시간	500시간	700시간	1,200시간
실제공급노동시간	500시간	500시간	1,000시간

	수선부문
변동원가	₩ 40,000
고정원가	₩ 12,000
합계	₩ 52,000

보조부문(수선부문)의 원가를 공급노동시간을 기준으로 이중배부율법을 적용하여 제조부문에 배부한다고 할 때 조립부문에 배부될 원가는?

2010 지방직 9급

① ₩5,000 ② ₩20,000

③ ₩25,000 ④ ₩27,000

---

26 정답 ②

해설 판매가격 ₩700 × 수량 100개 - 매출원가 = 매출총이익 ₩20,000

매출원가 = ₩50,000

매출원가 ₩50,000 = DM ₩30,000 + DL ₩10,000 + OH

OH ₩10,000 = 생산준비횟수 × ₩50 + 기계시간 500 × ₩15 + 조립시간 200 × ₩10

생산준비횟수 = 10회

27 정답 ③

해설 이중배부율법에서 변동원가는 실제사용량을 기준으로, 고정원가는 최대사용가능량을 기준으로 배부한다.

조립부문에 배부될 원가 = ₩40,000 × 500시간/1,000시간 + ₩12,000 × 500시간/1,200시간 = ₩20,000 + ₩5,000 = ₩25,000

28 ㈜한국은 제품 A와 제품 B를 생산하고 있으며, 최근 최고경영자는 활동기준원가계산제도의 도입을 검토하고 있다. 활동기준원가계산 관점에서 분석한 결과가 다음과 같을 때, 옳지 않은 것은?

2017 국가직 9급

활동	제조간접비	원가동인	제품 A	제품 B
제품설계	₩400	부품 수	2개	2개
생산준비	₩600	준비횟수	1회	5회

① 제품설계활동의 원가동인은 부품 수, 생산준비활동의 원가동인은 준비횟수이다.

② 활동기준원가계산 하에서 제품 A에 배부되는 제조간접비는 ₩300, 제품 B에 배부되는 제조간접비는 ₩700이다.

③ 만약 ㈜한국의 제품종류가 더 다양해지고 각 제품별 생산수량이 줄어든다면 활동기준원가계산제도를 도입할 실익이 없다.

④ 기존의 제품별 원가와 이익수치가 비현실적이어서 원가계산의 왜곡이 의심되는 상황이면 활동기준원가계산제도의 도입을 적극 고려해볼 수 있다.

29 ㈜한국은 두 개의 제조부문 X, Y와 두 개의 보조부문 A, B를 두고 있다. 보조부문 A, B에서 발생한 원가는 각각 ₩200,000, ₩300,000이며, 각 부문의 용역수수관계는 다음과 같다. 회사가 보조부문 원가의 배분을 직접배분법에 따른다고 할 때, 제조부문 X에 배분되는 보조부문 원가는?

사용 제공	보조부문		제조부문	
	A	B	X	Y
A	10%	10%	50%	30%
B	30%	10%	40%	20%

① ₩220,000   ② ₩244,000

③ ₩284,000   ④ ₩325,000

28 정답 ③

해설

활동	제품 A	제품 B
제품설계	₩400 × 2개/4개 = ₩200	₩400 × 2개/4개 = ₩200
생산준비	₩600 × 1회/6회 = ₩100	₩600 × 5회/6회 = ₩500
합계	₩300	₩700

제품종류가 더 다양해지고 제품별 생산수량이 줄어드는 다품종소량생산방식일수록 활동기준원가계산제도가 적합하다.

29 정답 ④

해설 A → X: ₩200,000 × 50%/(50% + 30%) = ₩125,000

B → X: ₩300,000 × 40%/(40% + 20%) = ₩200,000

30 보조부문의 원가를 제조부문에 배부하는 방법에 대한 설명으로 가장 옳은 것은?　　　　2018 서울시 9급

① 상호배부법은 보조부문 상호 간의 용역수수관계를 완전히 무시하고, 보조부문원가를 제조부문에만 배부하는 방법이다.

② 단계배부법은 보조부문 간의 용역수수관계를 부분적으로 고려하는 방법으로 보조부문의 배부순서가 달라지면 배부 후의 결과가 달라진다.

③ 이중배부율법은 보조부문원가를 변동원가와 고정원가로 구분하지 않고, 하나의 배부기준을 이용하여 총원가를 배부하는 방법이다.

④ 직접배부법은 보조부문 상호 간의 용역수수관계를 완전히 고려하여 각 보조부문원가를 제조부문과 다른 보조부문에도 배부하는 방법으로, 가장 논리적이고 정확한 정보를 제공해 주는 방법이다.

31 ㈜대한은 각 작업에 대해서 활동기준원가를 계산하기 위하여 <보기>의 자료를 수집하였다. 활동기준원가계산을 이용하여 계산한 제품 A의 총원가는?　　　　2019 서울시 7급

<보기>

활동	원가	원가동인	최대활동량
생산준비	₩30,000	생산준비시간	1,000시간
재료처리	₩30,000	재료처리횟수	3,000회
기계사용	₩500,000	기계작업시간	20,000시간

제품	기초원가	생산수량	생산준비	재료처리	기계작업
A	₩300,000	12,000단위	50시간	100회	2,000시간

① ₩352,500　　　　② ₩362,500

③ ₩372,500　　　　④ ₩382,500

30 정답 ②

해설 ① 직접배분법에 대한 설명이다.

③ 이중배부율법은 보조부문원가를 변동원가와 고정원가로 구분한 다음, 변동원가는 실제조업도를 기준으로 배부하고, 고정원가는 최대조업도를 기준으로 배부한다.

④ 상호배분법에 대한 설명이다.

31 정답 ①

해설 생산준비시간당 원가 = ₩30,000/1,000시간 = ₩30/시간

재료처리횟수당 원가 = ₩30,000/3,000회 = ₩10/회

기계작업시간당 원가 = ₩500,000/20,000시간 = ₩25/시간

제품 A의 총원가 = 기초원가 ₩300,000 + 생산준비원가 ₩30/시간 × 50시간 + 재료처리원가 ₩10/회 × 100회 + 기계작업원가 ₩25/시간 × 2,000시간 = ₩300,000 + ₩1,500 + ₩1,000 + ₩50,000 = ₩352,500

32 ㈜한국은 정상원가계산을 적용하여 제조간접원가 배부차이 금액을 재공품, 제품, 매출원가의 조정 전 기말잔액의 크기에 비례하여 배분한다. 다음 자료를 이용하여 제조간접원가 배부차이 조정 전후 설명으로 옳지 않은 것은?

2020 국가직 9급

	조정 전 기말잔액
재공품	₩500,000
제품	₩300,000
매출원가	₩1,200,000
합계	₩2,000,000

- 실제발생 제조간접비 ₩1,000,000
- 예정배부된 제조간접비 ₩1,100,000
- 재공품과 제품의 기초재고는 없는 것으로 가정한다.

① 조정 전 기말잔액에 제조간접원가가 과대배부되었다.

② 제조간접원가 배부차이 금액 중 기말 재공품에 ₩25,000이 조정된다.

③ 제조간접원가 배부차이 조정 후 기말 제품은 ₩315,000이다.

④ 제조간접원가 배부차이 조정 후 매출원가 ₩60,000이 감소된다.

33 ㈜한국은 가공원가에 대해 활동기준원가계산을 적용하고 있다. 회사의 생산활동, 활동별 배부기준, 가공원가 배부율은 다음과 같다.

생산활동	활동별 배부기준	가공원가 배부율
기계작업	기계작업시간	기계작업시간당 ₩10
조립작업	부품수	부품 1개당 ₩6

당기에 완성된 제품은 총 100단위이고, 총직접재료원가는 ₩6,000이다. 제품 1단위를 생산하기 위해서는 4시간의 기계작업시간이 소요되고 5개 부품이 필요하다. 당기에 생산된 제품 100단위를 단위당 ₩200에 모두 판매가 가능하다고 할 때, 매출총이익은?

2020 지방직 9급

① ₩7,000　　② ₩9,000

③ ₩11,000　　④ ₩13,000

정답과 해설

32 **정답** ③

해설 실제발생 제조간접비보다 예정배부된 제조간접비가 ₩100,000 더 많으므로, 과대배부되었다.

과대배부된 ₩100,000은 조정 전 기말잔액에 비례하여 다음과 같이 조정한다.

조정비율 = (-)₩100,0000 ÷ ₩2,000,000 = (-)5%

	① 조정 전 기말잔액	② 조정 = ① × (-)5%	③ 조정 후 기말잔액(= ① + ②)
재공품	₩500,000	(-) ₩25,000	₩475,000
제품	₩300,000	(-) ₩15,000	₩285,000
매출원가	₩1,200,000	(-) ₩60,000	₩1,140,000
합계	₩2,000,000	(-) ₩100,000	₩1,900,000

33 **정답** ①

해설 총 제조원가 = 직접재료원가 ₩6,000 + 기계작업원가 ₩10/시간 × 4시간 × 제품100단위 + 조립작업원가 ₩6/부품1개 × 부품5개 × 제품100단위 = ₩6,000 + ₩4,000 + ₩3,000 = ₩13,000

매출총이익 = 100단위 × ₩200 - ₩13,000 = ₩7,000

34 ㈜한국은 정상(예정)개별원가계산을 적용하며, 기계시간을 기준으로 제조간접원가를 예정배부한다. 20×1년 예정기계시간이 10,000시간이고 원가 예산이 다음과 같을 때, 제조간접원가 예정배부율은?

2021 국가직 9급

항목	금액
직접재료원가	₩25,000
간접재료원가	₩5,000
직접노무원가	₩32,000
공장건물 임차료	₩20,000
공장설비 감가상각비	₩7,000
판매직원 급여	₩18,000
공장설비 보험료	₩13,000
광고선전비	₩5,000

① ₩4/기계시간   ② ₩4.5/기계시간
③ ₩7.2/기계시간   ④ ₩10.2/기계시간

35 정상개별원가계산을 적용하는 경우 발생할 수 있는 제조간접원가 배부차이에 대한 설명 중 옳지 않은 것은?

2021 지방직 9급

① 제조간접원가 배부차이는 회계기간 중에 배분된 제조간접원가 예정배부액과 회계기말에 집계된 제조간접원가 실제발생액의 차이로 발생한다.
② 원가요소별 비례배분법은 기말의 재공품, 제품 및 매출원가에 포함되어 있는 제조간접원가 실제배부액의 비율에 따라 제조간접원가 배부차이를 조정한다.
③ 제조간접원가 배부시 실제배부율은 사후적으로 계산되지만, 예정배부율은 기초에 사전적으로 계산된다.
④ 제조간접원가 과대배부액을 매출원가조정법에 의해 회계처리하는 경우, 매출원가가 감소하게 되므로 이익이 증가하는 효과가 있다.

36 ㈜서울은 두 개의 제조부문과 두 개의 보조부문을 두고 있으며 관련 자료는 <보기>와 같다. 보조부 문의 원가를 상호배분법으로 제조부문에 배부할 경우, 제조부문 Y에서 개별제품에 배부해야 할 원 가총액은?

2021 서울시 7급

<보기>

사용부문 제공부문	보조부문		제조부문	
	A	B	X	Y
A	-	50%	10%	40%
B	20%	-	40%	40%
발생원가	₩200,000	₩350,000	₩1,000,000	₩1,200,000

① ₩1,480,000 ② ₩1,500,000

③ ₩1,520,000 ④ ₩1,540,000

36 정답 ③

해설 A = ₩200,000 + 0.2B ······ (1)

B = ₩350,000 + 0.5A ······ (2)

(1)식의 B에 (2)를 대입하면

A = ₩200,000 + 0.2 × (₩350,000 + 0.5A)

A = ₩200,000 + ₩70,000 + 0.1A

0.9A = ₩270,000

A = ₩300,000

(2)에 A = ₩300,000을 대입하면

B = ₩350,000 + 0.5 × ₩300,000 = ₩500,000

제조부문 Y에 배분되는 보조부문 원가 = 40% × ₩300,000 + 40% × ₩500,000 = ₩320,000

Y부문 원가총액 = 발생원가 ₩1,200,000 + 배분된 보조부문 원가 ₩320,000 = ₩1,520,000

37 ㈜한국은 보조부문 X, Y와 제조부문 P1, P2를 운영하여 제품을 생산하고 있다. 보조부문 X는 기계시간, Y는 전력소비량에 비례하여 보조부문원가를 제조부문에 각각 배부한다. ㈜ 한국의 각 부문 원가와 용역제공 현황은 다음과 같다.

구분	보조부문		제조부문		합계
	X	Y	P1	P2	
부문원가	₩100,000	₩120,000	₩100,000	₩200,000	₩520,000
기계시간	–	400시간	300시간	300시간	1,000시간
전력소비량	500kWh	–	200kWh	300kWh	1,000kWh

㈜한국이 상호 배부법을 이용하여 보조부문 원가를 제조부문에 배부할 경우, 제조 부문 P1, P2에 배부되는 보조 부문 원가는?

2022 지방직 9급

	P1	P2
①	₩98,000	₩122,000
②	₩100,000	₩120,000
③	₩120,000	₩100,000
④	₩122,000	₩98,000

정답과 해설

37 정답 ②

해설 $X = ₩100,000 + 0.5Y$ …… (1)

$Y = ₩120,000 + 0.4X$ …… (2)

(1)식의 Y에 (2)를 대입하면

$X = ₩100,000 + 0.5 × (₩120,000 + 0.4X)$

$X = ₩100,000 + ₩60,000 + 0.2X$

$0.8X = ₩160,000$

$X = ₩200,000$

(2)에 $X = ₩200,000$을 대입하면

$Y = ₩120,000 + 0.4 × ₩200,000 = ₩200,000$

제조부문 P1에 배분되는 보조부문 원가 = 30% × ₩200,000 + 20% × ₩200,000 = ₩100,000

제조부문 P2에 배분되는 보조부문 원가 = 30% × ₩200,000 + 30% × ₩200,000 = ₩120,000

38 ㈜한국은 정상개별원가계산을 적용하고 있으며, 직접노무시간을 기준으로 제조간접원가를 예정배부하고 있다. 다음 자료를 이용할 경우, 당기 말 제조간접원가 과소 또는 과대 배부액은?

2022 국가직 9급

• 제조간접원가 예산	₩130,000
• 예상 직접노무시간	10,000시간
• 실제 제조간접원가 발생액	₩120,000
• 실제 직접노무시간	9,000시간

① 과소배부 ₩3,000 ② 과대배부 ₩3,000

③ 과소배부 ₩10,000 ④ 과대배부 ₩10,000

39 ㈜한국은 정상개별원가계산을 적용하고 있으며, 기계가동시간을 기준으로 제조간접원가를 예정배부한다. ㈜한국의 20×1년 제조간접원가 관련 자료가 다음과 같을 때 예정기계가동시간은?

2024 지방직 9급

• 제조간접원가 예산	₩500,000
• 실제 발생한 제조간접원가	₩600,000
• 실제 기계가동시간	45,000시간
• 제조간접원가 배부차이	₩150,000 과소배부

① 50,000시간 ② 60,000시간

③ 70,000시간 ④ 80,000시간

정답과 해설

38 정답 ①

해설 제조간접원가 예정배부율 = 예산 ₩130,000 ÷ 예상직접노무시간 10,000시간 = ₩13/노무시간

제조간접원가 배부액 = 실제 직접노무시간 9,000시간 × 배부율 ₩13/노무시간 = ₩117,000

배부차이 = 예정 배부액 ₩117,000 - 실제 발생액 ₩120,000 = (-)₩3,000

39 정답 ①

해설 제조간접원가 예정배부액 = 실제 제조간접원가 ₩600,000 - 과소배부액 ₩150,000 = ₩450,000

제조간접원가 예정배부액 ₩450,000 = 실제 기계가동시간 45,000시간 × 예정배부율

예정배부율 = ₩10/시간

예정배부율 ₩10/시간 = 제조간접원가 예산 ₩500,000 ÷ 예정기계가동시간

예정기계가동시간 = ₩500,000 ÷ ₩10/시간 = 50,000시간

40 ㈜한국은 정상개별원가계산제도를 채택하고 있으며, 제조간접원가를 직접노무시간으로 배부하고 있다. 20×1년도 제조간접원가와 관련된 자료는 다음과 같다. 20×1년도 제조간접원가 과소배부액이 ₩1,000인 경우, 제조간접원가 실제 발생액은?

2025 국가직 9급

제조간접원가 예산	예정 직접노무시간	실제 직접노무시간
₩10,000	100시간	120시간

① ₩11,000 ② ₩12,000

③ ₩13,000 ④ ₩14,000

41 ㈜한국은 활동기준원가계산제도를 채택하고 있으며, 제조 활동과 관련된 자료는 다음과 같다.

활동	원가동인	최대활동량	총원가
제품준비	제품준비 횟수	100회	₩200,000
기계이용	기계작업 시간	200시간	₩600,000
검사	검사수행 횟수	200회	₩400,000

제조제품 중 하나인 제품 A와 관련된 자료가 다음과 같은 경우, 제품 A의 총원가는? 2025 국가직 9급

기초원가	제품준비 횟수	기계작업 시간	검사수행 횟수
₩20,000	20회	20시간	10회

① ₩110,000 ② ₩125,000

③ ₩140,000 ④ ₩210,000

40 정답 ③

해설 제조간접원가 예정배부율 = 제조간접원가 예산 ₩10,000 ÷ 예정 직접노무시간 100시간 = ₩100/시간

제조간접원가 예정 배부액 = 실제 직접노무시간 120시간 × 예정배부율 ₩100/시간 = ₩12,000

제조간접원가 실제 발생액 = 예정배부액 ₩12,000 + 과소배부액 ₩1,000 = ₩13,000

41 정답 ③

해설 제품준비 횟수당 원가 = ₩200,000 ÷ 100회 = ₩2,000/회

기계작업 시간당 원가 = ₩600,000 ÷ 200시간 = ₩3,000/시간

검사수행 횟수당 원가 = ₩400,000 ÷ 200회 = ₩2,000/회

제품 A의 총원가 = 기초원가 ₩20,000 + 제품준비원가 20회 × ₩2,000/회 + 기계이용원가 20시간 × ₩3,000/시간 + 검사원가 10회 × ₩2,000/회 = ₩20,000 + ₩40,000 + ₩60,000 + ₩20,000 = ₩140,000

CHAPTER 04

종합원가계산제도

개별원가계산이 작업별로 원가를 모아서 뿌리는 데 반해, 종합원가계산은 공정별로 원가를 모아서 뿌린다. 하나의 공정에서 제품이 대량으로 생산되기 때문에 전체 발생한 원가를 생산량으로 나누어 제품 단위당 원가를 계산한다. 이때 100% 완성되지 않은 재공품에 대해서 완성품환산량을 몇 개로 할지가 이슈가 된다. 또한 하나의 공정에서 여러 종류의 제품이 생산되는 경우에 원가를 배분하는 결합원가계산도 다루게 된다.

종합원가계산은 시험에 거의 매번 빠짐 없이 출제되는 주제이므로 반드시 정복해야만 한다. 결합원가는 출제빈도가 10년간 4번(지방직 1번)으로 종합원가에 비해서 떨어지지만 어려운 주제는 아니므로 투입시간 대비 효율은 높다.

메타인지

01	종합원가계산은 작업단위로 원가를 종합하여 계산한다.	(○ l ×)
02	다 자라난 닭 1마리와 50%만 자란 닭 2마리의 완성품환산량은 같다.	(○ l ×)
03	완성품환산량은 '물량 × 완성도'로 구한다.	(○ l ×)
04	종합원가계산제도에서는 물량흐름에 대해 선입선출법으로 가정하든, 평균법으로 가정하든 그 결과는 같다.	(○ l ×)
05	당기에 투입한 원가는 모두 당기완성품의 원가가 된다.	(○ l ×)
06	품질검사를 통과하지 못한 불량품 중 재작업의 대상이 아닌 것을 공손품이라고 한다.	(○ l ×)
07	당기에 품질검사를 받은 제품은 1,000개인데 이 중 100개가 공손품에 해당한다. 검사를 통과한 정상품의 10%까지를 정상공손으로 본다면 비정상공손품은 없다.	(○ l ×)

정답

01	×	02	○	03	○	04	×	05	×	06	○	07	×

제1절 | 종합원가계산의 개요

앞에서 기술한 대로 기업이 제품을 생산하는 방식에는 주문에 따른 개별생산방식 외에 표준품을 대량으로 생산하는 방식이 있다. *대량생산방식에서는 개별 제품의 원가를 일일이 따로 구하는 것이 번거롭고 의미가 없다. 따라서 일정한 주기를 정한 다음 해당 기간 동안 투입된 원가를 총 생산량으로 나누어 단위당원가를 구하게 되는데 이를 종합원가계산이라고 한다. 개별원가계산(job costing)은 작업(job)단위로 원가를 집계하고 배분하는 반면에 종합원가계산(process costing)에서는 공정(process)단위로 원가를 집계하고 이를 산출물에 균등하게 배분하여 단위당 원가를 계산한다. 다음 예제를 통해 종합원가계산의 기본구조를 알아보자.

예제   **종합원가계산 개요**

문제

초등학생 이준이는 병아리를 키워 닭이 되면 내다팔아 용돈을 마련한다. 1년 동안 이준이가 키운 병아리는 총 300마리인데, 200마리는 완전히 자라서 시장에 내다 팔았고 나머지 100마리는 50% 정도만 자라 아직 키우는 중이다. 1년 동안 이준이가 병아리를 키우느라 발생한 원가가 ₩800,000이라면 다 자라난 닭 한 마리당 원가는 얼마인가?

풀이

총원가 ₩800,000을 투입해서 200마리의 병아리는 다 자랐고, 100마리의 병아리는 50%만 자랐다. ₩800,000의 원가는 다 자란 200마리를 키우는 데도 쓰였지만, 나머지 100마리가 50% 자라나는 데도 쓰였으므로 총 250마리(200마리 × 100% + 100마리 × 50%)를 키운 것과 같다. 따라서 한 마리당 원가는 ₩800,000 ÷ 250마리 = ₩3,200이 된다.

예제에서 50% 자라난 100마리의 병아리는 완전히 자라난 50마리의 닭과 같다고 계산을 하는데 이를 '완성품환산량'이라고 부른다. 종합원가계산은 제품생산에 투입된 총 원가를 집계하고, 이를 완성품환산량으로 나누어 단위당원가를 계산하게 된다.

완성품환산량은 모든 자원을 완성품만을 생산하는 데 투입했다면 얻었을 완성품의 수량을 의미한다. 앞의 예제에서 닭을 키우는 데 들어간 원가₩800,000을 완성된 닭 200마리와 50%만 자란 닭 100마리에 200:100으로 배분할 수는 없다. 다 자라난 닭 1마리와 50%만 자란 닭 1마리에 투입된 자원이 다르기 때문에 완성도를 따져서 200:50으로 배분한다.

> 완성품환산량 = 물량(수량) × 완성도

그런데 이때 한 가지 추가로 고려해야 될 사항이 있다. 바로 원가의 투입형태에 따라 완성도가 달라진다는 점이다. 병아리의 사례를 이어가 보자. 앞에서는 병아리를 키우는 데 들어간 원가를 구분 없이₩800,000이라고 하였다. 그런데₩800,000원가가 씨병아리를 구입하는 원가 ₩300,000과 병아리를 키우는 데 들어간 사료값₩500,000으로 구성되었다면 어떨까? 이 경우에도 완성품원가는₩3,200이 되야 할까?

병아리가 사료를 먹은 만큼 비례해서 자란다고 가정할 때, 사료값₩500,000은 완성도에 따라 다 자라난 닭에 대해서는 100%, 반만 자란 닭에 대해서는 50%를 완성도로 하여 배분하는 것이 맞다. 하지만, 재료비에 해당하는 씨병아리 원가는 어떤가? 반만 자란 닭이라고 해서 씨병아리가 반만 투입되었다고 할 수 있는가? 씨병아리의 원가는 얼마나 자랐는지에 상관없이 최초에 한 번에 투입되기 때문에 씨병아리를 사오는 순간 전액이 투입된다. 따라서 씨병아리 원가에 대한 완성도는 모든 닭에 대해서 100%로 계산해야 한다. 이렇게 원가를 씨병아리 원가와 사료비로 구분하여 닭 한마리당 원가를 구해보자.

예제　완성품환산량(1)

문제

초등학생 이준이는 병아리를 키워 닭이 되면 내다팔아 용돈을 마련한다. 1년 동안 이준이가 키운 병아리는 총 300마리인데, 200마리는 완전히 자라서 시장에 내다 팔았고 나머지 100마리는 50% 정도만 자라 아직 키우는 중이다. 1년 동안 이준이가 병아리를 키우느라 발생한 원가는 씨병아리 원가 ₩300,000과 사료비 ₩500,000이다. 사료비는 병아리의 성장 정도에 비례해서 발생한다고 가정할 때, 다 자라난 닭 한마리당 원가는 얼마인가?

ⓒ 풀이

씨병아리에 대한 완성품환산량 = 300마리 × 100% = 300마리

한 마리당 씨병아리 원가 = ₩300,000 ÷ 300마리 = ₩1,000

사료비에 대한 완성품환산량 = 200마리 × 100% + 100마리 × 50% = 250마리

한 마리당 사료비 원가 = ₩500,000 ÷ 250마리 = ₩2,000

닭 한 마리당 원가 = 씨병아리 원가 ₩1,000 + 사료비 원가 ₩2,000 = ₩3,000

일반적으로 직접재료원가는 생산공정의 초기에 발생하고, 가공원가(직접노무원가, 제조간접원가)는 공정이 진행됨에 따라 비례하여 발생한다. 따라서 종합원가계산에서는 일반적으로 이 둘을 구분하여 완성품환산량을 계산한다. 물론 재료가 공정초기가 아닌 중간이나 끝에 투입된다거나, 전체 공정 중 일정부분에서만 발생한다면 그러한 원가발생형태를 반영하여 완성품환산량을 계산하여야 한다.

예제　　**완성품환산량(2)**

▷ **문제**

㈜한국은 종합원가계산방법을 적용하고 있으며, 당기에 10,000개의 제품생산에 착수했는데 8,000개는 완성되었고 2,000개에 대해서는 공정이 60% 진행되었다. 다음 각각의 상황에 따라 재료원가의 완성품환산량을 구하시오.

(1) 재료원가가 공정전반에 걸쳐서 균등하게 발생하는 경우

(2) 재료가 공정 초기에 전량 투입되는 경우

(3) 재료가 공정의 50% 시점에 전량 투입되는 경우

(4) 재료가 공정의 완료시점에 전량 투입되는 경우

(5) 재료의 50%가 공정 초기에 투입되고 나머지는 공정의 진행에 따라 균일하게 투입되는 경우

(6) 재료의 50%가 공정 초기에 투입되고 나머지는 가공이 50% 진행된 시점부터 공정진행에 따라 비례적으로 투입되는 경우

⚙ 풀이

(1) 8,000개 + 2,000개 × 60% = 9,200개

(2) 8,000개 + 2,000개 = 10,000개

(3) 8,000개 + 2,000개 = 10,000개

(4) 8,000개 + 0개 = 8,000개

(5) 8,000개 + 2,000개 × 50% + 2,000개 × 50% × 60% = 9,600개

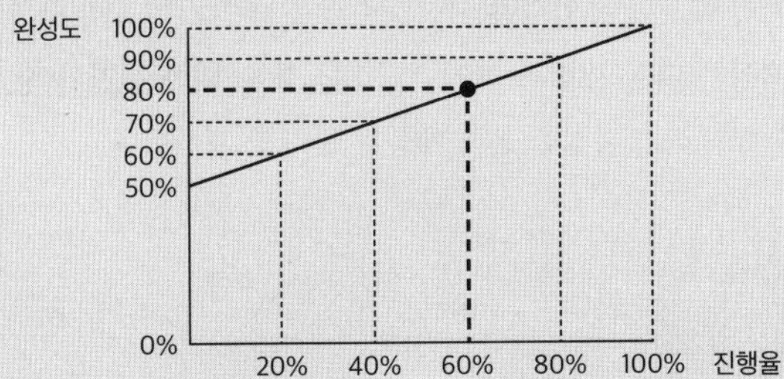

(6) 8,000개 + 2,000개 × 60% = 9,200개 (공정이 0 ~ 50% 진행된 경우 재료원가 완성도는 50%이며, 50%를 넘어선 시점부터는 공정진행과 완성도가 일치한다)

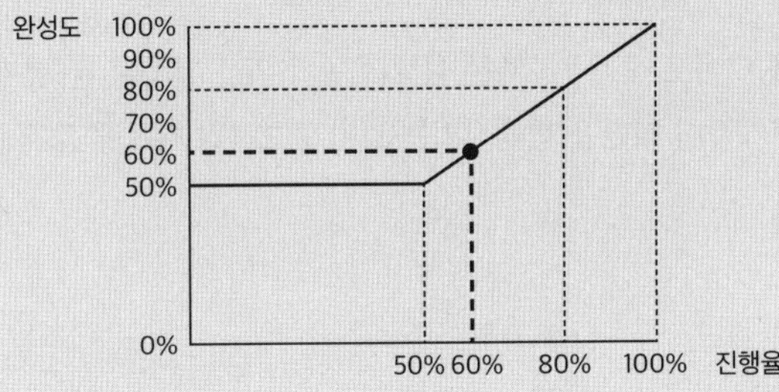

제3절 | 종합원가 계산절차

종합원가계산도 '모아서 뿌린다'는 원가계산의 기본프레임 안에서 원가계산이 이루어진다. 개별원가계산이 작업별로 원가를 모아서 뿌린다면 종합원가계산은 공정별로 이루어진다는 차이가 있을 뿐이다. 하나의 공정에서는 표준화된 다량의 제품이 만들어지기 때문에 투입수량과 산출수량을 파악하여 단위당 원가를 산출하는 과정이 추가가 된다. 종합원가계산에서는 다음 그림과 같이 기초재공품에 대한 원가와 당기생산품에 대한 원가를 모아서 완성품과 기말재공품에 뿌리는 과정을 통해 제품의 원가를 계산한다.

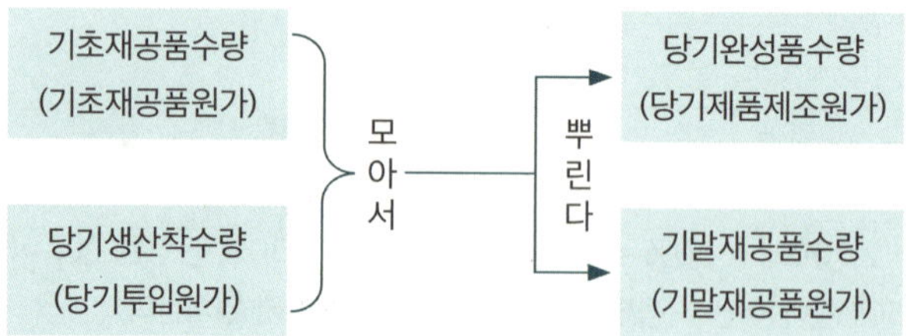

다음 예제를 통해 종합원가계산의 절차를 알아보자. (이 절차는 이해를 돕기 위한 절차일 뿐, 문제풀이에 적합한 절차는 아니다. 공무원시험에서는 문제풀이 시간을 단축시키는 것이 중요하기 때문에 문제풀이에 효율적인 절차는 따로 설명하도록 한다)

예제 종합원가계산 절차

문제

㈜한국은 단일공정을 통해 대량의 제품을 생산하고 있다. 제품생산에 필요한 재료는 공정초기에 전량 투입되며, 전환원가는 공정 전반에 걸쳐서 균등하게 발생한다. 당기 제품 생산과 관련된 자료는 다음과 같다.

	수량	완성도
기초재공품	100개	80%
당기착수량	500개	-
기말재공품	200개	50%

기초재공품에 대한 원가는 재료원가 ₩80,000, 가공원가 ₩60,000이며, 당기에 발생한 원가는 재료원가 ₩340,000, 가공원가 ₩420,000이다. 당기 완성품의 단위당 원가 및 기말재공품원가를 구하시오.

풀이

[1단계] 물량흐름파악

종합원가계산시 가장 먼저 해야 할 것은 물량의 흐름을 파악하는 것이다. 원가를 모아야 되는 투입수량과 뿌려야 되는 산출수량을 파악해서 누락이 없는지 확인해야 한다. 이때 다음과 같은 T계정을 이용하면 실수를 줄일 수 있다. T계정을 통해 문제에서 주어지지 않은 당기완성품수량이 400개임을 추정할 수 있다.

	재공품		
기초재공품수량	100	완성품수량	?
당기착수량	500	기말재공품수량	200
합계	600	합계	600

[2단계] 발생원가의 집계

원가를 모으는 단계이다. 기초재공품에 대한 원가는 재료원가 ₩80,000 가공원가 ₩60,000이고, 당기착수량에 대한 원가는 재료원가 ₩340,000, 가공원가 ₩420,000이다. 결국 배부대상 원가는 재료원가 ₩420,000, 가공원가 ₩480,000이다.

재공품(재료원가)				재공품(가공원가)			
기초재공품	80,000	완성품	?	기초재공품	60,000	완성품	?
당기착수	340,000	기말재공품	?	당기착수	420,000	기말재공품	?
합계	420,000	합계	420,000	합계	480,000	합계	480,000

[3단계] 완성품환산량 계산

원가를 뿌려야 할 대상수량을 구하는 단계이다. 완성품수량 400개에 대한 완성도는 100%이므로 완성품환산량은 400개이다. 기말재공품은 재료원가의 경우 공정초기에 모두 투입되므로 완성도가 100%인 반면, 가공원가의 경우 공정전반에 걸쳐 균등하게 발생하므로 완성품환산량은 200개 × 50% = 100개이다. 따라서 재료원가와 가공원가에 대한 완성품환산량은 다음과 같다.

직접재료: 400개 + 200개 × 100% = 600개
가공원가: 400개 + 200개 × 50% = 500개

	재공품			완성품환산량 재료원가	완성품환산량 가공원가
기초재공품수량	100	완성품수량	400	400	400
당기착수량	500	기말재공품수량	200	200	100
합계	600	합계	600	600	500

[4단계] 단위당 원가

2단계에서 집계한 원가를 3단계에서 계산한 완성품환산량으로 나누어 주면 완성품 1단위에 대한 단위당 원가가 다음과 같이 계산된다.

단위당 직접재료원가 = ₩420,000 ÷ 600개 = ₩700
단위당 가공원가 = ₩480,000 ÷ 500개 = ₩960
완성품 단위당원가 = ₩700 + ₩960 = ₩1,660

[5단계] 완성품과 재공품에 배분

단위당원가를 완성품과 재공품에 배분하면 다음과 같다.

구분	재료원가	가공원가	총원가
완성품	400개 × ₩700 = ₩280,000	400개 × ₩960 = ₩384,000	₩664,000
기말재공품	200개 × 100% × ₩700 = ₩140,000	200개 × 50% × ₩960 = ₩96,000	₩236,000

여기까지는 이해를 돕기 위해서 제시한 절차일 뿐이다. 실제 문제당 1분이 주어지지 않는 공무원시험에서 위 절차를 지켜가며 문제를 풀 여유는 없다. **********실제 시험에서는 다음과 같이 접근하는 것이 좋다.

						재료원가	가공원가
기초	100	완성	400			400	400
착수	500	기말	200	(50%)		200	100
	600		600			600	500
단위당원가						₩420,000/600개 = ₩700	₩480,000/500개 = ₩960
기말재공품원가						₩140,000	₩96,000

제4절 | 선입선출법에 의한 종합원가계산

앞에서 다룬 예제는 사실 원가흐름 가정상 평균법을 가정하고 있다. 기초재공품의 단위당 원가와 당기착수분의 단위당 원가가 다름에도 이를 구분하지 않고 하나로 모아서 뿌려준 것이다. 하지만, 원가흐름 가정으로 평균법이 아닌 선입선출법을 쓴다면 어떨까? 이 경우에는 아래 그림처럼 재고층을 구분하여 기초재공품원가는 모두 당기완성품원가를 구성하고, 당기투입(발생)원가는 당기완성품과 기말재공품에 뿌려주어야 한다.

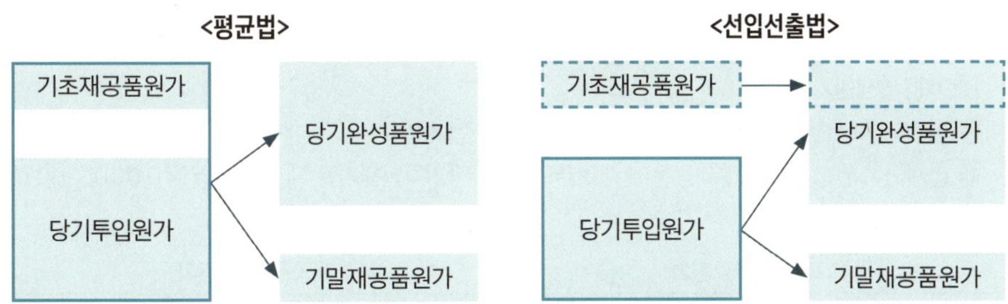

사쌤 가이드

만약 기초재공품이 당기완성품보다 많다면 다음과 같이 기초재공품원가가 전부 당기완성품원가를 구성하고 기말재공품원가는 기초재공품원가와 당기투입원가로 구성될 수도 있다. 하지만, 아직까지 시험에 이렇게 출제된 사례는 없다.

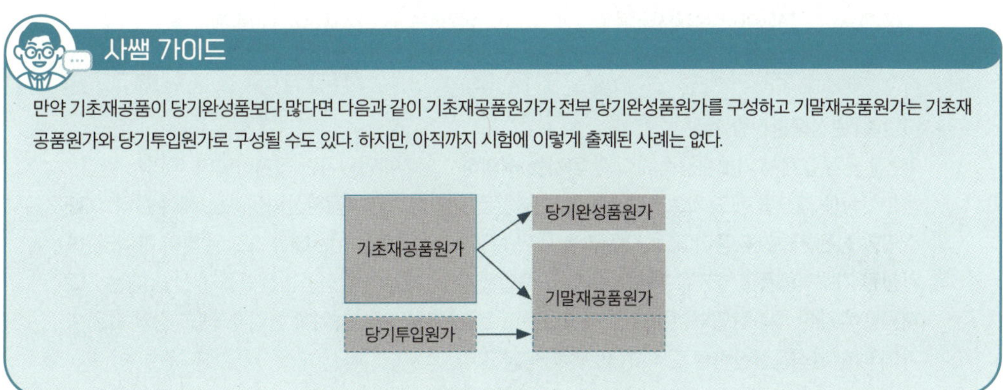

앞에서 다루었던 예제를 선입선출법을 가정하여 풀어보자.

예제 | 선입선출법 하의 종합원가계산

문제

㈜한국은 단일공정을 통해 대량의 제품을 생산하고 있다. 제품생산에 필요한 재료는 공정초기에 전량 투입되며, 전환원가는 공정 전반에 걸쳐서 균등하게 발생한다. 당기 제품 생산과 관련된 자료는 다음과 같다.

	수량	완성도
기초재공품	100개	80%
당기착수량	500개	-
기말재공품	200개	50%

기초재공품에 대한 원가는 재료원가 ₩80,000, 가공원가 ₩60,000이며, 당기에 발생한 원가는 재료원가 ₩340,000, 가공원가 ₩420,000이다. 회사가 선입선출법에 의한 종합원가계산을 사용한다고 할 때, 당기 완성품의 단위당 원가 및 기말재공품원가를 구하시오.

⚙ 풀이

[1단계] 물량흐름파악

선입선출법하에서는 물량흐름파악시 당기완성품을 두 가지로 구분해줘야 한다. 바로 기초에 있던 재공품 중 완성된 수량과 당기에 착수해서 완성한 수량으로의 구분이 필요하다.

재공품

기초재공품수량	100	완성품수량		기초	100
				착수	300
당기착수량	500	기말재공품수량			200
합계	600	합계			600

[2단계] 발생원가의 집계

선입선출법에서는 기초재공품에 대한 원가는 모두 완성품원가를 구성하기 때문에 당기투입원가만을 집계하여 완성품과 기말재공품에 뿌려주면 된다. 당기투입원가는 재료원가 ₩340,000, 가공원가 ₩420,000이다.

재공품(재료원가)   재공품(가공원가)

기초재공품	–	완성품	?	기초재공품		완성품	?
당기착수	340,000	기말재공품	?	당기착수	420,000	기말재공품	?
합계	340,000	합계	340,000	합계	420,000	합계	420,000

[3단계] 완성품환산량 계산

2단계 원가 집계시 기초재공품에 대한 원가는 제외하고 당기투입원가만 집계하였다. 따라서 완성품환산량을 계산할 때도 기초재공품에 대한 부분은 제외하고 완성품환산량을 계산해야 한다. 이때 주의할 점은 기초재공품이다. 당기투입원가는 당기착수분을 완성하는 데만 소요된 것이 아니라, 미완성된 기초재공품을 추가로 완성하는 데도 투입된다. 이 때문에 완성품환산량을 계산할 때는 기초재공품에 대한 추가작업부분(100% - 완성도)도 포함시켜서 계산하여야 한다. 사례의 경우 가공원가에 대한 완성품환산량을 도식화해보면 다음과 같다.

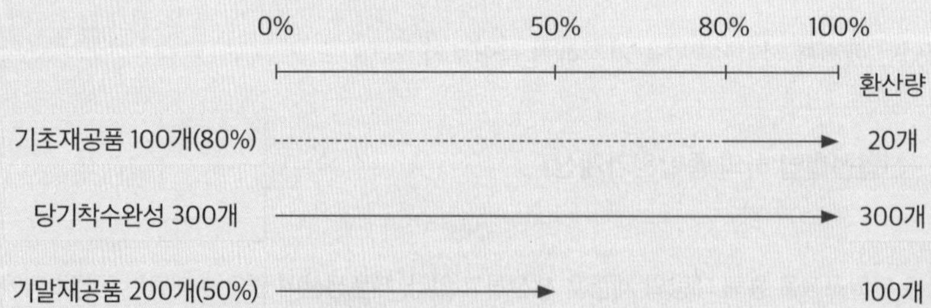

기초재공품 100개는 완성도가 80%이므로 당기에 추가로 20%의 작업만 더 해주면 완성품이 된다. 따라서 당기작업량을 완성품으로 환산하면 100개 × 20% = 20개가 된다. 당기에 착수해서 완성된 300개는 작업량이 100%이므로 환산량도 300개가 되고, 기말재공품의 경우 당기에 착수해서 50% 완성되었으므로 환산량은 100개가 된다. 이를 모두 더하면 가공원가에 대한 완성품환산량은 420개가 된다. 이에 반해 재료원가에 대한 완성품환산량은 다음 그림처럼 계산된다.

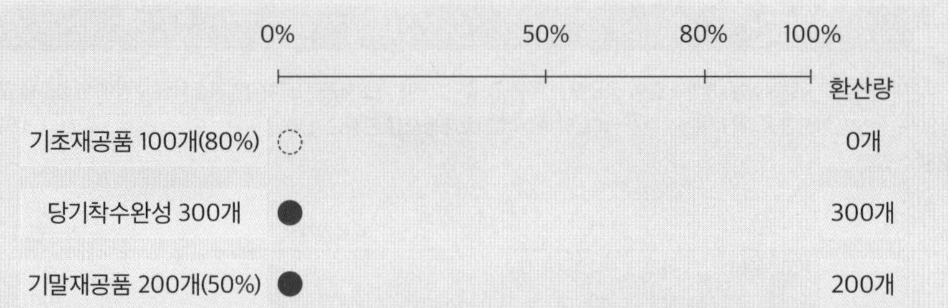

재료가 공정초기에 모두 투입되므로, 기초재공품에 대한 재료는 이미 전기에 모두 투입되었다. 따라서 당기 완성품 환산량은 0개가 된다. 당기착수완성된 수량과 기말재공품에 대해서는 모두 작업착수시점에 재료가 투입되므로 재료원가에 대한 완성도는 100%가 된다[1]. 따라서 재료원가에 대한 완성품환산량은 500개가 된다.

				완성품환산량	
				재료원가	가공원가
기초재공품수량	100	완성품수량	기초 100	-	20
			착수 300	300	300
당기착수량	500	기말재공품수량	200	200	100
합계	600	합계	600	500	420

[4단계] 단위당 원가

2단계에서 집계한 당기투입원가를 3단계에서 계산한 당기완성품환산량으로 나누어 주면 당기작업에 대한 단위당 원가가 다음과 같이 계산된다.

단위당 직접재료원가 = ₩340,000 ÷ 500개 = ₩680

단위당 가공원가 = ₩420,000 ÷ 420개 = ₩1,000

완성품 단위당원가 = ₩680 + ₩1,000 = ₩1,680

[5단계] 완성품과 재공품에 배분

당기투입원가를 완성품과 재공품에 배분하면 다음과 같다. 이때 주의할 점은 당기완성품의 원가는 먼저 기초재공품원가로 구성되고 여기에 추가로 당기투입원가를 배분한 부분이 가산되어야 한다는 점이다.

구분	재료원가	가공원가	총원가[2]
완성품	기초재공품원가 ₩80,000 + 300개 × ₩680 = ₩284,000	기초재공품원가 ₩60,000 + 320개 × ₩1,000 = ₩380,000	₩664,000
기말재공품	200개 × 100% × ₩680 = ₩136,000	200개 × 50% × ₩1,000 = ₩100,000	₩236,000

---

1 이 때문에 시험문제에서는 재공품의 완성도를 '가공원가에 대한 완성도'라고 제시하여 재료원가에 대한 완성도와 구분하여 주기도 한다. 하지만, 구분 없이 주어지는 경우도 있으므로 일단 종합원가계산문제에서 주어지는 완성도는 별다른 단서가 없다면 가공원가에 대한 완성도로 해석하는 것이 옳다.

2 평균법과 선입선출법의 총원가가 일치하지만 이는 우연의 일치일 뿐이다.

*******위 문제도 시험에서는 아래와 같이 접근해서 푸는 게 좋다. 이때 기초재공품도 기말재공품처럼 수량에 완성도를 곱해서(100개 × 80%) 완성품환산량을 계산하는 실수가 많다. 이 때문에 기초재공품을 완성도가 아닌 미완성도 '-20%'로 표시한다면 이러한 실수를 줄일 수 있다.

종합원가계산제도					재료원가	가공원가
기초	100	완성	┌ 기초	100 (-20%)	–	20
			└ 착수	300	300	300
착수	500	기말		200 (50%)	200	100
	600			600	500	420
단위당원가					₩340,000/500개 = ₩680	₩420,000/420개 = ₩1,000
기말재공품원가					₩136,000	₩96,000

제5절 | 평균법과 선입선출법의 비교

종합원가계산에서 평균법을 가정한 경우와 선입선출법을 가정한 경우를 비교해 보기 위해 앞의 예제를 다시 살펴 보자.

예제 | 종합원가계산 절차

문제

㈜한국은 단일공정을 통해 대량의 제품을 생산하고 있다. 제품생산에 필요한 재료는 공정초기에 전량 투입되며, 전환원가는 공정 전반에 걸쳐서 균등하게 발생한다. 당기 제품 생산과 관련된 자료는 다음과 같다.

	수량	완성도
기초재공품	100개	80%
당기착수량	500개	-
기말재공품	200개	50%

기초재공품에 대한 원가는 재료원가 ₩80,000, 가공원가 ₩60,000이며, 당기에 발생한 원가는 재료원가 ₩340,000, 가공원가 ₩420,000이다.

여기서 완성품은 400개가 되는데, 이 400개는 기초재공품(완성도 80%)에 대해 추가로 20% 작업을 해서 완성한 100개와 당기에 새로 착수해서 완성된 300개로 구성된다. 완성품 400개와 기말재공품 200개에 대해서 완성품환산량과 그에 대한 가공원가를 세세히 구분해 보면 다음과 같다.

구분		완성도	환산량	가공원가
당기완성 (400개)	기초재공품(100개)	전기작업(80%)	80개	₩60,000
		당기작업(20%)	20개	₩420,000
	당기착수(300개)	당기작업(100%)	300개	
기말재공품(200개)		당기작업(50%)	100개	

평균법과 선입선출법의 차이는 단위당 원가를 산정할 때, 전기에 작업한 80개(기초재공품 100개 × 완성도 80%)를 구분해서 당기작업분만 계산하느냐(선입선출법), 아니면 함께 더해서 평균을 내느냐(평균법)의 차이다.

사쌤 가이드

평균법과 선입선출법의 완성품환산량 차이는 '기초재공품 × 완성도'만큼 발생한다. 위 사례에서 기초재공품 100개 × 완성도 80% = 80개만큼 완성품환산량의 차이가 발생한다.

완성품 단위당 가공원가

선입선출법: ₩420,000 ÷ 420개 =₩1,000/개

평균법: (₩60,000 +₩420,000) ÷ (80개 + 420개) =₩480,000 ÷ 500개 =₩960/개

당기완성품 400개에 대한 원가(당기완성품원가)를 계산하기 위해서는 평균법의 경우 400개에 단위당원가 ₩960을 곱해주면 되지만, 선입선출법의 경우에는 전기작업분 80개에 대한 원가₩60,000에 당기작업분 320개에 대한 원가(320개 ×₩1,000/개)를 더해줘야 한다.

당기완성품가공원가

선입선출법:₩60,000 + 320개 ×₩1,000/단위 =₩380,000

평균법: 400개 ×₩960/개 =₩384,000

사쌤 가이드

수험생들이 자주 묻는 질문이 '선입선출법일 때 왜 어떤 문제는 기초재공품에 대한 원가를 더해주지 않는데, 다른 문제는 기초재공품에 대한 원가를 더해주나요?'이다. 이유는 질문이 다르기 때문이다. 완성품환산량 '단위당'원가를 구할 때는(연습문제 26번) 선입선출법하에서 기초재공품에 대한 원가를 고려할 필요가 없다. 하지만, 당기완성품원가를 물어보면(연습문제 17번) 기초재공품에 대한 원가를 더해줘야 한다.

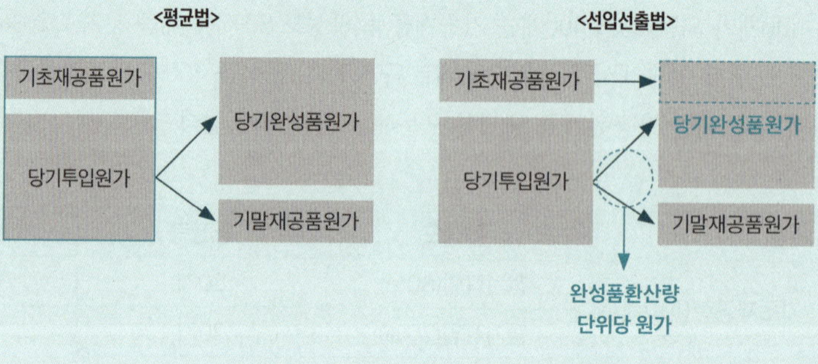

제6절 | 연속되는 제조공정

1 의의

실제 제품을 생산하는 과정은 하나의 공정으로 완료되지 않고, 수 개의 연속되는 공정을 거친다. 예를 들어, 간단한 가구를 만들더라도 목재를 치수에 맞게 재단하는 공정이 필요하고 다음으로 이를 조립하는 공정, 그리고 도색하는 공정을 거쳐야 한다. 각 공정별로 기초재공품과 기말재공품이 존재하고 전 공정의 완성품원가는 후 공정의 투입원가가 되는데 이를 '전공정대체원가'라 부른다.

	제1공정				제2공정		
기초재공품	XXX	당기완성품원가	XXX	기초재공품	XXX	완성품원가	XXX
당기투입원가	XXX	기말재공품	XXX	당기투입원가	XXX	기말재공품	XXX
재료원가				전공정대체원가			
가공원가				재료원가			
				가공원가			
	XXX		XXX		XXX		XXX

2 원가계산

여러 개의 제조공정으로 이루어진 경우, 당기투입원가에 재료원가와 가공원가 외에 전공정대체원가가 추가된다. 이때 후속공정에서는 재료원가와 가공원가뿐만 아니라 전공정대체원가에 대한 완성품환산량도 구해야 한다. 이때 별다른 단서가 없다면 전공정대체원가의 완성도는 100%로 가정한다. 일반적으로 제1공정이 완료된 다음 완성된 형태로 제2공정의 초기에 투입되기 때문이다. 만약 문제에 별도의 단서가 주어진 경우, 예를 들어 '제1공정의 완성품은 제2공정이 50% 진행된 다음 투입된다'처럼 제시된 경우에는 해당 가정에 따라 완성품환산량을 계산한다.

제 **7** 절 │ 공손의 처리

1 공손의 의의

앞에서 우리는 종합원가계산에 필요한 물량흐름을 파악할 때 '기초재공품수량 + 당기착수량 = 완성품수량 + 기말재공품수량'이라는 등식을 통해 파악했다. 만약 기초재공품이 100개이고 당기착수량이 400개인데, 기말재공품이 200개라면 당기완성품수량은 300개로 계산된다. 이는 생산에 착수한 모든 제품이 불량 없이 전부 완성품이 되거나 기말재공품으로 남는다는 가정을 바탕으로 한다. 하지만 생산과정에서 불량품이 발생하면 어떻게 될까? 모든 제품이 품질검사를 통과하여 정상품이 된다면 좋겠지만, 일부는 검사를 통과하지 못하는 불량품이 된다. 이런 경우에 원가계산은 어떻게 해야 할까?

불량품의 경우 재작업을 통해 정상품으로 만들어 팔 수도 있다. 이를 '재작업품'이라고 한다. 하지만, 재작업에 필요한 원가가 너무 커서 경제성이 없거나 재작업이 불가능한 수준이라면 그 상태로 처분하거나 폐기하는 것이 유리한 데 이를 '공손(품)'이라고 한다. 공손에 대해서도 검사시점까지 원가가 발생하므로 완성품환산량을 파악한 다음 공손원가를 계산하여야 한다. 공손이 생산과정에서 필연적인 정상공손이라면 당기제조원가에 가산하고 비정상공손이라면 기간비용(영업외비용이나 기타비용)으로 처리하게 된다. 이 때문에 정상공손과 비정상공손 수량을 구분하라는 문제도 시험에 종종 출제된다.

2 *****공손수량의 파악

공손이 발생하면 어디까지를 정상공손으로 볼 것인지 정한 다음, 이 범위를 벗어나는 것은 비정상공손으로 간주하게 된다. 정상공손의 범위를 정하는 방법은 보통 두 가지인데, 하나는 검사시점에 도달한 수량을 기준으로 계산하는 방법이고 다른 하나는 검사를 통과한 수량을 기준으로 계산하는 방법이다. 다음 예제를 통해 이 둘을 비교해 보자.

예제 │ 공손수량의 파악

📝 문제

㈜한국은 종합원가계산방법을 적용하고 있으며, 물량흐름 자료는 다음과 같다.

• 기초재공품	1,000개 (완성도 60%)	• 당기완성량	3,600개
• 당기착수량	4,000개	• 기말재공품	900개 (완성도 40%)

1. 공손수량은 몇 개인가?

2. 품질검사를 공정의 100% 시점에서 수행한다고 할 때, 아래 상황에서 정상공손수량과 비정상공손수량은 몇 개인가?
   (1) 검사를 받은 수량의 10%까지를 정상공손으로 허용하는 경우
   (2) 검사를 통과한 정상품의 10%까지를 정상공손으로 허용하는 경우

3. 품질검사를 공정의 50% 시점에서 수행한다고 할 때, 아래 상황에서 정상공손수량과 비정상공손수량은 몇 개인가?
   (1) 검사를 받은 수량의 10%까지를 정상공손으로 허용하는 경우
   (2) 검사를 통과한 정상품의 10%까지를 정상공손으로 허용하는 경우

⚙️ **풀이**

1. 공손수량파악

재공품

기초	1,000	완성	3,600
		공손	?
착수	4,000	기말	900
	5,000		5,000

2. 물량흐름을 그려보면 다음과 같다.

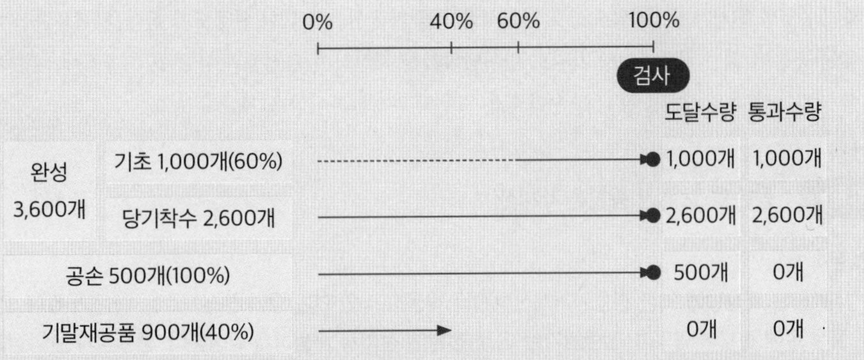

   (1) 검사를 받은 수량이 4,100개이므로 정상공손은 410개, 비정상공손은 90개가 된다.
   (2) 검사를 통과한 정상품은 3,600개이므로 정상공손은 360개, 비정상공손은 140개가 된다.

3. 물량흐름을 그려보면 다음과 같다. 이때 주의할 점은 문제에 별다른 단서가 없으면 '당기에' 검사를 받은 수량과 통과한 수량을 기준으로 공손수량을 파악한다는 점이다. 기초재공품의 경우 전기에 검사를 받았으므로 당기검사수량에는 포함하지 않는다.

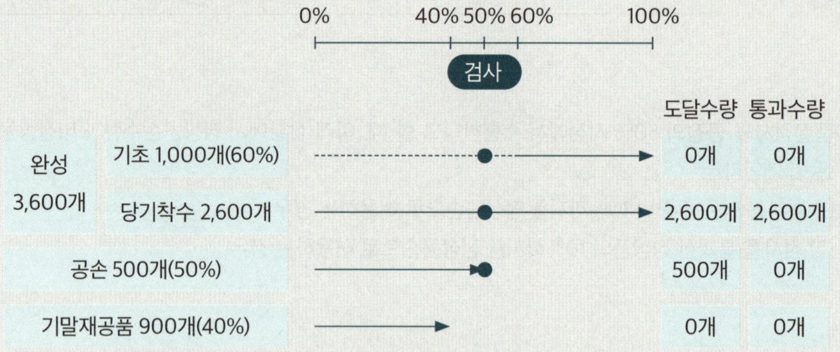

(1) 당기에 검사를 받은 수량이 3,100개이므로 정상공손은 310개, 비정상공손은 190개가 된다.
(2) 당기에 검사를 통과한 정상품은 2,600개이므로 정상공손은 260개, 비정상공손은 240개가 된다.

3 공손을 포함한 종합원가계산

공손이 있는 경우에는 공손에 대해서도 완성품환산량에 포함하여 계산해야 한다. 이때 공손품에 대해서는 검사시점까지 동일한 원가가 투입되었으므로 검사시점이 곧 가공원가에 대한 완성도가 된다. 완성품환산량을 계산한 다음에는 공손이 없는 경우와 마찬가지로 단위당원가를 계산하여 완성품과 공손품, 재공품에 배분하는 동일한 절차를 거치므로 다음 예제를 통해 공손이 있는 경우의 완성품환산량을 계산해 보자.

예제 공손을 포함한 종합원가계산

문제

㈜한국은 평균법에 의한 종합원가계산방법을 적용하고 있으며, 당기 생산자료는 다음과 같다. 원재료는 공정 초에 전부 투입되며, 전환원가는 공정 전반에 걸쳐서 균등하게 발생한다. 품질검사는 공정의 80% 시점에서 수행된다고 할 때, 재료원가와 전환원가의 당기 완성품환산량은?

• 기초재공품	1,000개 (완성도 60%)	• 당기완성량	4,500개
• 당기착수량	5,000개	• 기말재공품	1,000개 (완성도 40%)

⚙ **풀이**

공손수량 = 기초 1,000 + 당기착수 5,000 - 당기완성 4,500 - 기말 1,000 = 500개

					재료원가	전환원가
기초	1,000	완성	4,500		4,500	4,500
		공손	500	(80%)	500	400
착수	5,000	기말	1,000	(40%)	1,000	400
	6,000		6,000		6,000	5,300

재료원가의 완성품환산량은 6,000개 전환원가의 완성품환산량은 5,300개가 된다.

제8절 | 결합원가계산

1 결합제품

지금까지 살펴본 종합원가계산은 하나의 공정에서 한 종류의 제품만 생산되는 것을 가정하였다. 하지만, 경우에 따라서는 하나의 공정에 동일한 원재료를 투입하여 여러 개의 제품이 생산될 수도 있다. 예를 들어 정유회사의 경우 원유를 정제공정에 투입하면 끓는 점의 차이에 따라 LPG, 휘발유, 등유, 경유, 벙커C유, 아스팔트가 차례대로 생산된다. 이렇게 동일한 원재료가 동일한 제조공정에 투입되어 여러 가지 제품이 나올 때 이를 결합제품(joint products)이라고 부르며(하나의 공정에서 여러 개의 제품이 연속해서 생산된다고 하여 연산품이라고도 부른다), 이 결합제품을 생산하기 위해 투입된 재료원가와 가공원가를 결합원가라고 부른다.

2 결합원가의 배분

결합제품을 생산하기 위해 발생한 결합원가는 일정한 기준에 따라 각각의 제품에 배부하여야 한다. 이때 원가를 배부하는 기준은 물리적인 수량 등을 기준으로 하는 물량기준법, 판매가격을 기준으로 하는 판매가치법이나 순실현가치법, 이익을 기준으로 하는 균등이익률법 등 다양한 방법이 가능하다.

(1) 물량기준법

각 제품의 수량, 중량, 크기, 부피, 면적 등을 기준으로 배분하는 방법이다. 제품의 판매가격에 대한 추정을 하지 않아도 적용 가능하다는 장점이 있지만, 물량과 제품의 판매가치가 상관관계가 없는 경우 원가계산이 왜곡되어 나타날 수 있다는 단점이 있다.

(2) **분리점에서의 판매가치법

하나의 공정에서 각각의 개별제품으로 식별가능한 지점을 분리점이라고 하는데, 이 분리점에서의 판매가치를 기준으로 결합원가를 배분하는 방법이다. 각 제품의 원가부담능력(수익)에 따라 배분하는 방법으로 수익과 비용이 적절히 대응되도록 하는 방법이다. 하지만, 분리점에서의 판매가치를 알 수 없는 경우에는 적용할 수 없다는 문제점이 있다.

(3) ***순실현가치법

분리점에서의 판매가치법을 적용하기 위해서는 분리점에서 개별제품이 판매 가능해야 한다. 만약 분리점에서는 제품이 완성되지 않아 판매할 수 없고 추가적인 가공을 통해서만 판매 가능하다면 이때는 순실현가치법을 적용할 수 있다. 순실현가치법은 최종판매가치로부터 분리점 이후의 추가가공원가와 판매관련비용을 차감하여 역산한 순실현가치를 기준으로 결합원가를 배분한다.

> 분리점에서의 순실현가치 = 최종판매가격 − 판매비 − 추가가공원가

이 방법은 수익성을 고려함과 동시에 분리점에서의 판매가격을 알 수 없는 경우에도 적용할 수 있다. 반면에 분리점 이후에 발생하는 추가가공원가는 이익창출에 공헌하지 못한다고 가정하는 문제점이 있다.

(4) **균등이익률법

균등이익률법은 개별제품의 매출총이익률이 모두 같아지도록 결합원가를 배분하는 방법이다. 이 방법을 이용하면 동일한 제조공정에서 생산된 모든 제품의 이익률이 같아지고, 분리점 이후의 추가가공원가도 이익창출에 기여하도록 하는 장점이 있다. 반면에 계산하는 과정이 다른 방법에 비해 복잡하다.

예제　**결합원가 배부**

📖 문제

㈜한국은 닭을 도축하여 판매하는 육계가공회사이다. 닭은 도축하면 날개와 다리, 가슴살로 구분하여 판매하는데 한 달 동안 발생한 결합원가는 총 ₩400,000이다. 닭의 생산과 판매에 관한 자료가 다음과 같을 때 물음에 답하시오.

	날개	다리	가슴살
생산량	40kg	40kg	20kg
분리점에서의 판매가치	₩6,000/kg	₩10,000/kg	₩8,000/kg
추가가공원가	₩40,000	₩100,000	₩60,000
최종 판매가격	₩10,000/kg	₩14,000/kg	₩12,000/kg

(1) 물량기준법으로 결합원가를 각 제품에 배부하시오.

(2) 분리점에서의 판매가치를 기준으로 결합원가를 배부하시오.

(3) 순실현가치법으로 결합원가를 배부하시오.

(4) 균등이익률법으로 결합원가를 배부하시오.

⚙ **풀이**

(1) 물량기준법

구분	배부기준	배부액
날개	40kg	₩400,000 × 40/100 = ₩160,000
다리	40kg	₩400,000 × 40/100 = ₩160,000
가슴살	20kg	₩400,000 × 20/100 = ₩80,000
합계	100kg	

(2) 분리점에서의 판매가치법

구분	배부기준	배부액
날개	40kg × ₩6,000/kg = ₩240,000	₩400,000 × 24/80 = ₩120,000
다리	40kg × ₩10,000/kg = ₩400,000	₩400,000 × 40/80 = ₩200,000
가슴살	20kg × ₩8,000/kg = ₩160,000	₩400,000 × 16/80 = ₩80,000
합계	₩800,000	

(3) 순실현가치법

구분	배부기준	배부액
날개	40kg × ₩10,000/kg - ₩40,000 = ₩360,000	₩400,000 × 36/100 = ₩144,000
다리	40kg × ₩14,000/kg - ₩100,000 = ₩460,000	₩400,000 × 46/100 = ₩184,000
가슴살	20kg × ₩12,000/kg - ₩60,000 = ₩180,000	₩400,000 × 18/100 = ₩72,000
합계	₩1,000,000	

(4) 균등이익률법

균등이익률법을 적용하기 위해서는 먼저 기업전체의 매출원가율을 계산해야 한다.

기업전제 매출원가 = 결합원가 ₩400,000 + 추가가공원가 (₩40,000 + ₩100,000 + ₩60,000) = ₩600,000

기업전체 매출액 = 40kg × ₩10,000/kg + 40kg × ₩14,000/kg + 20kg × ₩12,000/kg = ₩400,000 + ₩560,000 + ₩240,000 = ₩1,200,000

매출원가율 = ₩600,000 / ₩1,200,000 = 50%

구분	매출원가	배부액(매출원가 - 추가가공원가)
날개	40kg × ₩10,000/kg × 50% = ₩200,000	₩200,000 - ₩40,000 = ₩160,000
다리	40kg × ₩14,000kg × 50% = ₩280,000	₩280,000 - ₩100,000 = ₩180,000
가슴살	20kg × ₩12,000kg × 50% = ₩120,000	₩120,000 - ₩60,000 = ₩60,000

3   부산물의 회계처리

결합제품의 생산과정 중 상대적으로 판매가치가 낮고 중요하지 않은 제품이 생산될 수 있는데, 이를 부산물이라고 한다. 앞에서 살핀 연산품은 여러 개의 제품이 모두 주제품(주산물)이라는 가정하에 각각의 제품에 결합원가를 배분했다. 반면에 상대적으로 가치가 중요하지 않은 부산물의 경우에는 결합원가를 배분하지 않고 대신에 부산물을 판매해서 생기는 순실현가치를 결합원가에서 차감하거나(생산기준법 혹은 원가차감법), 판매시점에 잡이익으로 인식(판매기준법 혹은 잡이익법)한다.

예제 **부산물**

⬚ 문제

㈜한국은 닭을 도축하여 판매하는 육계가공회사이다. 닭은 도축하면 날개와 다리로 구분하여 판매하는데 이 과정에서 나오는 부산물인 닭털은 세척하여 붓을 제조하는 업자에게 판매한다. 한 달 동안 발생한 결합원가는 총 ₩260,000이며, 결합원가는 순실현가치를 기준으로 배부한다. 닭의 생산과 판매에 관한 자료가 다음과 같을 때 물음에 답하시오.

	날개	다리	닭털
생산량	20kg	20kg	5kg
추가가공원가	₩40,000	₩20,000	₩10,000
최종 판매가격	₩12,000/kg	₩16,000/kg	₩6,000/kg

(1) 부산물을 생산기준법으로 처리할 때 각각의 제품에 배부되는 결합원가는 얼마인가?

(2) 부산물을 판매기준법으로 처리할 때 각각의 제품에 배부되는 결합원가는 얼마인가?

⚙ 풀이

닭털의 순실현가치는 5kg × ₩6,000/kg - ₩10,000 = ₩20,000

(1) 생산기준법(원가차감법)에 의해 배부할 결합원가 = ₩260,000 - 닭털의 순실현가치 ₩20,000 = ₩240,000

구분	배부기준	배부액
날개	20kg × ₩12,000/kg - ₩40,000= ₩200,000	₩240,000 × 20/50 = ₩96,000
다리	20kg × ₩16,000/kg - ₩20,000 = ₩300,000	₩240,000 × 30/50 = ₩144,000
닭털		₩0
합계	₩500,000	

(2) 판매기준법(잡이익법)

구분	배부기준	배부액
날개	20kg × ₩12,000/kg - ₩40,000= ₩200,000	₩260,000 × 20/50 = ₩104,000
다리	20kg × ₩16,000/kg - ₩20,000 = ₩300,000	₩260,000 × 30/50 = ₩156,000
닭털		₩0
합계	₩500,000	

인 출 과 제

01 종합원가계산과 관련하여 다음 빈칸을 채우시오.

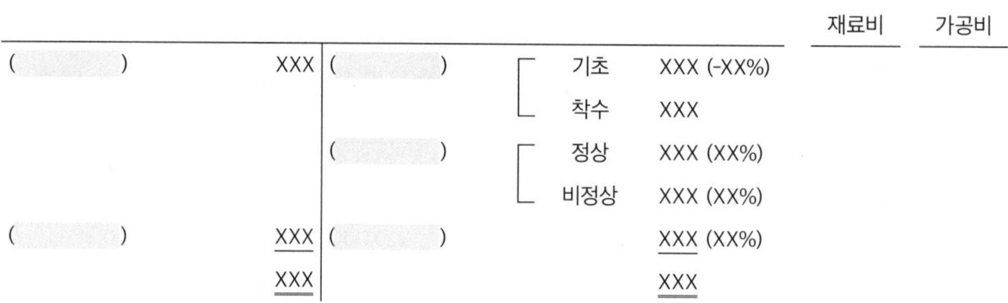

※ 평균법은 당기완성분에 대해 기초와 착수를 (   )

※ 선입선출법의 경우 기초와 착수를 구분함

※ 정상공손범위를 주는 경우 '검사를 받은 수량(공손품 포함)' 기준인지, '검사를 통과한 수량(공손품 제외)' 기준인지 주의

01 석유화학산업 등과 같이 표준화된 작업공정을 통해 한 가지 제품만을 대량생산하는 제조환경에 적합한 원가계산 방법은?

2025 국가직 9급

① 개별원가계산 ② 종합원가계산
③ 결합원가계산 ④ 활동기준원가계산

02 ㈜한국은 종합원가계산방법을 적용하고 있으며, 원가 관련자료는 다음과 같다. ㈜한국의 완성품환산량에 대한 설명으로 옳은 것은?

2016 국가직 9급

- 직접재료는 공정의 초기에 전량 투입되고, 전환원가는 공정의 진행에 따라 균일하게 발생된다.
- 기초재공품의 완성도는 50%, 기말재공품의 완성도는 10%이다.
- 기초재공품은 2,000개, 당기착수 13,000개, 기말재공품 3,000개이다.

① 평균법의 직접재료원가 완성품환산량은 13,000개이다.
② 평균법의 전환원가 완성품환산량은 10,300개이다.
③ 선입선출법의 직접재료원가 완성품환산량은 15,000개이다.
④ 선입선출법의 전환원가 완성품환산량은 11,300개이다.

정답과 해설

01 정답 ②

해설 대량생산방식에서는 개별 제품의 원가를 일일이 따로 구하는 것이 번거롭고 의미가 없다. 따라서 일정한 주기를 정한 다음 해당 기간 동안 투입된 원가를 총 생산량으로 나누어 단위당원가를 구하게 되는데 이를 종합원가계산이라고 한다.

02 정답 ④

해설

					선입선출법		평균법	
					재료원가	가공원가	재료원가	가공원가
기초	2,000	완성	기초	2,000 (-50%)	0	1,000		
			착수	10,000 (100%)	10,000	10,000	12,000	12,000
착수	13,000	기말		3,000 (10%)	3,000	300	3,000	300
	15,000			15,000	13,000	11,300	15,000	12,300

03 ㈜대한은 종합원가계산방법을 적용하고 있다. 직접재료는 공정초기에 전량 투입되며, 전환원가는 공정 전반에 걸쳐서 균등하게 발생한다. 당기 완성품환산량 단위당 원가는 직접재료원가 ₩60, 전환원가 ₩40이었다. 공정의 50% 시점에서 품질검사를 수행하며, 검사에 합격한 전체수량의 10%를 정상공손으로 처리하고 있다. ㈜대한의 물량흐름 자료가 다음과 같을 때, 정상공손원가는?

2016 국가직 9급

· 기초재공품	1,000개(완성도 30%)	· 당기완성량	2,600개
· 당기착수량	3,000개	· 공손수량	500개
		· 기말재공품	900개(완성도 60%)

① ₩17,500　　② ₩20,800

③ ₩28,000　　④ ₩35,000

04 다음은 제품A ~ C에 대한 자료이다. 이 중에서 제품A에 대한 설명으로 옳지 않은 것은? (단, 결합원가 ₩70,000의 배분은 순실현가치기준법을 사용한다)

2015 국가직 9급

제품	생산량	각 연산품 추가가공비	단위당 공정가치
A	100kg	₩15,000	₩500
B	150kg	₩8,000	₩300
C	200kg	₩12,000	₩200

① 매출액은 ₩50,000이다.

② 순실현가치는 ₩35,000이다.

③ 단위당 제조원가는 ₩245이다.

④ 결합원가의 배분액은 ₩24,500이다.

03 정답 ③

해설

						검사(50%)합격	재료원가	가공원가
기초	1,000	완성	┌ 기초	1,000	(-70%)	1,000		
		2,600	└ 착수	1,600	(100%)	1,600		
		공손	┌ 정상[1]	350	(50%)		350	175
		500	└ 비정상	150	(50%)			
착수	3,000	기말		900	(60%)	900		
	4,000					3,500		

1) 정상공손 수량 = 검사에 합격한 수량 3,500 × 10% = 350

　정상공손 원가 = 350 × ₩60 + 175 × ₩40 = ₩28,000

04 정답 ③

해설

제품	매출액	순실현가치	결합원가 배분액
A	100kg × ₩500 = ₩50,000	₩50,000 - ₩15,000 = ₩35,000	₩70,000 × 35/100 = ₩24,500
B	150kg × ₩300 = ₩45,000	₩45,000 - ₩8,000 = ₩37,000	₩70,000 × 37/100 = ₩25,900
C	200kg × ₩200 = ₩40,000	₩40,000 - ₩12,000 = ₩28,000	₩70,000 × 28/100 = ₩19,600
합계		₩100,000	

제품 A의 단위당 제조원가 = (결합원가 ₩24,500 + 추가가공비 ₩15,000) ÷ 100kg = ₩395/kg

05 ㈜한국은 선입선출법에 의한 종합원가계산을 채택하고 있으며, 당기의 생산 관련 자료는 다음과 같다.

	물량(개)	가공비 완성도
기초재공품	1,000	(완성도 30%)
당기착수량	4,300	
당기완성량	4,300	
공손품	300	
기말재공품	700	(완성도 50%)

원재료는 공정 초기에 전량 투입되며, 가공비는 공정 전반에 걸쳐 균등하게 발생한다. 품질검사는 가공비 완성도 40% 시점에서 이루어지며, 당기 검사를 통과한 정상품의 5%에 해당하는 공손수량은 정상 공손으로 간주한다. 당기의 비정상 공손수량은?

2016 지방직 9급

① 50개　　　　　　② 85개

③ 215개　　　　　④ 250개

06 ㈜한국은 평균법에 의한 종합원가계산을 채택하고 있다. 기초재공품이 75,000단위이고 당기착수량이 225,000단위이다. 기말재공품이 50,000단위이며 직접재료는 전량 투입되었고, 가공원가 완성도는 70%이다. 기초재공품에 포함된 가공원가가 ₩14,000이고 당기발생 가공원가가 ₩100,000인 경우 기말재공품에 배부되는 가공원가는?

2015 지방직 9급

① ₩12,000　　　　② ₩14,000

③ ₩18,000　　　　④ ₩20,000

정답과 해설

05 정답 ①

해설

					검사(40%)합격
기초	1,000	완성	기초	1,000 (-70%)	1,000
		4,300	착수	3,300 (100%)	3,300
		공손	정상		
		300	비정상		
착수	4,300	기말		700 (50%)	700
	5,300				5,000

비정상공손수량 = 300 − 5,000 × 5% = 50

06 정답 ②

해설

				가공원가
기초	75,000	완성	250,000	250,000
착수	225,000	기말	50,000 (70%)	35,000
	300,000		300,000	285,000

기말재공품에 배부되는 가공원가 = (₩14,000 + ₩100,000) × 35,000/285,000 = ₩14,000

07 다음 중 가중평균법에 의한 종합원가계산에서 완성품환산량 단위당 원가는 어느 원가를 사용하는가?

2015 서울시 9급

① 당기투입원가

② 당기투입원가 + 기초재공품원가

③ 당기투입원가 + 기말재공품원가

④ 당기투입원가 - 기초재공품원가

08 2006년 4월 1일 현재 월초재공품 수량은 5,000개이며, 이의 가공원가 완성도는 60%이다. 4월 새로이 투입된 수량은 10,000개이며 완성된 제품의 수량은 11,000개이다. 4월 30일 현재 월말재공품 수량은 3,800개이며, 이의 가공원가 완성도는 50%이다. 직접재료원가는 공정초기에 전량 투입되고, 가공원가는 모든 공정을 통해 균등하게 투입된다. 원가계산은 가중평균법을 사용하고 있다. 4월 중에 발생한 공손품 수량은 몇 개인가?

2007 국가직 9급

① 200개 　　　　② 1,100개

③ 100개 　　　　④ 1,200개

09 ㈜한국은 결합공정에서 연산품 A와 B를 생산한다. 당기 중 원재료 10,000kg이 공정에 투입되어 다음과 같이 생산되었다.

연산품	생산량	최종판매가치	추가가공비
A	2,000 kg	₩10,000	₩2,000
B	8,000 kg	₩48,000	₩6,000

결합원가 ₩40,000을 분리점의 순실현가치로 배분할 때, 연산품 B에 배분될 결합원가는?

2012 지방직 9급

① ₩6,400 　　　　② ₩32,000

③ ₩33,600 　　　　④ ₩40,000

정답과 해설

07 **정답** ②

해설 가중평균법은 기초재공품도 당기에 착수한 것으로 보고 기초재공품원가와 당기투입원가를 더해서 총완성품환산량으로 나누어 계산한다.

08 **정답** ①

해설 공손품 수량 = 월초재공품 5,000개 + 당기투입 10,000개 - 완성품 11,000 - 월말재고품 3,800개 = 200개

09 **정답** ③

해설 A의 순실현가치 = ₩10,000 - ₩2,000 = ₩8,000
B의 순실현가치 = ₩48,000 - ₩6,000 = ₩42,000
B에 배분될 결합원가 = ₩40,000 × 42/50 = ₩33,600

10 ㈜한국은 종합원가계산을 사용하고 있으며, 가중평균법을 적용하여 완성품환산량을 계산하고 있다. 회사의 기초제품 수량은 25,000개, 당기 판매량은 20,000개, 기말제품 수량은 15,000개이다. 기초재공품 수량은 1,000개(완성도 70%), 기말재공품 수량이 5,000개(완성도 50%)일 때, 회사의 당기 가공원가에 대한 완성품환산량은? (단, 가공원가는 공정 전반에 걸쳐 균등하게 발생한다)

2014 지방직 9급

① 10,000개 ② 12,500개
③ 13,500개 ④ 15,000개

11 종합원가계산제도를 채택하고 있는 갑회사의 기초재공품은 10개(완성도 50%), 당기착수량은 50개, 기말재공품은 20개(완성도 50%), 기초재공품원가는 ₩5,000, 당기투입원가는 ₩15,000이다. 재공품의 평가에는 평균법을 하고, 모든 원가는 공정 전체를 통하여 균등하게 발생한다. 기말재공품의 원가는 얼마인가?

2014 서울시 9급

① ₩2,500 ② ₩3,000 ③ ₩3,500
④ ₩4,500 ⑤ ₩4,000

정답과 해설

10 정답 ②

해설

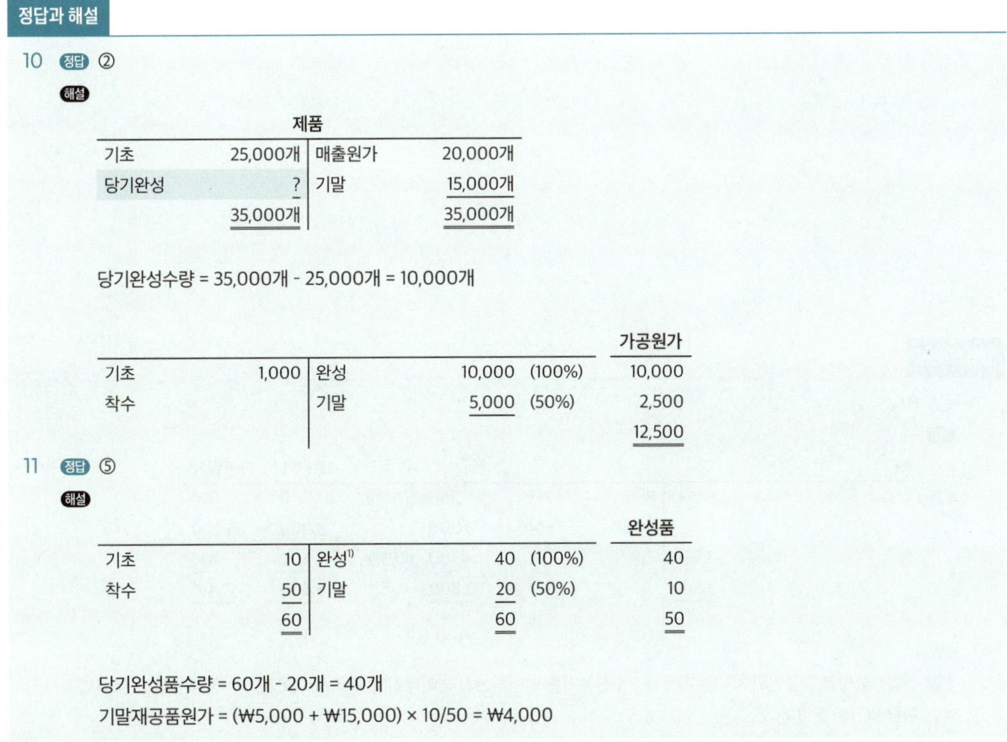

제품

기초	25,000개	매출원가	20,000개
당기완성	?	기말	15,000개
	35,000개		35,000개

당기완성수량 = 35,000개 - 25,000개 = 10,000개

가공원가

기초	1,000	완성	10,000	(100%)	10,000
착수		기말	5,000	(50%)	2,500
					12,500

11 정답 ⑤

해설

완성품

기초	10	완성[1]	40	(100%)	40
착수	50	기말	20	(50%)	10
	60		60		50

당기완성품수량 = 60개 - 20개 = 40개

기말재공품원가 = (₩5,000 + ₩15,000) × 10/50 = ₩4,000

12 ㈜한국은 선입선출법을 이용하여 종합원가계산을 실시한다. 다음 자료에 의한 재료원가와 가공원가의 완성품환산량은? (단, 재료는 공정 개시시점에서 전량 투입되고 가공원가는 공정 전체를 통해 균등하게 발생한다)

2013 국가직 9급

• 기초재공품수량	300개(완성도 30%)
• 당기착수량	3,500개
• 당기완성량	3,300개
• 기말재공품수량	500개(완성도 40%)

	재료원가 완성품환산량(개)	가공원가 완성품환산량(개)
①	3,510	3,300
②	3,600	3,200
③	3,800	3,010
④	3,500	3,410

13 종합원가계산에서 완성품환산량 산출 시 선입선출법이나 평균법 어느 것을 적용하든지 완성품환산량의 단위당 원가가 동일한 경우는?

2013 국가직 9급

① 기초재고가 전혀 없는 경우
② 표준원가계산 방법을 사용하는 경우
③ 기말재고가 전혀 없는 경우
④ 기초재고와 기말재고의 완성도가 50%로 동일한 경우

14 ㈜한국은 단일의 공정을 거쳐 A, B 두 종류의 결합제품을 생산하고 있으며, 사업 첫 해인 당기에 발생한 결합원가는 ₩200이다. 다음의 자료를 이용하여 결합원가를 균등이익률법으로 배부할 경우 제품 A와 B에 배부될 결합원가로 옳은 것은?

2017 국가직 9급

	추가가공 후 최종가치(매출액)	추가가공원가
제품 A	₩100	₩50
제품 B	₩300	₩50

	제품 A	제품 B
①	₩25	₩175
②	₩50	₩150
③	₩150	₩50
④	₩175	₩25

15 종합원가계산에 대한 설명으로 옳은 것은?

2013 지방직 9급

① 평균법은 기초재공품의 제조가 당기 이전에 착수되었음에도 불구하고 당기에 착수된 것으로 가정한다.

② 선입선출법 또는 평균법을 사용할 수 있으며, 평균법이 실제 물량흐름에 보다 충실한 원가흐름이다.

③ 평균법은 기초재공품원가와 당기발생원가를 구분하지 않기 때문에 선입선출법보다 원가계산이 정확하다는 장점이 있다.

④ 선입선출법은 당기투입분을 우선적으로 가공하여 완성시킨 후 기초재공품을 완성한다고 가정한다.

정답과 해설

14 정답 ①

해설 기업전체 매출총이익 = 매출액(₩100 + ₩300) - 결합원가 ₩200 - 추가가공원가(₩50 + ₩50) = ₩100

기업전체 매출총이익률 = ₩100/₩400 = 25%

제품	매출액	매출원가(75%)	추가가공원가	결합원가배분액
A	₩100	₩100 × 75% = ₩75	₩50	₩75 - ₩50 = ₩25
B	₩300	₩300 × 75% = ₩225	₩50	₩225 - ₩50 = ₩175

15 정답 ①

해설 ② 선입선출법이 실제 물량흐름에 보다 충실한 방법이다.

③ 선입선출법이 기초재공품원가와 당기발생원가를 구분하여 계산하므로 원가계산이 더 정확하다고 볼 수 있다.

④ 기초재공품이 우선적으로 완성된 후 당기투입분을 완성한다고 가정한다.

16 기초재공품의 가공원가는 ₩250,000, 당기 발생 가공원가는 ₩2,250,000, 당기 완성품의 가공원가는 ₩2,400,000이다. 기초재공품의 수량은 800단위, 당기 완성수량은 4,800단위일 때, 가중평균법을 적용하는 경우 기말 재공품의 가공원가 완성품 환산량은? (단, 공손은 발생하지 않는다고 가정한다)

2012 국가직 9급

① 100단위   ② 150단위
③ 200단위   ④ 250단위

16 정답 ③

해설

재공품 가공원가

기초	250,000	당기완성	2,400,000
당기발생	2,250,000	기말	?
	2,500,000		2,500,000

기말재공품의 가공원가 = ₩2,500,000 − ₩2,400,000 = ₩100,000

완성품 단위당 가공원가 = 완성품 가공원가 ₩2,400,000 ÷ 당기 완성수량 4,800단위 = ₩500

기말재공품의 가공원가 완성품 환산량 = ₩100,000 ÷ ₩500 = 200단위

17 ㈜대한전자의 5월 중 제조활동에 투입된 생산자료와 원가자료는 다음과 같다.

> • 기초재공품: 수량 100개(완성도: 50 %), 가공원가 ₩2,000
>
> • 당기투입 : 수량 340개, 가공원가 ₩17,500
>
> • 당기완성품: 수량 390개
>
> • 기말재공품: 수량 50개(완성도: 20%)

재료는 공정초기에 전량 투입되었으며, 가공원가는 전공정에 걸쳐 평균적으로 발생한다. 선입선출법을 적용할 때, 완성품의 가공원가는?

2012 지방직 9급

① ₩17,000   ② ₩17,500

③ ₩19,000   ④ ₩19,500

---

17 정답 ③

해설

					가공원가
기초	100	완성	┌ 기초	100 (-50%)	50
		390	└ 착수	290 (100%)	290
착수	340	기말		50 (20%)	10
	440				350

완성품의 가공원가 = ₩2,000 + ₩17,500 × (50개 + 290개)/350개 = ₩19,000

※ 선입선출법에서 당기완성품원가는 '기초재공품원가 + 당기완성품에 대한 당기투입원가'로 구성된다.

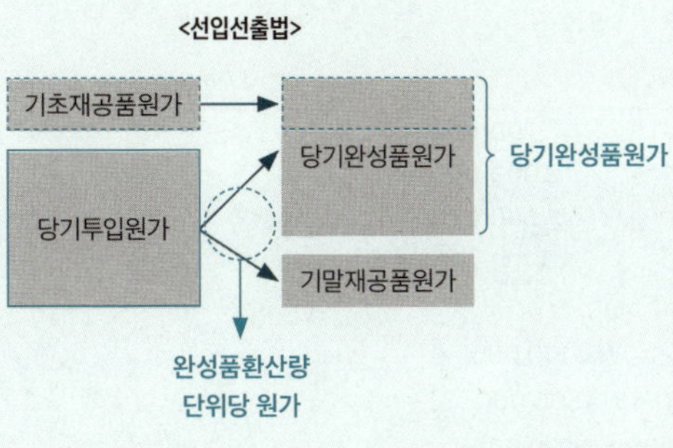

18 종합원가계산을 실시하는 ㈜대한은 원재료를 공정 개시시점에서 전량 투입하고, 가공비는 전공정을 통해 균일하게 발생한다. ㈜대한이 재공품의 평가방법으로 평균법과 선입선출법을 사용할 경우, 다음 자료를 이용하여 가공비의 당기 완성품환산량을 계산하면? 2011 지방직 9급

• 기초 재공품수량	200개 (완성도: 40%)
• 착수량	3,500개
• 완성품수량	3,200개
• 기말 재공품수량	500개 (완성도: 50%)

	평균법	선입선출법
①	3,450개	3,330개
②	3,700개	3,450개
③	3,450개	3,370개
④	3,700개	3,750개

19 ㈜국민제철은 A공정과 추가공정을 거쳐 두 종류의 철강을 생산하고 있다. A공정 다음에 추가공정 B를 거치면 고급 철강제품 '갑'이 생산되고, A공정 다음에 추가공정 C를 거치면 보통 철강제품 '을'이 생산된다. 2009년 1월 중 A공정의 제조원가는 ₩1,000,000이고, 추가공정 B의 제조원가는 ₩800,000이고, 추가공정 C의 제조원가는 ₩400,000이다. ㈜국민제철은 1월 중에 고급 철강제품 '갑'을 400톤 생산해 톤당 ₩8,000에 판매하였고, 보통 철강제품 '을'을 600톤 생산해 톤당 ₩5,000에 판매하였다. A공정의 제조원가(결합원가)를 순실현가치법에 의해 배분하면, 보통 철강제품 '을'의 1월 중 제조원가는? (단, 판매비용은 고려하지 않는다) 2009 지방직 9급

① ₩920,000 ② ₩520,000
③ ₩733,333 ④ ₩448,387

18 **정답** ③

해설

						평균법	선입선출법
기초	200	완성	기초	200 (-60%)			120
		3,200	착수	3,000 (100%)		3,200	3,000
착수	3,500	기말		500 (50%)		250	250
	3,700			3,700		3,450	3,370

19 **정답** ①

해설 갑의 순실현가치 = 400톤 × ₩8,000 - ₩800,000 = ₩2,400,000

올의 순실현가치 = 600톤 × ₩5,000 - ₩400,000 = ₩2,600,000

올의 제조원가 = ₩1,000,000 × 26/50 + ₩400,000 = ₩920,000

20 ㈜한국은 제조원가 계산 시에 기말재공품 평가는 선입선출법을 적용하고 있다. 그리고 생산과정에서 재료는 제조 착수 시점에 전량 투입되고, 가공비는 공정진행에 따라 평균적으로 발생한다. 다음의 원가자료를 이용하여 당기 제품제조원가를 계산하면? 2010 국가직 9급

	재료원가	가공원가	수량
• 기초재공품원가 및 수량	₩5,000	₩4,000	80개(완성도50%)
• 당기제조원가	16,000	27,000	
• 기말재공품 수량			40개(완성도50%)
• 완성품수량			200개

① ₩36,000 ② ₩43,000

③ ₩45,000 ④ ₩52,000

20 정답 ③

해설

					재료원가	가공원가
기초	80	완성	┌ 기초	80 (-50%)	0	40
	200		└ 착수	120	120	120
착수		기말		40 (50%)	40	20
					160	180

당기 제품제조원가 = 기초재공품원가 ₩9,000 + 재료원가 ₩16,000 × 120/160 + 가공원가 ₩27,000 × 160/180 = ₩9,000 + ₩12,000 + ₩24,000 = ₩45,000

21 ㈜한국은 2010년 10월 1일 현재 완성도가 60%인 월초재공품 8,000개를 보유하고 있다. 직접
재료원가는 공정 초기에 투입되고, 가공원가는 전 공정을 통해 균등하게 투입된다. 10월 중에
34,000개가 생산에 착수되었고, 36,000개가 완성되었다. 10월 말 현재 월말재공품은 완성도가
80%인 6,000개이다. 10월의 완성품환산량 단위당원가를 계산할 때 가중평균법에 의한 완성품환
산량이 선입선출법에 의한 완성품환산량보다 더 많은 개수는?

2010 지방직 9급

	직접재료원가	가공원가
①	0개	3,200개
②	0개	4,800개
③	8,000개	3,200개
④	8,000개	4,800개

정답과 해설

21 **정답** ④

해설

						선입선출법		평균법	
						재료원가	가공원가	재료원가	가공원가
기초	8,000	완성	┌ 기초	8,000 (-40%)		0	3,200		
		36,000	└ 착수	28,000 (100%)		28,000	28,000	36,000	36,000
착수	34,000	기말		6,000 (80%)		6,000	4,800	6,000	4,800
	42,000			42,000		34,000	36,000	42,000	40,800

직접재료원가 환산량 차이 = 42,000 - 34,000 = 8,000개
가공원가 환산량 차이 = 40,800 - 36,000 = 4,800개
결국 기초재공품에 포함된 재료원가(8,000개)와 가공원가(8,000개 × 60% = 4,800개) 환산량이 선입선출법과 평균법의
차이가 된다.

22 ㈜경상반도체의 제1공정의 기초재공품은 5,000개, 재료비와 가공비의 완성도는 각각 100%와 30%이다. 제1공정의 생산착수량은 50,000개이며, 당기에 40,000개가 완성되었다. 기말재공품의 재료비와 가공비 완성도는 각각 100%와 50%이다. 선입선출법과 평균법에 의한 가공비의 당기 완성품환산량은?

2009 국가직 9급

	선입선출법	평균법
①	47,500개	46,000개
②	45,000개	43,500개
③	43,500개	45,000개
④	46,000개	47,500개

23 ㈜한국의 2013년 11월 생산자료는 다음과 같다. 원재료는 공정 초에 투입되며, 가공비의 경우 월초재공품은 70% 완성되고 월말재공품은 60% 완성되었다. 공손은 공정의 완료시점에서 발견되었다. ㈜한국이 평균법에 의한 종합원가계산을 할 때, 가공비의 당월 완성품환산량은?

2014 국가직 9급

• 11월 1일 월초재공품	2,500개
• 11월 착수량	12,000개
• 11월 30일 월말재공품	4,500개
• 완성 후 제품계정 대체	9,300개
• 비정상공손	500개

① 12,500개 ② 12,700개
③ 13,200개 ④ 14,500개

22 정답 ④

해설

						선입선출법	평균법
기초	5,000	완성	기초	5,000	(-70%)	3,500	
			착수	35,000	(100%)	35,000	40,000
		40,000					
착수	50,000	기말		15,000	(50%)	7,500	7,500
	55,000			55,000		46,000	47,500

23 정답 ②

해설

						가공비
기초	2,500	완성		9,300	(100%)	9,300
		공손	정상[1]	200	(100%)	200
			비정상	500	(100%)	500
착수	12,000	기말		4,500	(60%)	2,700
	14,500			14,500		12,700

정상공손수량 = 14,500 - 9,300 - 500 - 4,500 = 200개

24 다음 종합원가계산 자료에 의하여 재료비와 가공비의 완성품 환산량(당월작업분)을 각각 구하면?
(단, 재공품 평가는 선입선출법에 의한다)
2008 국가직 9급

당월 착수 수량	70,000개	당월 완성량	60,000개
월초 재공품 수량	10,000개 (완성도: 재료비 80%, 가공비 40%)		
월말 재공품 수량	20,000개 (완성도: 재료비 50%, 가공비 20%)		

	재료비	가공비
①	50,000개	56,000개
②	58,000개	54,000개
③	62,000개	60,000개
④	78,000개	68,000개

25 ㈜경기는 연산품 A, B를 생산하고 있다. 2009년 3월 연산품 생산에서 발생한 결합원가는 ₩100,000이고, 각 연산품의 생산량, 판매가격, 분리점 이후의 단위당 분리원가와 관련된 자료는 다음과 같다. 순실현가능가치를 기준으로 결합원가를 배분할 경우 각 연산품의 단위당 원가를 계산하면?
2009 국가직 9급

연산품	생산량	단위당 판매가격	단위당 분리원가
A	30개	₩3,000	₩1,000
B	20개	₩5,000	₩3,000

	연산품A	연산품B
①	₩3,000	₩5,000
②	₩2,000	₩4,000
③	₩2,000	₩5,000
④	₩3,000	₩4,000

정답과 해설

24 정답 ③

해설

						재료비	가공비
기초	10,000	완성		기초	10,000 (-20%, -60%)	2,000	6,000
		60,000		착수	50,000	50,000	50,000
착수	70,000	기말			20,000 (50%, 20%)	10,000	4,000
	80,000				80,000	62,000	60,000

25 정답 ①

해설

연산품	순실현가능가치	결합원가 배분액	단위당 원가
A	30개 × (₩3,000 - ₩1,000) = ₩60,000	₩100,000 × 60/100 = ₩60,000	₩60,000/30개 + ₩1,000 = ₩3,000
B	20개 × (₩5,000 - ₩3,000) = ₩40,000	₩100,000 × 40/100 = ₩40,000	₩40,000/20개 + ₩3,000 = ₩5,000

26 다음은 2015년 ㈜서울의 원가계산과 관련된 자료이다. 2015년 직접재료원가와 가공원가의 완성품 환산량 단위당 원가는 각각 얼마인가? (단, ㈜서울은 선입선출법에 의한 종합원가계산시스템을 도입하고 있다.)

2016 서울시 7급

	수량	직접재료원가 완성도	가공원가 완성도
기초재공품	1,000	100%	40%
기말재공품	2,000	100%	20%
기초재공품 재료원가	₩10,000		
기초재공품 가공원가	₩6,000		
당기착수량	20,000		
당기완성품 수량	19,000		
당기투입 재료원가	₩240,000		
당기투입 가공원가	₩380,000		

	직접재료원가	가공원가
①	₩10	₩15
②	₩10	₩20
③	₩12	₩15
④	₩12	₩20

26 정답 ④

해설

					재료원가	가공원가
기초	1,000	완성	┌ 기초	1,000 (-60%)	0	600
		19,000	└ 착수	18,000	18,000	18,000
착수	20,000	기말		2,000 (20%)	2,000	400
	21,000			21,000	20,000	19,000

단위당 직접재료원가 = ₩240,000 ÷ 20,000단위 = ₩12/단위
단위당 가공원가 = ₩380,000 ÷ 19,000단위 = ₩20/단위

27 ㈜한국은 가중평균법을 이용한 종합원가계산을 적용하고 있다. 모든 원가는 공정 전반에 걸쳐 균등하게 발생하고, 기초재공품 원가는 ₩2,000, 당기에 투입된 직접재료원가와 가공원가의 합계는 ₩10,000이다. 생산 활동에 관한 자료가 다음과 같고, 완성품 환산량 단위당 원가가 ₩30이라면 기말재공품의 완성도는?

2017 지방직 9급 추가채용

구분	수량	완성도
기말재공품	200개	?
완성품	300개	100%

① 30% ② 35%

③ 45% ④ 50%

28 ㈜한국은 종합원가계산을 사용하며 선입선출법을 적용한다. 제품은 제1공정을 거쳐 제2공정에서 최종 완성되며, 제2공정 관련 자료는 다음과 같다.

	물량단위(개)	가공비완성도
기초재공품	500	30%
전공정대체량	5,500	
당기완성량	?	
기말재공품	200	30%

제2공정에서 직접재료가 가공비완성도 50% 시점에서 투입된다면, 직접재료비와 가공비 당기작업량의 완성품환산량은? (단, 가공비는 공정 전반에 걸쳐서 균일하게 발생하며, 제조공정의 공손·감손은 없다)

2018 국가직 9급

	직접재료비 완성품환산량(개)	가공비 완성품환산량(개)
①	5,300	5,300
②	5,800	5,650
③	5,800	5,710
④	5,800	5,800

정답과 해설

27 정답 ④

해설 완성품 환산량 단위당 원가 ₩30 = 원가(기초재공품 원가 ₩2,000 + 당기투입원가 ₩10,000) ÷ 완성품환산량

완성품 환산량 = 400개

완성품 환산량 400개 = 기말재공품 200개 × 완성도 + 완성품 300개 × 100%

기말재공품 완성도 = 50%

28 정답 ③

해설

						재료원가(50%)	가공원가
기초	500	완성		기초	500 (-70%)	500	350
		5,800		착수	5,300	5,300	5,300
전공정대체	5,500	기말			200 (30%)	0	60
	6,000				6,000	5,800	5,710

29 ㈜한국은 단일의 생산공장에서 단일 제품을 생산하고 있다. 회계연도말에 원가를 계산하면서 기말 재공품에 대한 완성도를 실제보다 30% 낮게 평가하여 계산하였다. 재공품 완성도의 오류가 결산 재무제표에 미치는 영향으로 옳지 않은 것은? (단, 당기 생산 제품은 모두 판매되었고, 기말제품재 고액은 없다)

2018 지방직 9급

① 영업이익의 과소계상
② 매출원가의 과소계상
③ 기말재공품의 과소계상
④ 이익잉여금의 과소계상

30 ㈜서울은 종합원가계산을 적용하고 있으며, 제품을 생산하기 위해 재료 A와 재료 B를 사용하고 있다. 재료 A는 공정 초기에 전량 투입되며, 재료 B는 공정의 60% 시점에서 일시에 전량 투입되고, 가공원가는 공정 전반에 걸쳐서 균등하게 발생한다. 당기 제품제조활동과 관련한 자료가 <보기>와 같을 때, 선입선출법을 적용하여 계산한 완성품환산량은?

2018 서울시 9급

<보기>

	물량	
기초재공품	300개	(완성도 20%)
당 기 착 수	1,500개	
당 기 완 수	1,300개	
기말재공품	500개	(완성도 50%)

	재료원가 A	재료원가 B	가공원가
①	1,500개	1,300개	1,490개
②	1,500개	1,550개	1,490개
③	1,800개	1,300개	1,550개
④	1,800개	1,550개	1,550개

정답과 해설

29 정답 ②

해설 기말재공품의 완성도를 낮게 평가하면 기말재공품원가가 낮아져 과소계상되고 당기제품제조원가는 과대계상된다. 당기제품제조원가가 과대계상되면 매출원가가 과대계상되고 영업이익은 과소계상, 이익잉여금도 과소계상된다.

	재공품				제품		
기초재공품		당기제품제조원가	과대	기초제품		매출원가	과대
당기총제조원가		기말재공품	과소 →	당기제품제조원가	과대	기말제품	

30 정답 ①

해설

						재료원가A	재료원가 B	가공원가
기초	300	완성	기초	300 (-80%)		0	300	240
		1,300	착수	1,000		1,000	1,000	1,000
착수	1,500	기말		500 (50%)		500	0	250
	1,800			1,800		1,500	1,300	1,490

31 ㈜서울은 사과를 가공해서 사과주스원액과 사과비누원액을 생산한 후, 추가가공을 거쳐 사과주스와 사과비누를 생산하고 있다. 20X1년 1월 사과 1,000kg을 투입(분리점까지 발생원가: ₩3,000,000)하여 사과주스원액 500L와 사과비누원액 500L가 생산되었다. 사과주스원액 500L는 추가원가 ₩500,000으로 사과주스 2,000개가 생산되었으며, 사과비누원액 500L는 추가원가 ₩700,000으로 사과비누 2,000개가 생산되었다. 제품별 판매가격은 <보기>와 같다. 기초 및 기말재고자산은 없으며 생산된 제품은 모두 판매되었다. 분리점에서의 판매가치법(sales value at split-off method)을 이용하여 결합원가를 배분할 경우 사과주스의 매출총이익은?

2018 서울시 7급

<보기>

- 제품별 판매가격 -	
사과주스원액: L당 ₩1,000	비누원액: L당 ₩2,000
사과주스: 개당 ₩2,000	비누: 개당 ₩3,000

① ₩1,200,000 ② ₩1,500,000

③ ₩2,000,000 ④ ₩2,500,000

---

31 정답 ④

해설 결합원가 ₩3,000,000은 분리점에서의 판매가치에 따라 다음과 같이 배분한다.

구분	분리점에서의 판매가치	결합원가 배분
사과주스원액	500L × ₩1,000/L = ₩500,000	₩3,000,000 × ₩500,000/₩1,500,000 = ₩1,000,000
비누원액	500L × ₩2,000/L = ₩1,000,000	₩3,000,000 × ₩1,000,000/₩1,500,000 = ₩2,000,000

사과주스의 매출총이익 = 매출액(₩2,000개 × ₩2,000/개) - 매출원가(결합원가 ₩1,000,000 + 추가원가 ₩500,000)
= ₩4,000,000 - ₩1,500,000 = ₩2,500,000

32 ㈜서울은 종합원가계산방법을 적용하고 있으며, 당기 생산활동 관련 자료는 <보기>와 같다. 모든 제조원가는 공정 진척정도에 따라 투입되는 것으로 할 때, 완성품환산량 단위당 원가가 ₩200이면 기말 재공품의 완성도는?

2019 서울시 7급

<보기>

• 기초 재공품	없음
• 당기 착수량	1,600단위
• 당기 투입원가	₩240,000
• 당기 완성품 수량	800단위

① 30% ② 40%
③ 50% ④ 60%

---

32 정답 ③

해설 당기완성품 원가 = 800단위 × ₩200/단위 = ₩160,000

기말재공품 원가 = 기초 재공품 원가 ₩0 + 당기 투입원가 ₩240,000 - 당기완성품 원가 ₩160,000 = ₩80,000

기말재공품 수량 = 기초 재공품 0 + 당기 착수량 1,600 - 당기 완성품 수량 800 = 800단위

기말재공품 원가 ₩80,000 = 기말재공품 완성품환산량 × 단위당 원가 ₩200

기말재공품 완성품환산량 = 400단위

기말재공품 완성품환산량 400단위 = 수량 800단위 × 완성도

완성도 = 50%

33 ㈜한국은 하나의 공정에서 단일 제품을 생산하며 선입선출법을 적용하여 완성품 환산량을 계산한다. 직접재료 중 1/2은 공정 초에 투입되고 나머지는 가공이 50% 진행된 시점부터 공정의 종점까지 공정 진행에 따라 비례적으로 투입된다. 가공원가는 공정 전반에 걸쳐 균등하게 투입된다. 검사는 공정의 60% 시점에서 실시되며 일단 검사를 통과한 제품에 대해서는 더 이상 공손이 발생하지 않는 것으로 가정한다. 정상공손은 검사통과수량의 10%로 잡고 있다. 3월의 수량 관련 자료가 다음과 같을 때, 비정상공손수량 직접재료원가의 완성품환산량은?

2020 지방직 9급

	수량(개)	가공원가완성도(%)
기초재공품	2,800	30%
완성량	10,000	
공손량	2,000	
기말재공품	3,000	70%

① 420개 　　② 430개

③ 440개 　　④ 450개

---

33 정답 ①

해설

					검사(60%)통과
기초	2,800	완성	┌ 기초	2,800 (-70%)	2,800
		10,000	└ 착수	7,200 (100%)	7,200
		공손	┌ 정상[1]	1,300 (60%)	
		2,000	└ 비정상	700 (60%)	
착수		기말		3,000 (70%)	3,000
					13,000

1) 정상공손 수량 = 검사통과수량 13,000 × 10% = 1,300

공정의 50%까지 재료비 완성도는 50%이고, 50%를 지나면 공정의 완성도와 재료비 완성도는 비례한다.

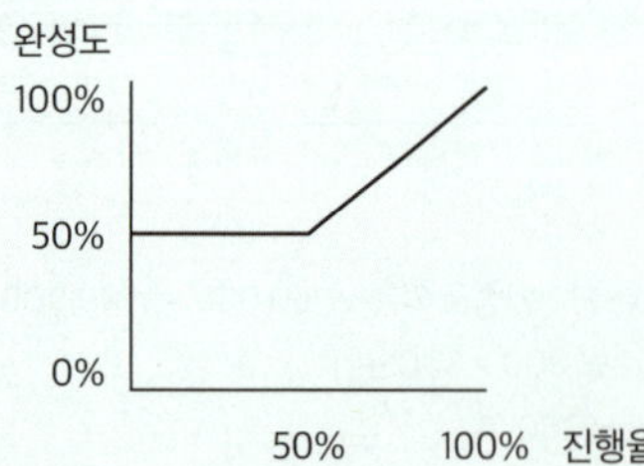

비정상공손수량 700개는 공정의 60% 시점까지 도달했으므로 직접재료원가 완성도는 60%가 된다.

비정상공손수량 직접재료원가의 완성품환산량 = 700개 × 60% = 420개

34 ㈜한국은 선입선출법을 이용하여 종합원가계산을 한다. 원재료는 공정시작 시점에서 전량 투입되며, 가공원가는 공정 전반에 걸쳐 균등하게 발생한다고 가정할 때, 다음의 자료를 이용한 가공원가의 완성품환산량은? (단, 공손과 감손은 없다)

2020 국가직 7급

구분	수량(개)	가공원가완성도
기초재공품	300	50%
완성품	1,000	100%
기말재공품	500	40%

① ₩800 ② ₩950

③ ₩1,050 ④ ₩1,150

---

34 정답 ③

해설

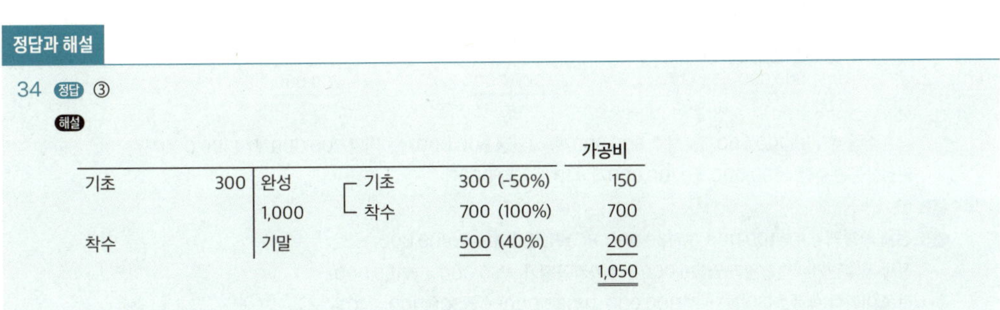

※ 실제 시험에서 보기의 단위가 '개'가 아닌 '₩'으로 출제되었다. 완성품환산량을 ₩단위로 표시하는 것은 출제위원의 명백한 실수로 보이지만, 실제 시험에서 이렇게 출제되더라도 당황하지 않는 연습을 하도록 교재에 그대로 두었다.

35 ㈜한국은 단일제품을 대량으로 생산하고 있으며, 종합원가계산을 적용하고 있다. 원재료는 공정초기에 투입되고 가공원가는 공정전반에 걸쳐 균등하게 발생하는데, ㈜한국의 20×1년 4월의 생산자료는 다음과 같다.

• 기초재공품	100,000개 (완성도 60%)	• 당기착수량	800,000개
• 당기완성량	600,000개	• 기말재공품	200,000개 (완성도 80%)

㈜한국은 선입선출법을 적용하고 있으며, 생산공정에서 발생하는 공손품의 검사는 공정의 50%시점에서 이루어지며, 검사를 통과한 합격품의 10%를 정상공손으로 허용하고 있을 때 비정상공손 수량은?

2021 국가직 9급

① 10,000개　　　② 30,000개
③ 60,000개　　　④ 70,000개

36 ㈜한국은 당기에 제1공정에서 결합원가 ₩120,000을 투입하여 결합제품 A, B, C를 생산하였다. A와 B는 분리점에서 각각 ₩100,000과 ₩80,000에 판매 가능하며, C는 분리점에서 판매 불가능하므로 추가가공원가 ₩60,000을 투입하여 ₩120,000에 판매한다. ㈜한국이 균등이익률법으로 결합원가를 배부할 경우, C에 배부될 결합 원가는?

2022 지방직 9급

① ₩12,000　　　② ₩48,000
③ ₩60,000　　　④ ₩72,000

정답과 해설

35 정답 ②

해설

					검사(50%)합격
기초	100,000	완성	┌ 기초	100,000 (-40%)	0
		600,000	└ 착수	500,000 (100%)	500,000
		공손	┌ 정상		
		100,000	└ 비정상		
착수	800,000	기말		200,000 (80%)	200,000
	900,000			900,000	700,000

공손수량 = (기초 100,000개 + 착수 800,000개) - (완성 600,000개 + 기말 200,000개) = 100,000개

비정상공손수량 = 100,000개 - 700,000개 × 10% = 30,000개

36 정답 ①

해설 전체 매출액 = A ₩100,00 + B ₩80,000 + C ₩120,000 = ₩300,000

전체 매출원가 = 결합원가 ₩120,000 + 추가가공원가 ₩60,000 = ₩180,000

전체 이익률(매출총이익률) = (₩300,000 - ₩180,000) ÷ ₩300,000 = 40%

제품 C 매출원가 = 매출액 ₩120,000 × 매출원가율 60% = ₩72,000

제품 C에 배부될 결합원가 = 매출원가 ₩72,000 - 추가가공원가 ₩60,000 = ₩12,000

37 ㈜한국은 평균법을 적용한 종합원가계산으로 제품원가를 계산하고 있다. 다음 자료를 이용한 ㈜한국의 기말재공품 수량은?

2023 국가직 9급

> • 기말재공품의 완성품환산량 단위당 원가: ₩200
> • 기말재공품의 생산 완성도: 60 %
> • 기말재공품의 가공원가: ₩60,000
> • 가공원가는 생산 완성도에 따라 균등하게 투입되고 있음
> • 기초재공품과 공손 및 감손은 없음

① 300개   ② 400개

③ 500개   ④ 600개

38 ㈜한국은 종합원가계산제도를 채택하고 있으며, 가중평균법을 적용하고 있다. 다음의 자료를 이용한 완성품원가는?

2024 국가직 9급

> • 기초 재공품 수량: 300단위(완성도: 직접재료원가 100 %, 가공원가 50 %)
> • 기초 재공품 원가: 직접재료원가 ₩5,000, 가공원가 ₩4,000
> • 당기 착수량: 2,200단위
> • 당기 투입원가: 직접재료원가 ₩20,000, 가공원가 ₩40,000
> • 기말 재공품 수량: 500단위(완성도: 직접재료원가 100 %, 가공원가 40 %)
> • 직접재료는 생산 착수 시에 투입되며, 가공원가는 공정 전반에 걸쳐 균일하게 발생한다.

① ₩60,000   ② ₩62,000

③ ₩64,000   ④ ₩65,000

정답과 해설

37 **정답** ③

해설 기말재공품 가공원가 ₩60,000 = 기말재공품 완성품환산량 × 단위당 원가 ₩200

기말재공품 완성품환산량 = ₩60,000 ÷ ₩200 = 300개

기말재공품 완성품환산량 300개 = 기말재공품 수량 × 완성도 60%

기말재공품 수량 = 300개 ÷ 60% = 500개

38 **정답** ①

해설

					재료비	가공비
기초	300	완성		2,000	2,000	2,000
착수	2,200	기말		500 (40%)	500	200
	2,500			2,500	2,500	2,200
			원가		₩25,000	₩44,000
			단위당 원가		@10	@20

완성품원가 = 2,000개 × (₩10 + ₩20) = ₩60,000

39 ㈜한국은 화학재료 4,000kg을 투입해서 정제공정을 거쳐 3:2의 비율로 연산품 A와 B를 생산하며, 분리점 이전에 발생한 결합원가는 다음과 같다.

구분	금액
직접재료원가	₩250,000
직접노무원가	₩120,000
제조간접원가	₩130,000
합계	₩500,000

결합제품의 kg당 판매가격은 연산품 A가 ₩40/kg이고, 연산품 B가 ₩60/kg이다. 분리점에서의 판매가치법에 따라 결합원가를 배분할 경우, 연산품 B에 배부되는 결합원가는?

2022 국가직 9급

① ₩250,000 ② ₩350,000

③ ₩450,000 ④ ₩550,000

39 정답 ①

해설

구분	생산량	분리점에서의 판매가치
A	2,400kg	2,400kg × ₩40/kg = ₩96,000
B	1,600kg	1,600kg × ₩60/kg = ₩96,000

연산품 A, B의 분리점에서의 판매가치가 ₩96,000으로 동일하므로, 결합원가 ₩500,000을 ₩250,000씩 배분한다.

03

의사결정

CHAPTER 05

원가함수와 CVP분석

경영자는 여러 가지 의사결정 상황에 직면하게 된다. 정확한 원가정보는 의사결정을 하는 데 필수적이다. 의사결정 측면에서 가장 중요한 원가의 분류는 바로 조업도에 따라 변하는 변동원가와 고정원가의 구분이다. 두 가지 원가를 어떻게 구분하는가에 따라 회사의 원가함수가 결정되며 이를 바탕으로 기본적인 CVP분석을 하게 된다.

CVP분석은 국가직과 지방직을 가리지 않고 거의 매년(10년간 국가직 7회, 지방직 10회) 시험에 출제되는 주제이므로 반드시 정복해야 한다.

메타인지

01   조업도가 증가함에 따라 같이 증가하는 원가를 변동원가라 한다   (O I ×)

02   조업도가 증가하더라도 변하지 않는 원가를 고정원가라고 한다.   (O I ×)

03   모든 원가는 변동원가와 고정원가 두 가지로 나눌 수 있다.   (O I ×)

04   고저점법에서 원가함수는 원가발생액이 최고일 때(고점)와 최저일 때(저점)의 두 가지 (O I ×)
     자료를 이용해서 추정한다.

05   작업자가 같은 작업을 반복하게 되면 숙련도가 높아져서 생산속도가 빨라지고 노무원 (O I ×)
     가를 줄이게 되는 효과를 가져오는데 이를 학습효과라 한다.

06   학습효과로 인해 원가함수는 선형의 형태를 띄게 된다.   (O I ×)

07   제품 판매가 1단위 늘어남에 따라 회사의 이익이 늘어나는 정도를 공헌이익이라 한다. (O I ×)

08   단위당 공헌이익은 단위당 판매가격에서 단위당 고정원가를 차감해서 구한다.   (O I ×)

09   손익분기점 매출액은 회사의 이익이 0이 되는 매출액을 말한다.   (O I ×)

10   법인세가 있다면 손익분기점 매출액은 달라진다.   (O I ×)

정답

01	02	03	04	05	06	07	08	09	10
O	O	×	×	O	×	O	×	O	×

기업내부의 경영자나 관리자는 다양한 종류의 의사결정을 한다. 신제품의 출시가격을 얼마로 할지, 부품을 직접 제조할지 외부에서 구입할지, 신입사원 채용규모를 어떻게 할지 등 여러 가지 의사결정 상황에 직면하게 된다. 그리고 이러한 의사결정에 있어서 대안을 선택하는 기준은 주로 '손익'이다. 결국 영리기업은 이익을 내는 것을 목표로 하기 때문에 손익관점의 의사결정을 하기 마련이다. 손익관점의사결정의 출발점은 흔히 말하는 '손익분기점'을 찾는 것이다.

얼마나 팔아야 본전일까?

간단한 사례를 질문해 보자. 공무원 시험준비 학원이 있는데, 단과 한 과목의 수강료가 10만 원이다. 그런데 20만 원짜리 '할인패스'를 구입하면 과목당 수강료를 50% 할인해서 들을 수 있다. 당신이라면 할인패스를 구입하겠는가? 이때 의사결정을 하는 기준은 무엇인가? 할인패스를 구입할지 말지는 몇 과목이나 수강할지에 달려 있다. 몇 과목 이상 수강할 계획이라면 할인패스를 구입하는 게 더 유리한가? 어렵지 않게 4과목이라는 것을 계산할 수 있을 것이다. 50% 할인을 받으면 과목당 5만 원을 절감하는 효과가 있으므로, 할인패스 가격 20만 원을 뽑아내기 위해서는 최소한 4과목은 들어야 한다. 이 4과목이 손익분기점이 되어 3과목까지는 그냥 단과수강이 낫고, 5과목부터는 할인패스를 구입하는 게 유리하다. 이것이 바로 의사결정의 가장 대표적인 기법인 CVP분석이다.

CVP분석은 원가·조업도·이익분석이라고 하는데 Cost(원가)와 Volume(조업도), Profit(이익)간의 관계를 분석하는 방법이다. 앞에서 할인패스를 구매할지 결정하기 위해 먼저 원가구조를 살피게 된다. 할인패스를 구매하기 위해서는 고정비가 20만 원 발생하는데 그 대신 과목당 수강료인 변동비는 50% 줄일 수 있게 되었다. 이렇게 cost구조를 살핀 다음 몇 과목이나 수강할지 Volume을 예상해서 어떤 게 더 이익인지 profit을 계산해 의사결정을 하는 것이다.

CVP분석을 통해 의사결정을 하기 위해서는 가장 먼저 비용구조를 분석해야 한다. 고정비와 변동비의 구성을 파악하기 위해 생산량(조업도)과 총원가 간의 관계를 분석하여 원가함수를 결정한다. 이를 바탕으로 CVP분석 뿐만 아니라 다양한 장·단기 의사결정을 하게 된다.

제**2**절 │ 원가함수

1 총원가의 행태

우리는 1장에서 원가의 분류를 다루면서 의사결정을 위한 원가분류로 원가행태에 따라 크게 변동원가(변동비)와 고정원가(고정비)로 구분되는 것을 배웠다. 만약 회사의 원가가 모두 변동원가와 고정원가로만 구성된다고 가정하면 조업도(생산량)와 총원가의 관계는 다음과 같이 선형함수로 나타나게 된다.

총원가 = 총 고정원가 + 총 변동원가
총원가 = 총 고정원가 + 조업도 × 단위당 변동원가
총원가를 y, 조업도를 x, 총 고정원가를 a, 단위당 변동원가를 b라고 하면

$$y \ = \ a+b \cdot x$$

이를 원가함수라고 하며, 그래프로 나타내면 아래와 같이 표현할 수 있다.[1]

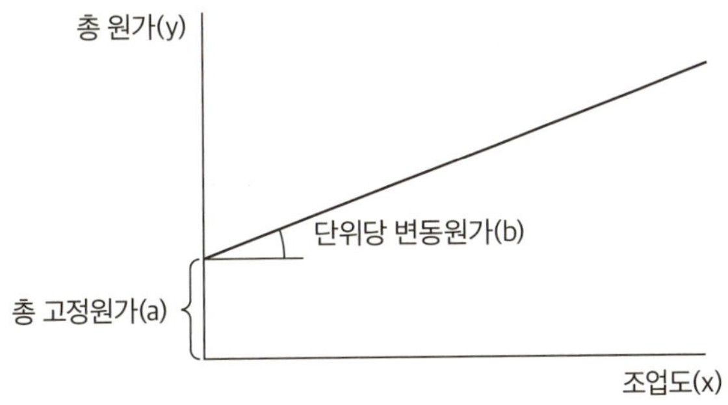

2 원가의 추정방법

기출 12, 14, 15, 22

회사의 원가 중 고정원가가 얼마이고 변동원가는 얼마인지를 어떻게 구분할까? 이 원가함수를 추정하는 방법에는 크게 계정분석법, 산포도법, 고저점법, 회귀분석법, 공학적 방법 등이 사용된다.

(1) 계정분석법

계정분석법은 회계상으로 분류한 계정과목별로 변동원가와 고정원가로 구분하는 방법이다. 각각의 계정과목별로 판단하여 재료원가는 변동원가, 감가상각비는 고정원가 식의 결론을 내리게 된다. 쉽고 빠르

---

[1] 물론 실제원가는 이렇게 단순한 형태로 나타나지 않는다. 계단식으로 발생하는 준고정원가나 기타 독특한 형태로 발생하는 원가들 때문에 직선이 아닌 곡선형태의 비선형함수로 나타난다. 하지만, 관리회계에서는 단기의사결정을 위한 짧은 범위내에서 원가함수가 선형으로 나타난다는 가정하에 분석을 시작한다.

게 의사결정을 내릴 수 있다는 장점이 있지만, 분석가의 주관적인 판단에 의존해야 하며 경우에 따라서는 변동원가인지 고정원가인지 판단하기 힘든 계정과목도 존재한다는 단점이 있다.

(2) 산포도법

과거의 발생원가를 조업도와 총원가를 나타내는 도표상에 점으로 표시한 후 대략적인 눈대중으로 원가함수를 추정하는 방법이다.

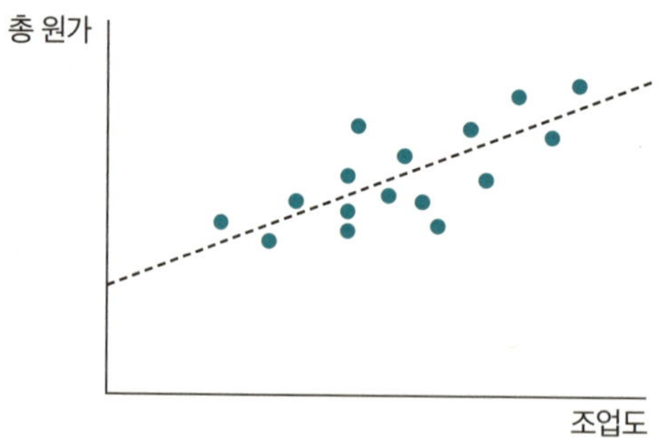

(3) ★★★★고저점법

과거 발생원가 중에서 최고조업도(고점)와 최저조업도(저점)일 때의 원가를 직선으로 연결해서 원가함수를 추정한다. 이때 주의할 점은 고점과 저점을 총원가를 기준으로 선정하는 것이 아니라 조업도를 기준으로 선정한다는 점이다.

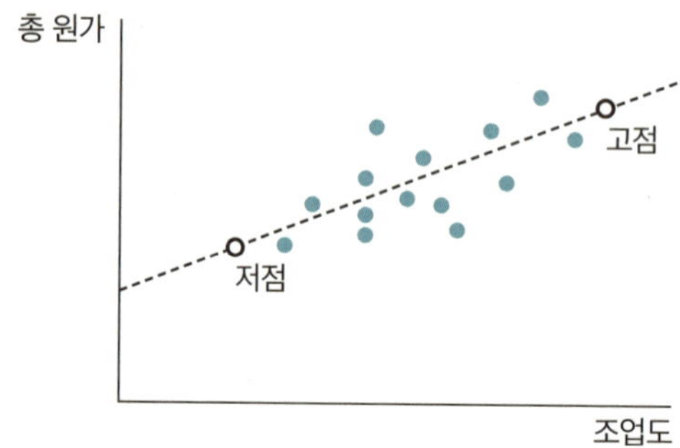

예제	고저점법

▷ 문제

㈜한국의 지난 1년간 전력비 발생액과 기계시간은 다음과 같다. 기계시간과 전력비 간에 선형관계가 있다고 가정할 때 고저점법에 의하여 원가함수를 추정하면?

월	전력비(₩)	기계시간	월	전력비(₩)	기계시간
1	22,000	100	7	31,000	130
2	24,000	90	8	30,400	135
3	27,600	120	9	28,000	128
4	29,200	132	10	29,000	140
5	28,100	125	11	28,500	129
6	30,000	131	12	22,400	105

조업도인 기계시간을 기준으로 고점은 140시간을 사용한 10월, 저점은 90시간을 사용한 2월이다.

고점의 원가행태: ₩29,000 = a + b × 140 ⋯ (1)

저점의 원가행태: ₩24,000 = a + b × 90 ⋯ (2)

(1) - (2)를 하면 ₩5,000 = b × 50; b = ₩100

b = ₩100을 식 (1)에 대입하면 ₩29,000 = a + ₩100 × 140; a = ₩15,000

따라서 원가함수는 y = ₩15,000 + 100·x 가 된다.

※ 문제를 풀 때, 총원가를 기준으로 고점(7월)과 저점(1월)을 선정하지 않도록 주의한다.

샘쌤 가이드

실제 계산문제에서는 고점과 저점의 원가행태를 이용해 방정식으로 풀기보다는 조업도가 증가할 때 같이 증가하는 원가가 변동비라는 관점에서 다음과 같이 구하는 것이 편하다.

$$단위당 \ 변동원가 = \frac{총원가 \ 증가}{조업도 \ 증가} = \frac{총원가 \ 차이}{조업도 \ 차이}$$

위 예제의 경우 '단위당 변동원가 = (₩29,000 - ₩24,000) ÷ (140시간 - 90시간) = ₩100/시간'로 풀 수 있다.

고저점법에서는 최고조업도와 최저조업도 두 가지 자료를 사용하여 원가함수를 추정하는데, 이 최고조업도와 최저조업도는 극단적인 상황에서 비정상적으로 발생하는 경우가 있다. 이 때문에 두 번째로 높은 조업도와 두 번째로 낮은 조업도의 원가자료를 사용하여 원가함수를 추정하기도 하는데 이를 대표고저점법이라고 부른다.

(4) 회귀분석법

회귀분석은 두 변수 사이의 상관관계를 추정하는 통계적 방법으로 눈대중에 의존하는 산포도법이나, 원가자료 중 단 두 가지(고점과 저점) 데이터에만 의존하는 고저점법과 달리 훨씬 정교한 방법이다. 회귀분석은 가상의 함수에서 구하는 추정치와 실제 관측치 간의 차이(잔차)를 구한 다음 이 잔차에 대한 제곱의 모든 합이 최소가 되도록(최소자승법) 함수를 추정한다. 이 때문에 컴퓨터나 계산기의 도움 없이는 적용하기 힘든 방법이다.

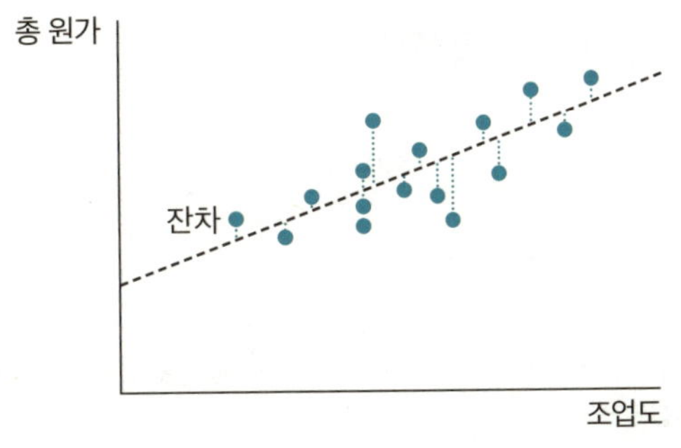

(5) 공학적 방법

앞에서 제시한 방법들은 모두 과거에 발생한 원가자료를 살펴서 이를 바탕으로 원가함수를 추정한다. 이 때문에, 과거 원가자료가 없는 신제품이나 새로운 공정의 원가함수를 추정하는 데는 적합하지 않은 방법들이다. 이럴 때 대안으로 사용할 수 있는 방법이 바로 공학적 방법이다. 공학적 방법은 물리적인 투입변수와 산출물 간의 관계를 분석하여 원가함수를 추정한다. 예를 들면, 원재료의 중량이나 부피에 따른 작업원가를 분석하거나, 작업자의 동작을 분석하여 망치질 1번에 따른 원가, 용접 1㎝당 발생하는 원가 등을 산출한다. 그런 다음 신제품에 투입되는 원재료의 중량, 망치질 횟수, 용접길이 등을 바탕으로 원가함수를 추정하는 방법이다. 다양한 제품이나 공정에 응용할 수 있는 방법이지만 동작분석 등에 시간과 비용이 많이 소요되는 단점이 있다.

앞에서는 원가함수를 추정할 때 선형함수라고 가정하였지만, 실제 원가의 발생은 비선형으로 나타나게 된다. 원가가 비선형으로 나타나는 대표적인 원인 중 하나가 바로 '학습효과'이다. 작업자가 같은 작업을 반복하게 되면 숙련도가 높아져서 생산속도가 빨라지고 이는 작업시간 감소로 단위당 노무원가를 줄이게 되는 효과를 가져온다. 이러한 학습효과로 인해 생산량이 증가할수록 단위당 변동원가도 감소하는 비선형형태의 원가함수가 산출되는데 이를 학습곡선이라고 한다.

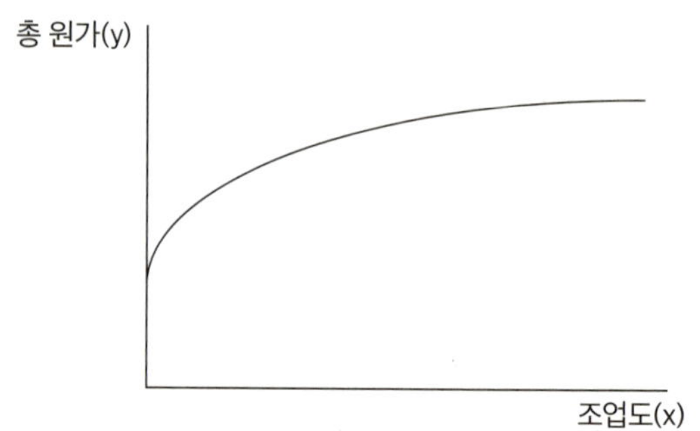

학습효과가 나타나는 형태는 일반적으로 누적평균시간모형이 많이 사용된다.[2] 누적평균시간모형은 누적생산량이 2배가 될 때마다 단위당 평균노무시간이 '1 - 학습률'만큼 감소하게 된다. 예를 들어 최초 1단위를 생산하는 데 발생한 노무시간이 100시간이고, 학습률이 80%라면 생산량이 2배가 될 때마다 평균노무시간은 20%씩 감소하게 된다.

누적생산량	단위당 평균노무시간	총노무시간
1	100.0시간	100.0시간
2	80.0시간	160.0시간

---

2 누적생산량이 2배가 될 때마다 추가단위에 대한 생산시간(증분시간)이 일정비율로 감소하는 증분단위시간모형도 있으나 계산기를 사용하지 못하는 공무원시험 특성상 출제가능성은 낮다.

누적생산량	단위당 평균노무시간	총노무시간
4	64.0시간	256.0시간
8	51.2시간	409.6시간

예제 | *학습곡선

📝 문제

태양광 패널을 제조하는 ㈜한국은 100시간을 들여서 신형패널 1대를 시제품으로 완성하였다. 누적평균시간 모형에 따른 학습률이 90%라고 가정할 때, 추가로 3대의 패널을 생산하는 데 소요되는 시간은 얼마인가?

⚙ 풀이

누적생산량 4대일 때 단위당 평균노무시간 = 100 × 90% × 90% = 81시간

추가로 소요되는 시간 = 81시간 × 4대 - 100시간 = 224시간

제3절 | CVP분석

1 CVP 분석의 기본이론

(1) 기본가정

앞에서 언급한 대로 CVP분석은 원가와 조업도 이익 간의 관계를 분석하여 이를 바탕으로 의사결정을 하는 방법이다. CVP분석을 위해서는 다음과 같은 전제(가정)가 필요하다.

① 모든 원가는 변동원가와 고정원가로 구분할 수 있다.
② 관련 범위 내에서 제품가격, 단위당 변동원가, 총고정원가는 일정하다.
③ 제품의 생산량과 판매량이 같다.[3] 따라서 재고자산은 존재하지 않는다.
④ 원가와 수익은 조업도에 의해서만 결정된다.

(2) 기본공식

이러한 가정하에 원가, 조업도, 이익 간의 관계를 식으로 도출해 보자. 먼저, 수익은 판매량(Q)과 판매가격(P)의 곱으로 나타낼 수 있다.

$$\text{수익} = P \times Q$$

비용은 변동원가(VC; variable costs)와 고정원가(FC; fixed cost)로 나타낼 수 있는데 총 변동원가는 판매량(생산량)이 증가함에 따라 증가하므로 단위당 변동원가(V)와 판매량(Q)의 곱으로 나타낼 수 있다. 따라서 총비용은 다음과 같이 나타난다.

$$\text{비용} = V \times Q + FC$$

이를 바탕으로 이익(π)은 다음과 같이 구할 수 있다.

$$\text{이익} = \text{수익} - \text{비용} = P \times Q - V \times Q - FC = (P - V) \times Q - FC$$

$$\text{이익} = (P - V) \times Q - FC$$

(3) 공헌이익(contribution margin)

이 상태에서 만약 제품을 1단위 더 판매하면 이익은 얼마나 늘어날까? 원래의 판매량을 q라 하면 새로

---

3 이 때문에 엄격한 개념의 원가와 비용구분을 적용하더라도, CVP분석에서는 고정비와 고정원가가, 변동비와 변동원가가 같다.

운 판매량은 'q + 1'이 되므로 이익의 증가는 다음과 같이 구할 수 있다.

판매량이 q일 때의 이익: $(P - V) \times q - FC$ ··· (1)
판매량이 q+1일 때의 이익: $(P - V) \times (q + 1) - FC = (P - V) \times q + (P - V) \times 1 - FC$ ··· (2)
(2)에서 (1)을 차감하면
$\{(P - V) \times q + (P - V) - FC\} - \{(P - V) \times q - FC\} = P - V$

결국 판매량이 1단위 증가하면 이익은 'P − V' 만큼 증가하게 되는데 이를 제품 1단위의 판매가 회사의 이익에 공헌하는 정도라는 개념에서 '단위당 공헌이익'이라고 부른다.

> ★단위당 공헌이익 = P − V = 단위당 판매가격 − 단위당 변동원가

그렇다면 총 공헌이익은 얼마일까? 단위당 공헌이익에 판매량을 곱하면 (총)공헌이익이 될 것이다. 따라서 공헌이익은 '$(P - V) \times Q$'가 되는데 이는 다음과 같이 정리해 볼 수 있다.

> ★공헌이익 = $(P - V) \times Q = P \cdot Q - V \cdot Q$ = 매출액 − 변동원가

예제 공헌이익

▷ 문제

㈜피라미드는 다음 3가지 제품을 방문판매하고 있다. 각 제품의 원가자료는 다음과 같다.

제품	휴대폰	유기농 화장품	백과사전
판매가격	₩200,000	₩100,000	₩150,000
단위당 변동원가	₩150,000	₩30,000	₩100,000
단위당 고정원가	₩20,000	₩30,000	₩0
개당 판매이익	₩30,000	₩40,000	₩50,000
판매량	1,000개	1,000개	1,000개
총 판매이익	₩30,000,000	₩40,000,000	₩50,000,000

회사의 영업부서는 금년에 신입사원으로 나왕자를 채용했다. 나왕자는 재벌가의 자손으로 상당한 수의 잠재고객인 친인척을 확보하고 있다. 나왕자는 금액에 관계없이 100명의 친인척에게 모두 1개씩 100개의 상품을 팔아올 수 있다고 자신한다. 회사의 이익이 가장 많이 증가하려면 나왕자에게 어떤 제품을 팔아오라고 해야 할까?

추가제품 100개를 생산하더라도 변동비는 증가하지만 고정비는 증가하지 않는다. 따라서 각각의 제품을 100개씩 팔았을 때 증가하는 이익은 다음과 같다.

제품	휴대폰	유기농 화장품	백과사전
매출(수익)증가	₩20,000,000	₩10,000,000	₩15,000,000
비용증가	₩15,000,000	₩3,000,000	₩10,000,000
이익증가	₩5,000,000	₩7,000,000	₩5,000,000

따라서 유기농 화장품을 판매하는 것이 가장 유리하다. 이러한 결과는 굳이 전체이익 증가를 계산하지 않더라도 단위당 공헌이익이 가장 큰 제품이 무엇인지 파악하면 알아낼 수 있다.

제품	휴대폰	유기농 화장품	백과사전
판매가격	₩200,000	₩100,000	₩150,000
단위당 변동원가	₩150,000	₩30,000	₩100,000
단위당 공헌이익	₩50,000	₩70,000	₩50,000

단위당 공헌이익은 '판매가격 − 단위당 변동비'로 나타나기 때문에 CVP기본식은 다음과 같이 변형할 수도 있다.

$$이익 = (P - V) \times Q - FC = 단위당공헌이익 \times Q - FC = 공헌이익 - 고정원가$$

*공헌이익을 매출액으로 나눈 값을 공헌이익률이라고 부른다. 따라서 '공헌이익 = 매출액 × 공헌이익률'이 되는데 이를 활용하면 다음과 같은 식도 얻을 수 있다.

$$이익 = 공헌이익 - 고정원가 = 매출액 \times 공헌이익률 - 고정원가$$

2 CVP 분석의 활용

(1) 손익분기점 분석

손익분기점(BEP; Break-Even Point)은 수익과 비용이 같아져서 이익이 0이 되는 지점을 말한다. CVP 기본공식에 의하여 손익분기점은 다음과 같이 구할 수 있다.

$$이익 = (P - V) \times Q - FC$$
$$손익분기점 이익 = (P - V) \times Q - FC = 0$$

$$\text{손익분기점 판매량 } Q \;=\; \frac{FC}{P-V} \;=\; \frac{\text{고정원가}}{\text{단위당 공헌이익}}$$

 ★★★★BEP 분석-공헌이익

▷ 문제

㈜한국은 단위당 판매가격이 ₩100이고 단위당 변동원가가 ₩80인 제품을 생산하여 판매하고 있다. 연간 고정원가가 ₩20,000일 때 손익분기점 판매량과 매출액은 얼마인가?

⚙ 풀이

단위당 공헌이익 = ₩100 - ₩80 = ₩20
손익분기점 판매량 = ₩20,000 ÷ ₩20 = 1,000개
손익분기점 매출액 = 1,000 × ₩100 = ₩100,000

앞에서 구했던 대로 '이익 = 공헌이익 - 고정원가'가 되는데 손익분기점에서는 이익이 0이므로 '공헌이익 = 고정원가'가 되는 지점이 손익분기점이다. 결국 손익분기점에서는 공헌이익과 고정원가가 같다. 문제에서 판매가격을 주지 않는 대신, 손익분기점매출액을 물어볼 수도 있는데 이 경우에는 공헌이익과 고정원가가 같다는 점을 이용해 다음과 같이 구한다.

손익분기점 공헌이익 = 고정원가
손익분기점 매출액 × 공헌이익률 = 고정원가

$$\text{손익분기점 매출액} \;=\; \frac{\text{고정원가}}{\text{공헌이익률}}$$

 ★★★★★★BEP 분석-공헌이익률

▷ 문제

㈜한국은 공헌이익률이 20%인 제품을 생산하여 판매하고 있다. 연간 고정원가가 ₩20,000일 때 손익분기점 매출액은 얼마인가?

⚙ 풀이

손익분기점 매출액 × 공헌이익률 = 고정원가
손익분기점 매출액 = 고정원가 ÷ 공헌이익률 = ₩20,000 ÷ 0.2 = ₩100,000

(2) 목표매출액 산정

CVP기본공식을 활용하면 특정이익을 달성하기 위한 목표매출액과 매출수량을 구할 수 있다. 이익 대신에 '목표이익'을 대입하면 된다.

$$목표이익 = (P - V) \times Q - FC$$

이 식을 이용해서 공헌이익과 목표이익간의 관계도 풀어 볼 수 있다.

$$목표달성\ 판매량\ Q\ =\ \frac{FC + 목표이익}{P - V}\ =\ \frac{고정원가 + 목표이익}{단위당\ 공헌이익}$$

사쌤 가이드

CVP분석의 핵심은 '공헌이익'이다. 공헌이익은 쉽게 말해서 '하나 팔아서 얼마 남는가'를 말한다. ₩100짜리 물건의 변동원가가 ₩80이면 하나 팔아 ₩20씩 남기는 거다. 하나 팔아 ₩20 남는 걸로 고정비를 건져야 손익분기점이다. 따라서 손익분기점은 '고정원가 ÷ 단위당 공헌이익'이 된다. 이걸로 이익까지 남기려면 '(고정원가 + 목표이익) ÷ 단위당 공헌이익'이 된다. 만약 판매가격이 주어지지 않는 대신 공헌이익률이 주어진다면 매출액의 몇 %가 공헌이익이 되는지 계산하고 이 공헌이익으로 고정원가를 건지는 지점이 손익분기점이 되므로 '매출액 × 공헌이익률 = 고정원가'가 손익분기점, '매출액 × 공헌이익률 = 고정원가 + 목표이익'이 되는 지점이 목표이익을 달성하기 위한 목표매출액이 된다.

예제　★★★목표달성 판매량

📄 문제

㈜한국은 단위당 판매가격이 ₩100이고 단위당 변동원가가 ₩80인 제품을 생산하여 판매하고 있다. 연간 고정원가가 ₩20,000일 때 ₩10,000의 목표이익을 달성하기 위한 판매량과 매출액은 얼마인가?

⚙ 풀이

공헌이익 = ₩100 - ₩80 = ₩20
목표이익 달성을 위한 판매량 = (₩20,000 + ₩10,000) ÷ ₩20 = 1,500개
목표이익 달성을 위한 매출액 = 1,500개 × ₩100 = ₩150,000

(3) 법인세가 있는 경우의 CVP 분석

만약에 법인세가 있다면 CVP분석의 결과는 어떻게 될까? 먼저 손익분기점 분석을 생각해보자. 법인세는 이익에 대해서 납부하므로 손익분기점에서는 이익이 0이고 따라서 법인세가 있더라도 납부세액이 없

다. 이 때문에 법인세가 있다고 하더라도 손익분기점은 달라지지 않는다. 그렇다면 목표이익을 달성하기 위한 판매량은 어떻게 될까? 이 경우에는 법인세가 없는 경우에 비해 법인세 납부액만큼 영향을 받으므로 결과가 달라진다. 세후목표이익이 주어진 경우에는 이를 역산하여 세전목표이익을 구하고 이를 바탕으로 목표매출액을 구하면 된다.

$$\text{세전목표이익} = \text{세후목표이익} \div (1 - \text{세율})$$

예제 ********법인세가 있는 경우의 CVP분석-단일세율**

문제

㈜한국은 단위당 판매가격이 ₩100이고 단위당 변동원가가 ₩80인 제품을 생산하여 판매하고 있다. 연간 고정원가는 ₩20,000이며 법인세율은 30%일 때, 손익분기점 매출액과 ₩14,000의 세후이익을 달성하기 위한 매출액은 얼마인가?

풀이

공헌이익률 = ₩20/₩100 = 20%

손익분기점매출액 = ₩20,000 ÷ 20% = ₩100,000

세전목표이익 = ₩14,000 ÷ (1 - 30%) = ₩20,000

목표달성 매출액 = (₩20,000 + ₩20,000) ÷ 20% = ₩200,000

만약 법인세율이 단일세율이 아닌, 누진세율로 주어진다 하더라도 마찬가지로 세후목표이익을 달성하기 위한 세전목표이익이 얼마인지 먼저 계산한 다음 이를 이용하여 목표매출액을 구하면 된다.

예제 *법인세가 있는 경우의 CVP분석-누진세율**

문제

㈜한국은 단위당 판매가격이 ₩100이고 단위당 변동원가가 ₩80인 제품을 생산하여 판매하고 있다. 연간 고정원가는 ₩20,000이며, ㈜한국의 세전이익에 대해서 ₩10,000까지는 20%, ₩10,000을 초과하는 금액에 대해서는 30%의 세율이 적용된다. ₩22,000의 세후이익을 달성하기 위한 매출액은 얼마인가?

꧁ 풀이

세전이익 ₩10,000에 대한 세후이익은 ₩10,000 × (1 - 20%) = ₩8,000이다.

세후이익 ₩22,000을 달성하기 위해서는 세율 30% 구간에서 ₩14,000의 세후이익이 추가로 발생해야 한다. 추가이익은 ₩14,000 ÷ (1 - 30%) = ₩20,000

세전목표이익 = ₩10,000 + ₩20,000 = ₩30,000

공헌이익률 = ₩20/₩100 = 20%

목표달성 매출액 = (₩20,000 + ₩30,000) ÷ 20% = ₩250,000

(4) 복수제품의 CVP 분석

만약 회사가 판매하는 제품이 단일제품이 아닌 두 개 이상의 복수제품이라면 어떻게 CVP를 분석할까? 이 경우에 문제를 풀기 위해서는 매출배합이 일정하다는 가정이 필요하다. 매출액을 구성하는 비중이 일정하지 않고 변한다면 제품배합에 따라 수많은 손익분기점이 존재하기 때문이다. 매출배합이 일정하다는 가정하에 이를 하나의 세트로 취급하여 풀어야 한다.

예제　　*******복수제품 CVP**

▷ 문제

㈜한국은 두 가지 제품을 생산하여 판매하고 있으며 관련 자료는 다음과 같다.

	단위당 판매가격	단위당 변동원가	매출배합(판매량)
제품 A	₩100	₩70	4
제품 B	₩200	₩120	1

연간 고정원가는 ₩10,000일 때 손익분기점에서 두 제품의 판매량과 목표이익 ₩20,000을 달성하기 위한 두 제품의 판매량을 구하시오.

꧁ 풀이

제품 A 4단위와 제품 B 1단위의 묶음을 한 세트라고 할 때,

세트당 공헌이익 = (₩100 - ₩70) × 4 + (₩200 - ₩120) × 1 = ₩200

손익분기점 세트 = ₩10,000 ÷ ₩200 = 50세트

손익분기점에서의 판매량: A제품 200개(4 × 50세트), B제품 50개

목표이익 ₩20,000 달성을 위한 세트 = (₩10,000 + ₩20,000) ÷ ₩200 = 150세트

목표이익 달성 판매량: A제품 600개(4 × 150세트), B제품 150개

(5) 안전한계

안전한계는 회사의 현재 매출 혹은 판매량에서 어느 정도의 매출감소가 발생해도 적자가 발생하지 않고 안전한지를 측정하는 지표이다. 이는 곧 실제 판매량(매출액)과 손익분기점 판매량(매출액)의 차이로 나타낼 수 있다.

⭐⭐안전한계 판매량(매출액) = 실제 판매량(매출액) − 손익분기점 판매량(매출액)

현재 매출액에서 몇 % 정도 매출이 감소해도 안전한지를 계산한 것이 안전한계율인데, 안전한계를 매출액으로 나누어서 구한다.

⭐⭐안전한계율 = 안전한계 판매량(매출액) ÷ 실제 판매량(매출액)

안전한계는 손익분기점을 넘어서는 매출액인데, 이익은 모두 이 안전한계에서 발생한다. 따라서 이익은 다음과 같이 나타낼 수도 있다.

이익 = 안전한계 매출액 × 공헌이익률 = 안전한계 판매량 × 단위당 공헌이익

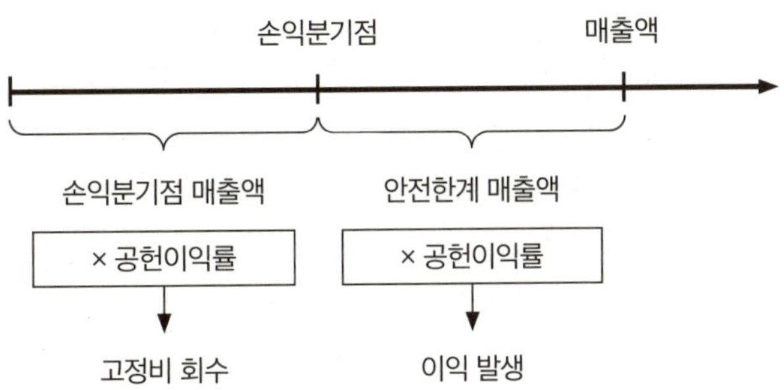

예제 안전한계

▷ 문제

㈜한국의 매출액은 ₩2,000,000이고, 고정원가는 ₩300,000 공헌이익률은 20%이다. 안전한계 매출액과 안전한계율을 구하고 영업이익을 계산하시오.

⚙ 풀이

손익분기점 매출액 × 20% = ₩300,000

손익분기점 매출액 = ₩1,500,000

안전한계 매출액 = 현재 매출액 ₩2,000,000 - BEP 매출액 ₩1,500,000 = ₩500,000

안전한계율 = ₩500,000 ÷ ₩2,000,000 = 25%

영업이익 = 안전한계 매출액 ₩500,000 × 공헌이익률 20% = ₩100,000

(6) ***영업레버리지

회사의 매출액이 10% 증가하면 영업이익은 몇 % 증가할까? 이 질문에 대한 답을 구하는 것이 바로 영업
레버리지이다. 일반적으로 매출액증가율보다 영업이익증가율이 더 높다. 회사의 매출액이 ₩10,000, 변
동원가가 ₩5,000, 고정원가가 ₩3,000이라고 가정하고, 매출액 10% 증가 시 영업이익 증가율을 구해보
면 다음과 같다.

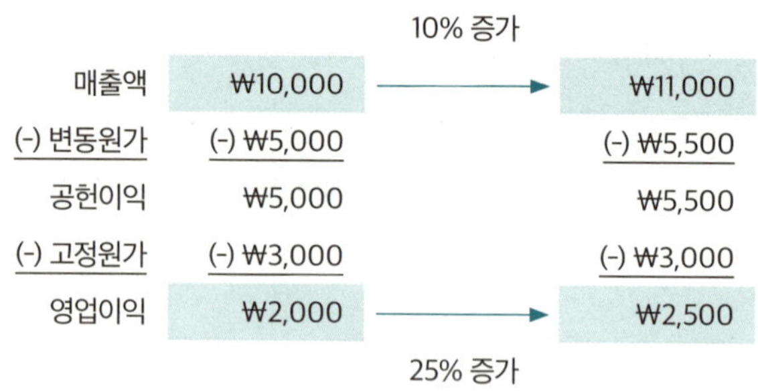

매출액이 10% 증가했을 때, 영업이익은 25%나 증가하게 되는데 그 이유는 고정원가 때문이다. 매출이
증가함에 따라 변동원가는 같이 증가하지만, 고정원가는 증가하지 않기 때문에 이로 인해 이익은 더 큰
비율로 증가하게 된다. 이렇게 고정원가가 일종의 지렛대(leverage) 역할을 하기 때문에 이를 영업레버리
지라고 한다. 영업레버리지도는 영업레버리지의 크기를 의미하는 데 위 사례의 경우 영업레버리지도는
25%/10% = 2.5가 된다. 영업레버리지도는 공헌이익을 영업이익으로 나누어 구할 수도 있다. 위 사례에
서 공헌이익 ₩5,000 ÷ 영업이익 ₩2,000 = 영업레버리지도 2.5가 된다. 영업레버리지도는 또한 안전한
계율과 역수의 관계를 가진다. 위 사례에서 손익분기점매출액은 ₩3,000/50% = ₩6,000이 되고, 안전한
계는 ₩4,000 안전한계율은 40%가 되는데 이는 1/2.5과 같은 값이다.

$$\text{영업레버리지도} = \frac{\text{영업이익 변화율}}{\text{매출액 변화율}} = \frac{\text{공헌이익}}{\text{영업이익}} = \frac{1}{\text{안전한계율}}$$

01 원가함수의 추정과 관련하여 다음 빈칸을 채우시오.

원가함수	$Y = a + b \cdot X$
고저점법	( )를 기준으로 ( )와 ( )의 두 가지 자료를 이용하여 추정 ※ 최고원가와 최저원가를 선택하지 않도록 주의 단위당 변동원가 = ( )차이/( )차이

02 CVP분석과 관련하여 다음 빈칸을 채우시오..

이익식	( )
공헌이익	총공헌이익: ( ) 단위당 공헌이익: ( ) 공헌이익률: ( )
손익분기점	$(P - V) \cdot Q - FC = ($ $)$
목표이익	$(P - V) \cdot Q - FC = ($ $)$ 세율이 있는 경우 세후목표이익 = ( ) × ( )
안전한계	금액기준: ( ) - ( ) 수량기준: ( ) - ( )
안전한계율	안전한계/( )

01 다음은 20×1년 ㈜한국의 기계가동시간과 제조간접원가에 대한 분기별 자료이다.

분기	기계가동시간	제조간접원가
1	5,000시간	₩256,000
2	4,000시간	₩225,000
3	6,500시간	₩285,000
4	6,000시간	₩258,000

㈜한국은 고저점법을 이용하여 원가를 추정하며, 제조간접원가의 원가동인은 기계가동시간이다. 20×2년 1분기 기계가동시간이 5,500시간으로 예상될 경우, 제조간접원가 추정 금액은?

2022 국가직 9급

① ₩252,000　　② ₩258,500

③ ₩261,000　　④ ₩265,000

02 ㈜서울은 단일 제품을 생산하여 판매하고 있다. 제품의 단위당 판매가격은 ₩2,000이며, 단위당 변동제조원가는 ₩1,000이고, 단위당 변동판매관리비는 ₩250이다. 연간 고정제조간접원가는 ₩1,000,000이며, 고정판매관리비는 ₩500,000이 발생하였다. 목표이익 ₩3,000,000을 달성하기 위한 제품의 판매량은 몇 단위인가?

2016 서울시 9급

① 3,000단위　　② 4,000단위

③ 4,500단위　　④ 6,000단위

정답과 해설

01 **정답** ③

해설 단위당 변동원가 = (₩285,000 − ₩225,000) ÷ (6,500h − 4,000h) = ₩60,000/2,500h = ₩24/h

총원가 ₩225,000 = 변동원가(4,000시간 × ₩24/h) + 고정원가

고정원가 = ₩225,000 − ₩96,000 = ₩129,000

5,500시간일 경우 제조간접원가 = 5,500시간 × ₩24/h + ₩129,000 = ₩261,000

02 **정답** ④

해설 단위당 공헌이익 = ₩2,000 − ₩1,000 − ₩250 = ₩750

목표판매량 = {고정원가(₩1,000,000 + ₩500,000) + 목표이익 ₩3,000,000} ÷ ₩750 = 6,000단위

03 홍길동씨는 대학축제에서 솜사탕을 판매하려고 한다. 솜사탕 제조에는 고정원가와 변동원가가 발생하는데 고정원가는 ₩20,000이며, 손익분기점 매출액은 ₩100,000이다. 만일 솜사탕의 예상매출액이 ₩150,000이라면 홍길동씨가 솜사탕 판매로 얻게 될 이익은?   2008 국가직 9급

① ₩50,000   ② ₩40,000

③ ₩30,000   ④ ₩10,000

04 원가함수의 추정에 대한 설명으로 잘못된 것은?

① 계정분석법은 쉽고 빠르게 의사결정을 내릴 수 있지만, 분석가의 주관적인 판단에 의존한다는 단점이 있다.

② 고저점법에서 최고조업도와 최저조업도 자료가 너무 극단적이라고 판단되면, 두 번째 고점과 저점을 이용한 대표고저점법을 사용할 수 있다.

③ 회귀분석법은 두 변수 사이의 상관관계를 눈대중으로 추정해야 하기 때문에 관찰자에 따라 다른 결과를 얻게 된다는 단점이 있다.

④ 공학적 방법은 과거 원가자료가 없는 신제품이나 새로운 공정에도 적용할 수 있다는 장점이 있다.

05 최근 2년간 생산량과 총제조원가는 아래와 같다. 2년간 고정원가와 단위당 변동원가는 변화가 없었다.

	생산량	총제조원가
2013년	2,000개	₩50,000,000
2014년	3,000개	₩60,000,000

2015년도에 고정원가가 10% 증가하고 단위당 변동원가가 20% 감소하면 생산량이 4,000개일 때 총제조원가는 얼마인가?   2015 서울시 9급

① ₩60,000,000   ② ₩62,000,000

③ ₩65,000,000   ④ ₩70,000,000

정답과 해설

03 정답 ④

해설 BEP 매출액 ₩100,000 × 공헌이익률 = 고정원가 ₩20,000

공헌이익률 = ₩20,000 ÷ ₩100,000 = 20%

예상이익 = ₩150,000 × 20% − 고정원가 ₩20,000 = ₩10,000

04 정답 ③

해설 ③은 산포도법에 대한 설명이다. 회귀분석법은 눈대중이 아닌 통계적 추정에 의한다

05 정답 ③

해설 단위당 변동원가 = (₩60,000,000 − ₩50,000,000) ÷ (₩3,000개 − 2,000개) = ₩10,000/개

고정원가 = ₩50,000,000 − 2,000개 × ₩10,000/개 = ₩30,000,000

2015년 제조원가 = ₩30,000,000 × 110% + ₩10,000/개 × 80% × 4,000개 = ₩33,000,000 + ₩32,000,000 = ₩65,000,000

06 2013년 1월 1일에 영업을 개시한 ㈜대한은 단위당 판매가격 ₩ 1,000, 단위당 변동원가 ₩700 그리고 총고정원가가 ₩70,000인 연필을 생산하여 판매하고 있다. ㈜대한의 당해 연도에 생산된 연필은 당기 중에 모두 판매된다. 한편 ㈜대한의 세전이익에 대해 ₩10,000까지는 10%, ₩ 10,000을 초과하는 금액에 대해서는 20%의 세율이 적용된다. 만일 ㈜대한이 2013년도에 ₩17,000의 세후순이익을 보고하였다면 2013년도에 판매한 연필의 수량은?

2014 지방직 9급

① 200개 　　　　② 250개
③ 300개 　　　　④ 350개

07 갑회사는 계산기를 제조하여 판매하고 있다. 계산기의 단위당 판매가격은 ₩5,000, 단위당 변동비는 ₩3,000, 총고정비는 ₩500,000이다. 법인세율이 40%라고 할 때, 세후목표이익 ₩120,000을 달성하기 위해 필요한 계산기의 판매량은?

2014 서울시 9급

① 250개 　　　　② 300개 　　　　③ 310개
④ 350개 　　　　⑤ 380개

08 손익분기점에서 공헌이익은 다음 중 어떤 항목과 일치하게 되는가?

① 매출액 　　　　② 변동원가
③ 고정원가 　　　　④ 판매비와 관리비

정답과 해설

06 정답 ③

해설

구분	세전순이익	세율	세후순이익
₩10,000 이하	₩10,000	10%	₩9,000
₩10,000 초과	X	20%	0.8X
합계	₩10,000 + X		₩17,000

₩9,000 + 0.8X = ₩17,000

0.8X = ₩8,000; X = ₩10,000

세전순이익 = ₩10,000 + X = ₩20,000

세전순이익 ₩20,000 = 판매량 × 단위당 공헌이익 ₩300 − 총고정원가 ₩70,000

판매량 = 300개

07 정답 ④

해설 세전목표이익 = ₩120,000 ÷ (1 − 40%) = ₩200,000

₩200,000 = 판매량 × 단위당 공헌이익 ₩2,000 − 총고정비 ₩500,000

판매량 = 350개

08 정답 ③

해설 손익분기점 매출액 − 변동원가 − 고정원가 = 0

손익분기점 매출액 − 변동원가 = 고정원가

손익분기점 공헌이익 = 고정원가

09 ㈜한국의 최근 2년간 생산량과 총제품제조원가는 다음과 같다. 2년간 고정원가와 단위당 변동원가는 변화가 없었다. 2013년도에 고정원가는 10% 증가하고 단위당 변동원가가 20% 감소하면, 생산량이 500개일 때 총제품제조원가는?

2014 국가직 9급

연도	생산량	총제품제조원가
2011	100개	₩30,000
2012	300개	₩60,000

① ₩76,500   ② ₩75,500

③ ₩94,500   ④ ₩70,000

10 ㈜한국의 손익분기점매출액이 ₩100,000,000, 고정비는 ₩40,000,000, 단위당 변동비는 ₩1,200일 때, 단위당 판매가격은?

2015 국가직 9급

① ₩1,500   ② ₩1,600

③ ₩1,800   ④ ₩2,000

정답과 해설

09 정답 ①

해설 단위당 변동원가 = (₩60,000 - ₩30,000) ÷ (300개 - 100개) = ₩150/개

고정원가 = ₩30,000 - 100개 × ₩150/개 = ₩15,000

2013년 총제품제조원가 = ₩15,000 × 110% + ₩150/개 × 80% × 500개 = ₩16,500 + ₩60,000 = ₩76,500

10 정답 ④

해설 손익분기점매출액 ₩100,000,000 = 고정비 ₩40,000,000 ÷ 공헌이익률

공헌이익률 = 40%

단위당 판매가격 = 단위당 변동비 ₩1,200 ÷ 변동비율 = ₩1,200 ÷ (1 - 40%) = ₩2,000

11 다음은 ㈜부산의 생산 및 영업에 관련된 자료이다.

• 매출액	₩1,200
• 고정제조원가	₩160
• 고정판매비와 관리비	₩40
• 총변동원가	₩900
• 단위당 판매가격	₩8
• 단위당 변동제조원가	₩5
• 단위당 변동판매비	₩1

손익분기점 수량과 손익분기점 매출액은 각각 얼마인가? (단, 소수점 이하는 반올림한다)

2007 국가직 9급

	수량	매출액
①	67단위	₩536
②	100단위	₩800
③	150단위	₩1,200
④	183단위	₩1,464

12 ㈜한국은 사무용 책상을 제조하여 판매하는 회사이다. 동 책상의 단위당 판매가격은 ₩200,000 이며 원가계산 결과 책상의 단위당 변동비는 ₩150,000, 총고정비는 ₩3,000,000으로 나타났다. 법인세율이 20%라고 할 때, 이 회사가 2007년도 납세 후 목표이익 ₩1,600,000을 달성하기 위하여 필요한 판매량은 얼마인가?

2007 국가직 7급

① 60개 ② 80개
③ 100개 ④ 120개

정답과 해설

11 **정답** ②

해설 단위당 공헌이익 = 단위당 판매가격 ₩8 - 단위당 변동원가 ₩6 = ₩2

손익분기점 수량 = 총고정원가 (₩160 + ₩40) ÷ 단위당 공헌이익 ₩2 = 100개

손익분기점 매출액 = 100개 × ₩8 = ₩800

12 **정답** ③

해설 세전 목표이익 = 세후 목표이익 ₩1,600,000 ÷ (1 - 20%) = ₩2,000,000

목표 판매량 = (총고정비 ₩3,000,000 + 목표이익 ₩2,000,000) ÷ 단위당 공헌이익 ₩50,000 = 100개

13 A제품의 매출액이 ₩500,000이고, 제품 단위당 변동원가가 ₩6, 판매가격이 ₩8이다. 고정원가가 ₩100,000일 경우 안전한계는? 2011 국가직 9급

① ₩25,000　　② ₩100,000

③ ₩125,000　　④ ₩275,000

14 ㈜한국은 스마트폰 부품을 생산하고 있다. 최초 100단위를 생산하는 데 150시간이 걸렸으나 추가 100단위를 생산하는 데는 120시간이 걸렸다. 스마트폰 부품 생산에 누적평균시간에 따른 학습곡선이 적용된다면 학습률은 몇 %가 적용되는가?

① 80%　　② 85%

③ 90%　　④ 95%

15 ㈜대한은 A 투자안과 B 투자안 중에서 원가구조가 이익에 미치는 영향을 고려하여 하나의 투자안을 선택하고자 한다. 두 투자안의 예상 판매량은 각 100단위이고, 매출액 등의 자료가 다음과 같을 때, 두 투자안에 대한 비교 설명으로 옳은 것은? 2016 국가직 9급

	A 투자안	B 투자안
매출액	₩20,000	₩20,000
변동비	₩12,000	₩10,000
고정비	₩4,000	₩6,000
영업이익	₩4,000	₩4,000

① A 투자안의 변동비율이 B 투자안의 변동비율보다 작다.

② A 투자안의 단위당 공헌이익이 B 투자안의 단위당 공헌이익보다 크다.

③ A 투자안의 손익분기점 판매량이 B 투자안의 손익분기점 판매량보다 적다.

④ A 투자안의 안전한계는 B 투자안의 안전한계보다 작다.

정답과 해설

13 **정답 ②**
해설 공헌이익률 = (₩8 − ₩6) ÷ ₩8 = 25%
손익분기점 매출액 = ₩100,000 ÷ 25% = ₩400,000
안전한계 = ₩500,000 − ₩400,000 = ₩100,000

14 **정답 ③**
해설 최초 100단위에 대한 누적평균시간은 150시간이다.
생산량이 2배가 되었을 때 누적평균시간 = (150시간 + 120시간) ÷ 2 = 135시간
학습률 = 1 − (150시간 − 135시간)/150시간 = 1 − 10% = 90%

15 **정답 ③**
해설

	A투자안	B투자안
변동비율	₩12,000/₩20,000 = 60%	₩10,000/₩20,000 = 50%
단위당 공헌이익	(₩20,000 − ₩12,000)/100 = ₩80	(₩20,000 − ₩10,000)/100 = ₩100
손익분기점 판매량	80Q − ₩4,000 = 0; Q = 50	100Q − ₩6,000 = 0; Q = 60
안전한계	₩20,000 − 50 × ₩200 = ₩10,000	₩20,000 − 60 × ₩200 = ₩8,000

16 다음은 제조업체인 ㈜한국의 2012년도 수도광열비와 관련된 월간자료이다.

	최고	최저
작업시간	3,000시간	2,000시간
수도광열비	₩60,000	₩50,000

㈜한국의 2012년도 총작업시간은 30,000시간이었으며, 2012년의 수도광열비 연간납부금액은 ₩700,000이었다. 이들 자료를 이용하여 고저점법에 의해 계산한 고정원가와 변동원가는?

2012 국가직 9급

	고정원가	변동원가
①	₩250,000	₩450,000
②	₩300,000	₩400,000
③	₩350,000	₩350,000
④	₩400,000	₩300,000

17 단위당 변동원가는 그대로인 채, 고정원가가 감소하면 공헌이익은 어떻게 변하는가?

① 증가한다. ② 감소한다.
③ 불변이다. ④ 판매가격에 따라 다르다.

18 손익분기점 매출액이 ₩360이며 공헌이익률은 30%일 때, 목표이익 ₩84을 달성하기 위한 총매출액은?

2013 지방직 9급

① ₩280 ② ₩480
③ ₩560 ④ ₩640

정답과 해설

16 정답 ④

해설 시간당 변동원가 = (₩60,000 - ₩50,000) ÷ (3,000시간 - 2,000시간) = ₩10/시간
2012년 변동원가 = 총작업시간 30,000시간 × ₩10/시간 = ₩300,000
고정원가 = 총원가 ₩700,000 - 변동원가 ₩300,000 = ₩400,000

17 정답 ③

해설 공헌이익은 판매가격과 변동원가의 함수이므로 고정원가에는 영향을 받지 않는다.

18 정답 ④

해설 손익분기점에서 공헌이익은 고정원가와 같다.
고정원가 = ₩360 × 30% = ₩108
(고정원가 ₩108 + 목표이익 ₩84) ÷ 30% = 총매출액
₩192 ÷ 30% = ₩192 × 10/3 = ₩640

19 ㈜글로벌은 볼펜을 생산하고 있다. 지난 1년간의 생산 및 원가자료를 이용하여 원가행태를 추정하려고 한다. 다음 자료를 기초로 고저점법(High-low method)을 이용하여 원가를 추정한 결과를 바르게 나타낸 것은?

2010 국가직 9급

월	생산량	원가(₩)	월	생산량	원가(₩)
1	100	15,100	7	160	20,500
2	120	16,300	8	130	18,100
3	150	18,700	9	120	17,900
4	110	14,940	10	110	16,000
5	130	17,500	11	170	20,700
6	120	16,900	12	140	19,100

	고정원가	단위당 변동원가
①	₩80	₩7,100
②	₩7,100	₩80
③	₩96	₩4,380
④	₩4,380	₩96

20 원가 계산방법과 분석기법에 대한 설명으로 옳은 것은?

2017 국가직 9급

① 고저점법은 원가를 기준으로 최저점과 최고점에 해당하는 과거의 자료를 이용하여 혼합원가 추정식을 구하는 방법이다.

② 변동원가계산과 비교하여 전부원가계산은 회계기간 말에 불필요한 생산을 늘려 이익을 증가시키려는 유인을 방지할 수 있다.

③ 단위당 판매가와 총고정원가가 일정할 경우 단위당 변동원가가 커지면 손익분기점은 높아진다.

④ 차이분석에서 유리한 차이는 실제원가가 예산보다 낮은 경우이므로 추가적인 관리를 할 필요가 전혀 없다.

19 **정답** ②

해설 생산량을 기준으로 고점은 11월, 저점은 1월이다.

단위당 변동원가 = (₩20,700 - ₩15,100) ÷ (170 - 100) = ₩80

고정원가 = ₩15,100 - ₩80 × 100 = ₩7,100

20 **정답** ③

해설 ① 고저점법은 원가가 아닌 조업도를 기준으로 최저점과 최고점의 자료를 이용한다.

② 변동원가계산이 불필요한 생산을 늘려 이익을 증가시키려는 유인을 방지할 수 있다. (Chapter 6에서 배우게 될 내용이다)

③ '손익분기점 = 총고정원가/공헌이익률'에서 단위당 변동원가가 커지면 공헌이익률이 낮아져 손익분기점은 높아진다.

④ 유리한 차이에 대해서도 발생원인을 파악하여 보상을 할 필요가 있으며, 경우에 따라서는 표준이 너무 높게 설정된 것은 아닌지 검토하여야 한다. (Chapter 7에서 배우게 될 내용이다)

21 ㈜한국은 개당 ₩100에 호빵을 팔고 있으며, 사업 첫 달의 매출액은 ₩10,000, 총변동비는 ₩6,000, 총고정비는 ₩2,000이다. 이에 대한 설명으로 옳지 않은 것은? (단, 기초재고와 기말재고는 동일하다)

2011 지방직 9급

① 공헌이익률은 60%이다.

② 단위당 공헌이익은 ₩40이다.

③ 손익분기점 매출액은 ₩5,000이다.

④ 매출이 ₩8,000이라면 이익은 ₩1,200이다.

22 ㈜한강의 월평균 기계운전시간(x)과 전력비(y)의 관계가 다음과 같이 추정된다.

$$y = 10,000 + 8x$$

추정 원가함수를 기초로 한 전력비에 대한 설명 중 가장 옳지 않은 것은? (단, ㈜한강의 월평균조업도는 5,000 기계운전시간이다)

2008 국가직 9급

① 전력비의 월평균 고정원가는 ₩10,000이다.

② 전력비의 변동원가는 기계운전시간당 ₩8이다.

③ 조업도가 4,000 기계운전시간일 때 추정 총전력비는 ₩42,000이다.

④ 기계운전시간이 800시간 증가하면 전력비는 ₩16,400 증가한다.

정답과 해설

21 **정답** ①

해설 공헌이익 = ₩10,000 - ₩6,000 = ₩4,000

공헌이익률 = ₩4,000 ÷ ₩10,000 = 40%

판매량 = ₩10,000 ÷ ₩100 = 100개

단위당 공헌이익 = ₩4,000 ÷ 100개 = ₩40

손익분기점 매출액 = 총고정비 ₩2,000 ÷ 공헌이익률 40% = ₩5,000

매출액이 ₩8,000인 경우 이익 = ₩8,000 × 40% - ₩2,000 = ₩1,200

22 **정답** ④

해설 기계운전시간이 800시간 증가하면 전력비는 800시간 × ₩8/시간 = ₩6,400만큼 증가한다.

23 ㈜한강전자는 한 종류의 휴대전화기를 제조·판매한다. 휴대전화기의 단위당 판매가격은 ₩80이고, 단위당 변동원가는 ₩60, 고정원가는 ₩240,000이며, 관련범위는 18,000 단위이다. 다음 중 옳지 않은 것은? (단, 세금은 고려하지 않음) 2010 국가직 9급

① 휴대전화기의 단위당 공헌이익률은 25%이다.

② 매출수량이 12,000 단위이면 안전한계는 0이다.

③ 제품 단위당 변동원가가 ₩10 감소하면 손익분기점 판매량은 4,000 단위가 감소한다.

④ 고정원가가 ₩192,000으로 감소하면 공헌이익률은 20% 증가한다.

24 김철수씨는 버스정류장 근처에서 조그만 컨테이너 박스를 임대하여 김밥을 판매하고 있다. 김밥은 개당 ₩1,000에 구입하여 ₩2,000에 판매하고, 매월 임대료 등 고정비용은 ₩600,000이다. 김철수씨는 최근 월임대료 ₩180,000의 인상을 통보받았다. 또한 김밥의 구입단가도 ₩1,200으로 인상되었다. 김철수씨는 종전과 같은 월 손익분기매출수량을 유지하기 위해 김밥의 판매가격 조정을 고려하고 있다. 새로 조정될 김밥 판매가격은? 2010 지방직 9급

① ₩1,500   ② ₩2,000

③ ₩2,500   ④ ₩3,000

정답과 해설

23 **정답** ④

해설 ① 단위당 공헌이익률 = 단위당 공헌이익(₩80 − ₩60) ÷ 단위당 판매가격 ₩80 = 25%

② 손익분기점 판매량 = ₩240,000 ÷ ₩20 = 12,000단위. 손익분기점에서 안전한계는 0이다.

③ 단위당 변동원가가 ₩10 감소하면 단위당 공헌이익은 ₩10 증가한 ₩30, 이때 손익분기점 판매량은 ₩240,000 ÷ ₩30 = 8,000개가 되어 원래의 손익분기점 판매량 12,000단위보다 4,000개가 감소

④ 공헌이익률은 판매가격과 단위당 변동원가에 의해서 계산되므로 고정원가의 변동에 영향을 받지 않는다.

24 **정답** ③

해설 기존의 손익분기매출수량 = 고정비용 ₩600,000 ÷ 단위당 공헌이익(₩2,000 − ₩1,000) = 600개

새로운 손익분기매출수량 = 고정비용 (₩600,000 + ₩180,000) ÷ 새로운 단위당 공헌이익 = 600개

새로운 단위당 공헌이익 = ₩780,000 ÷ 600개 = ₩1,300

새로운 판매가격 = 구입단가 ₩1,200 + 새로운 단위당 공헌이익 ₩1,300 = ₩2,500

25 ㈜백두는 다음과 같은 최근 2년간의 생산량과 총제조원가를 이용하여 고저점법으로 원가함수를 추정하였다.

	생산량	총제조원가
2006년	100개	₩50,000
2007년	200개	₩70,000

그러나 2008년도에 새로운 시설투자로 인하여 고정원가가 20%증가하고 단위당 변동원가는 50% 감소하였다. 새로운 조건에서 300개를 생산할 때 발생할 것으로 추정되는 총제조원가는?

2009 지방직 9급

① ₩56,000 　　② ₩60,000
③ ₩66,000 　　④ ₩90,000

26 ㈜서울이 판매하는 제품과 관련된 자료는 다음과 같다.

• 단위당 판매가격	₩500
• 단위당 변동비	₩300
• 연간 총고정비	₩100,000

영업외수익과 비용은 없다고 가정할 때 연간 순이익 ₩20,000을 달성하기 위한 연간 제품판매량은?

2009 국가직 9급

① 500개 　　② 550개
③ 600개 　　④ 650개

정답과 해설

25 정답 ③

해설 단위당 변동원가 = (₩70,000 - ₩50,000) ÷ (200개 - 100개) = ₩200/개

고정원가 = ₩50,000 - 100개 × ₩200/개 = ₩30,000

2008년 추정원가 = ₩30,000 × 120% + ₩200/개 × 50% × 300개 = ₩36,000 + ₩30,000 = ₩66,000

26 정답 ③

해설 단위당 공헌이익 = ₩500 - ₩300 = ₩200

목표 판매량 = (총고정비 ₩100,000 + 목표이익 ₩20,000) ÷ 단위당 공헌이익 ₩200 = 600개

27 ㈜한국은 올해부터 처음으로 고급형 제품을 생산하기 시작했다. 고급형 제품을 생산하는 작업시간은 누적평균시간 학습곡선모형을 따른다. 최초 2개의 제품을 생산하며 기록한 증분단위시간은 다음과 같다.

누적생산량	증분단위시간
1	100시간
2	80시간

고급형 제품에 대한 학습률과 총 4단위를 생산할 때 단위당 평균작업시간은 얼마인가?

	학습률	단위당 평균작업시간
①	80%	64시간
②	80%	72시간
③	90%	64시간
④	90%	81시간

28 ㈜한국의 공헌이익률은 30%이고, 목표 영업이익은 매출액의 16%이다. 매출액을 S, 총고정비를 F라 할 때, 목표 영업이익을 달성하기 위하여 요구되는 매출액은?

2012 지방직 9급

① $\dfrac{0.3}{F}$ ② $\dfrac{F}{0.14}$

③ $\dfrac{F}{0.3}$ ④ $\dfrac{0.14}{F}$

---

27 정답 ④

해설

누적생산량	증분단위시간	누적작업시간	평균작업시간
1	100	100	100
2	80	180	90
4			81

누적'평균시간' 학습곡선 모형을 따르므로, 누적생산량이 2배가 될 때마다 평균작업시간이 '1 - 학습률'만큼 감소한다. 누적생산량이 2단위 일 때, 평균작업시간은 (100 + 80) ÷ 2 = 90시간이므로 작업시간은 10%(10/100)만큼 감소했고 학습률은 90%가 된다. 누적생산량이 4단위가 되면 평균작업시간은 90시간 × 90% = 81시간이 된다.

28 정답 ②

해설 매출액 S × 공헌이익률 30% - F = 0.16S

0.14S = F

$$S = \dfrac{F}{0.14}$$

29 ㈜한국은 제품 X, Y를 생산하고 있으며 관련 자료는 다음과 같다.

	제품 X	제품 Y
단위당 판매가격	₩110	₩550
단위당 변동원가	₩100	₩500
총 고정원가	₩180,000	

㈜한국은 제품 X, Y를 하나의 묶음으로 판매하고 있으며, 한 묶음은 X제품 4개, Y제품 1개로 구성된다. 손익분기점에서 각 제품의 판매량은?

2016 지방직 9급

	제품 X	제품 Y
①	1,000개	1,000개
②	2,000개	2,000개
③	2,000개	8,000개
④	8,000개	2,000개

30 ㈜한국의 자료가 다음과 같을 때, 옳지 않은 것은?

2017 지방직 9급 추가채용

• 상품 단위당 판매가격	₩100	• 당기 판매량	100개
• 당기총고정원가	₩500	• 공헌이익률	10%
• 법인세율	50%		

① 세후이익은 ₩250이다.

② 손익분기점 매출액은 ₩5,000이다.

③ 안전한계는 ₩5,000이다.

④ 영업레버리지도는 3이다.

---

29 **정답** ④

해설 한 묶음당 공헌이익 = X(₩110 - ₩100) × 4개 + Y(₩550 - ₩500) × 1개 = ₩90

손익분기점 판매묶음 = 총고정원가 ₩180,000 ÷ ₩90 = 2,000묶음

2,000묶음은 X 8,000개와 Y 2,000개로 구성된다.

30 **정답** ④

해설 공헌이익 = 매출액(₩100 × 100개) × 공헌이익률 10% = ₩1,000

영업이익 = 공헌이익 ₩1,000 - 고정원가 ₩500 = ₩500

세후이익 = 영업이익 ₩500 × (1 - 법인세율 50%) = ₩250

손익분기점 매출액 = 당기총고정원가 ₩500 ÷ 공헌이익률 10% = ₩5,000

안전한계 = 현재 매출액 (₩100 × 100개) - 손익분기점 매출액 ₩5,000 = ₩5,000

영업레버리지도 = 공헌이익 ₩1,000 ÷ 영업이익 ₩500 = 2

31 ㈜한국의 20×1년 제품 단위당 변동원가는 ₩600, 연간 고정원가는 ₩190,000이다. 국내시장에서 단위당 ₩1,000에 300개를 판매할 계획이며, 남은 제품은 해외시장에서 ₩950에 판매가능하다. 20×1년 손익분기점 판매량은? (단, 해외시장에 판매하더라도 제품단위당 변동원가는 동일하며 해외판매는 국내수요에 영향을 주지 않는다)

2018 국가직 9급

① 500개　　　　② 950개
③ 1,050개　　　④ 1,100개

32 ㈜서울의 2018년 매출이 ₩18,000,000이고, 총비용은 ₩15,000,000이다. 총비용 중 고정비와 변동비의 비율은 2:3이다. ㈜서울의 손익분기점이 되는 매출액은?

2018 서울시 7급

① ₩6,000,000　　　　② ₩9,000,000
③ ₩12,000,000　　　④ ₩15,000,000

33 ㈜한국의 20×1년도 손익분기점 매출액은 ₩100,000이고 단위당 공헌이익률은 20%, 순이익은 ₩30,000이다. ㈜한국의 20×1년도 총고정원가는?

2017 국가직 7급

① ₩250,000　　　② ₩150,000
③ ₩20,000　　　　④ ₩6,000

정답과 해설

31 **정답** ①
해설 국내시장 판매분 공헌이익 = (₩1,000 - ₩600) × 300개 = ₩120,000
해외시장 판매분의 공헌이익이 ₩70,000(= 고정원가 ₩190,000 - 국내시장 공헌이익 ₩120,000)이 되어야 공헌이익과 고정원가가 같아지는 손익분기점이 된다. 해외시장 판매분의 단위당 공헌이익은 ₩950 - ₩600 = ₩350이므로, 손익분기점에서 해외시장 판매수량은 ₩70,000 ÷ ₩350 = 200개가 된다.
손익분기점 판매량 = 국내시장 300개 + 해외시장 200개 = 500개

32 **정답** ③
해설 고정비 = ₩15,000,000 × 2/5 = ₩6,000,000
변동비 = ₩15,000,000 × 3/5 = ₩9,000,000
변동비율 = ₩9,000,000 ÷ ₩18,000,000 = 50%
공헌이익률 = 1 - 변동비율 50% = 50%
손익분기점 매출액 = 고정비 ₩6,000,000 ÷ 공헌이익률 50% = ₩12,000,000

33 **정답** ③
해설 BEP매출액 ₩100,000 × 공헌이익률 20% - 고정원가 = ₩0
고정원가 = ₩20,000

34 단일제품 A를 제조하는 ㈜한국의 제품생산 및 판매와 관련된 자료는 다음과 같다.

• 총판매량	200개
• 총공헌이익	₩200,000
• 총고정원가	₩150,000

법인세율이 20%일 경우, 세후 순이익 ₩120,000을 달성하기 위한 제품 A의 판매수량은? (단, 제품 A의 단위당 공헌이익은 동일하다)

2020 국가직 9급

① 120개   ② 150개
③ 270개   ④ 300개

35 ㈜한국은 급여체계를 일부 변경하려고 고민하고 있는데, 현재의 자료는 다음과 같다.

• 제품 단위당 판매가격	₩100
• 공헌이익률	60%
• 연간고정원가	
- 임차료	₩15,000
- 급여	₩21,000
- 광고선전비	₩12,000

만약 매출액의 10%를 성과급으로 지급하는 방식으로 급여체계를 변경한다면 고정급여는 ₩6,000이 절약될 것으로 추정하고 있다. 급여체계의 변경으로 인한 손익분기점 판매량의 변화는?

2020 지방직 9급

① 40단위 증가   ② 40단위 감소
③ 50단위 증가   ④ 50단위 감소

정답과 해설

34 정답 ④

해설 세전목표이익 = ₩120,000 ÷ (1 - 20%) = ₩150,000

단위당 공헌이익 = 총공헌이익 ₩200,000 ÷ 총판매량 200개 = ₩1,000

세전목표이익 ₩150,000 = 판매량 × 단위당 공헌이익 ₩1,000 - 총고정원가 ₩150,000

₩300,000 = 판매량 × ₩1,000

판매량 = 300개

35 정답 ①

해설 [변경 전 손익분기점 판매량]

총 고정원가 (₩15,000 + ₩21,000 + ₩12,000) ÷ 단위당 공헌이익 (₩100 × 60%) = ₩48,000 ÷ ₩60 = 800개

[변경 후 손익분기점 판매량]

총 고정원가 (₩48,000 - ₩6,000) ÷ 단위당 공헌이익 (₩60 - ₩100 × 10%) = ₩42,000 ÷ ₩50 = 840개

손익분기점 판매량 변화 = 840개 - 800개 = 40개 증가

36 ㈜한국은 단일제품을 생산·판매하고 있으며 제품 1단위를 생산하는 데 11시간의 직접노무시간을 사용하고 있고, 제품 단위당 변동판매관리비는 ₩25이다. ㈜한국의 총제조원가에 대한 원가동인은 직접노무시간이고, 고저점법에 의하여 원가를 추정하고 있다. 제품의 총제조원가와 직접노무시간에 대한 자료는 다음과 같다.

구분	총제조원가	직접노무시간
1월	₩14,000	120시간
2월	₩17,000	100시간
3월	₩20,000	135시간
4월	₩19,000	150시간

㈜한국이 5월에 30단위의 제품을 단위당 ₩500에 판매한다면 총공헌이익은?

2020 국가직 7급

① ₩850
② ₩1,050
③ ₩1,250
④ ₩1,450

37 ㈜서울은 두 종류의 제품 A와 B를 생산하여 판매하며, 각 제품 매출액이 회사 총 매출액에서 차지하는 비중은 각각 50%이다. 매출액에 대한 변동비는 제품 A가 60%, 제품 B가 40%이다. 총고정비는 ₩100,000이며, 그 밖의 다른 비용은 없다. 총고정비가 20%만큼 증가한다고 가정할 때, ₩10,000의 순이익을 얻기 위하여 필요한 매출액은? (단, 세금효과는 고려하지 않는다.)

2020 서울시 7급

① ₩130,000
② ₩220,000
③ ₩240,000
④ ₩260,000

36 정답 ②

해설 직접노무시간을 기준으로(총제조원가를 기준으로 하지 않도록 주의한다) 고점은 4월, 저점은 2월이다.

직접노무시간당 변동원가 = (₩19,000 - ₩17,000) ÷ (150시간 - 100시간) = ₩40/시간

단위당 공헌이익 = 단위당 판매가격 ₩500 - 단위당 변동원가(11시간 × ₩40/시간 + ₩25) = ₩500 - ₩465 = ₩35

30단위 판매 시 총공헌이익 = 30단위 × ₩35/단위 = ₩1,050

37 정답 ④

해설 한 묶음당 공헌이익률 = 제품 A (1 - 60%) × 비중 50% + 제품 B (1 - 40%) × 비중 50% = 20% + 30% = 50%

목표매출액 = (총고정비 ₩100,000 × 120% + 목표이익 ₩10,000) ÷ 공헌이익률 50% = ₩130,000 ÷ 50% = ₩260,000

38 ㈜한국의 다음 자료를 이용한 영업레버리지도는? (단, 기말재고와 기초재고는 없다) 2021 지방직 9급

• 매출액	₩1,000,000
• 공헌이익률	30%
• 고정원가	₩180,000

① 0.4 ② 0.6
③ 2.0 ④ 2.5

39 ㈜대한은 상품운반용 신제품 드론 1대를 생산하였다. 1대를 생산하는 데 소요되는 원가자료는 다음과 같다.

• 직접재료원가	₩80,000
• 직접노무시간	100시간
• 직접노무원가	₩1,000/직접노무시간
• 변동제조간접원가	₩500/직접노무시간

직접노무시간에 대해 80% 누적평균시간 학습모형이 적용될 때, 드론 3대를 추가로 생산할 경우 발생할 제조원가는? (단, 추가생산 시 단위당 직접재료원가, 직접노무원가, 변동제조간접원가의 변동은 없으며, 고정제조간접원가는 발생하지 않는다) 2021 국가직 7급

① ₩234,000 ② ₩318,000
③ ₩396,000 ④ ₩474,000

정답과 해설

38 정답 ④

해설 공헌이익 = 매출액 ₩1,000,000 × 공헌이익률 30% = ₩300,000

영업이익 = 공헌이익 ₩300,000 - 고정원가 ₩180,000 = ₩120,000

영업레버리지도 = 공헌이익 ₩300,000 ÷ 영업이익 ₩120,000 = 2.5

39 정답 ④

해설

누적생산량	평균작업시간	누적작업시간
1대	100h	100h × 1대 = 100h
2대	100h × 80% = 80h	
4대	80h × 80% = 64h	64h × 4대 = 256h

3대에 대한 추가작업시간 = 256h - 100h = 156h

3대에 대한 제조원가 = 직접재료원가 ₩80,000 × 3대 + 직접노무원가 156h × ₩1,000 + 변동제조간접원가 156h × ₩500 = ₩240,000 + ₩156,000 + ₩78,000 = ₩474,000

40 ㈜한국의 20×1년도 고정비는 ₩ 600,000이고 손익분기점매출액이 ₩1,500,000이며, 안전한계율이 40%일 경우, 영업이익은?

2021 국가직 7급

① ₩0 ② ₩200,000

③ ₩400,000 ④ ₩1,000,000

41 ㈜서울이 판매하고 있는 제품 A와 제품 B의 단위당 공헌이익은 각각 ₩10과 ₩20이다. 총고정비는 ₩6,000이며 그 밖의 다른 비용은 없다. 현재 제품 A와 제품 B의 판매수량비율은 2 : 1이나, 향후 1 : 2로 변경될 것으로 예측된다. 판매수량비율 변경에 따른 회사 전체의 손익분기점 판매수량 차이는?

2021 서울시 7급

① 90개 감소 ② 90개 증가

③ 180개 감소 ④ 차이 없음

42 ㈜한국의 20×1년 매출액이 ₩10,000,000, 총고정원가가 ₩2,000,000, 공헌이익률은 40 %일 때 안전한계율은?

2024 지방직 9급

① 30 % ② 40 %

③ 50 % ④ 60 %

정답과 해설

40 정답 ③

해설 안전한계율은 현재 매출액에서 안전한계율만큼 매출액이 감소하더라도 손해가 나지 않음, 즉 손익분기점에 해당함을 의미한다.

현재 매출액 × (1 - 안전한계율 40%) = 손익분기점 매출액 ₩1,500,000

현재 매출액 = ₩2,500,000

손익분기점에서는 공헌이익과 고정비가 같다.

손익분기점 매출액 ₩1,500,000 × 공헌이익률 = 고정비 ₩600,000

공헌이익률 = 40%

영업이익 = 현재 매출액 ₩2,500,000 × 공헌이익률 40% - 고정비 ₩600,000 = ₩400,000

41 정답 ①

해설 복수제품의 CVP는 두 제품을 묶어서 하나의 세트로 취급한다.

(1) 변경 전 BEP 판매수량

한 세트의 공헌이익 = A ₩10 × 2 + B ₩20 × 1 = ₩40

손익분기점 판매세트량 = ₩6,000 ÷ ₩40 = 150세트

손익분기점 판매수량 = 150세트 × (A 2개 + B 1개) = 450개

(2) 변경 후 BEP 판매수량

한 세트의 공헌이익 = A ₩10 × 1 + B ₩20 × 2 = ₩50

손익분기점 판매세트량 = ₩6,000 ÷ ₩50 = 120세트

손익분기점 판매수량 = 120세트 × (A 1개 + B 2개) = 360개

(3) 손익분기점 판매수량은 450개에서 360개로 90개 감소한다.

42 정답 ③

해설 영업이익 = 매출액 × 공헌이익률 40% - 고정원가 ₩2,000,000

손익분기점 매출액 × 40% - ₩2,000,000 = 0

손익분기점 매출액 = ₩2,000,000 ÷ 40% = ₩2,000,000 × 10/4 = ₩5,000,000

안전한계 = 현재 매출액 ₩10,000,000 - 손익분기점 매출액 ₩5,000,000 = ₩5,000,000

안전한계율 = 안전한계 ₩5,000,000 ÷ 현재 매출액 ₩10,000,000 = 50%

CHAPTER 06

변동원가계산과 장단기의사결정

내부의사결정에 유용한 원가정보는 변동원가와 고정원가로 구분된 정보이다. 외부보고 목적의 전부원가계산이 모든 원가를 제품원가로 취급하는 반면, 변동원가계산은 고정원가를 제품원가가 아닌 기간원가로 구분하여 내부의사결정에 도움이 되는 정보를 제공한다. 이러한 정보를 바탕으로 기업은 여러 가지 장단기의사결정을 하게 된다.

변동원가계산은 최근 출제빈도가 확연히 늘어났다. 과거에는 3~4년에 한 번 꼴로 출제되었지만, 최근 5년 사이에는 국가직과 지방직을 합쳐 7문제나 출제되었으므로 확실히 정리해야 하는 주제다. 장단기의사결정은 최근 10년간 한 문제가 출제되어 출제빈도가 높지 않다.

메타인지

01 외부보고목적으로 전부원가계산제도와 변동원가계산제도를 모두 사용할 수 있다. (○ | ×)

02 판매비와 관리비는 모두 기간원가에 해당한다. (○ | ×)

03 전부원가계산제도에서는 판매량이 같더라도 생산량이 달라지면 회사의 이익이 달라질 수 있다. (○ | ×)

04 변동원가계산제도에서 관리자는 자신의 성과를 높이기 위해 불필요한 재고자산을 생산할 유인이 있다. (○ | ×)

05 변동원가계산제도에서 고정제조간접원가는 제품원가가 아닌 기간비용으로 처리한다. (○ | ×)

06 과거에 발생한 매몰원가는 의사결정에 있어 관련원가에 해당한다. (○ | ×)

07 기회원가는 관련원가에 해당한다. (○ | ×)

정답

01	×	02	○	03	○	04	×	05	○	06	×	07	○

제 1 절 | 변동원가계산제도

1　전부원가계산제도

(1) 전부원가계산과 변동원가계산

앞에서 살핀 대로 회사의 원가는 크게 변동원가와 고정원가로 나눌 수 있고 의사결정을 내릴 때는 전체 원가가 아닌 변동원가만을 고려한 공헌이익을 바탕으로 결정하는 것이 합리적이다. 이러한 관점에서 변동제조원가만을 제품원가로 보아 원가를 계산하는 제도가 바로 변동원가계산제도이다. 변동제조원가만을 제품원가로 보는 경우와 달리, (지금까지 우리가 배운 것처럼) 고정제조원가도 전부 제품원가로 보고하는 것을 전부원가계산제도라고 하는데 이 둘의 차이에 대해서 좀 더 살펴본다.

제조원가를 변동원가와 고정원가로 구분하면, 일반적으로 직접재료원가, 직접노무원가는 변동원가에 해당하며 제조간접원가에 대해서는 변동원가에 해당하는 변동제조간접원가와 고정원가에 해당하는 고정제조간접원가로 구분하게 된다. 그리고 외부보고용 재무제표를 작성할 때는 회계기준에 따라 이 모든 원가를 제품제조원가로 보고한다. 제품제조원가는 판매되기 전까지는 비용으로 인식되지 않고 재고자산으로 남아 있다가 판매가 이루어지는 시점에 가서야 매출원가로 비용화 된다. 반면에 판매비와 관리비에 해당하는 비용은 당기에 발생한 비용이 모두 해당 기간에 비용으로 인식되는데 이를 '기간비용'이라고 부른다. 이번 장에서 배우게 되는 변동원가계산이나 초변동원가계산은 외부보고용 전부원가계산과는 달리 내부의사결정목적에 따라 제품원가의 범위를 아래와 같이 다르게 보는 제도이다. 결국 전부원가계산(모든 제조원가가 제품원가에 포함된다고 하여 full costing 또는 absorption costing이라 부른다)은 고정원가에 해당하는 고정제조간접원가까지도 전부 제품원가에 포함시키는 반면, 변동원가계산에서는 고정원가에 해당하는 *고정제조간접원가는 제외하고 변동원가에 해당하는 직접재료원가, 직접노무원가, 변동제조간접원가만을 제품원가로 계산하는 방식이다.

	전부원가계산	변동원가계산	초변동원가계산
직접재료원가	제품원가	제품원가	제품원가
직접노무원가			기간비용
변동제조간접원가			
고정제조간접원가		기간비용	
변동판매비 및 관리비	기간비용	기간비용	
고정판매비 및 관리비			

변동원가계산에서는 변동비만 제품원가에 포함된다고 하니, 변동판관비도 제품원가에 포함된다고 생각하는 경우가 있다. 판관비는 판매 및 관리와 관련된 비용으로 제품을 만드는 데 들어간 제조원가가 아니다. 따라서, 어떠한 경우에도 제품제조원가에 포함되지 않는다. 결국 변동원가계산제도에서는 변동제조원가만 제품제조원가에 포함시키고, 고정제조원가는 제품제조원가가 아닌 기간비용으로 처리하는 것이다.

(2) 전부원가계산하의 의사결정 문제점

전부원가계산하에서 회사의 이익은 판매량이 같더라도 생산량에 따라서 달라질 수 있다. 다음 예제를 확인해 보자.

예제   **전부원가계산제도**

▷ 문제

㈜한국은 단일제품을 생산하여 판매하고 있다. 회사의 기초 제품 및 재공품 재고는 없으며, 생산에 착수한 모든 제품은 완성이 되어 기말 재공품도 존재하지 않는다. 다음은 회사의 월간 생산자료이다.

• 단위당 판매가격	₩1,500
• 당기판매량	300개
• 단위당 직접재료원가	₩400
• 단위당 직접노무원가	₩200
• 단위당 변동제조간접원가	₩100
• 총 고정제조간접원가	₩120,000

(1) 전부원가계산하에서 회사의 생산량이 300개일 때 이익(매출총이익)을 계산하시오.

(2) 전부원가계산하에서 회사의 생산량이 400개일 때 이익(매출총이익)을 계산하시오. (단, 판매량은 300개로 변함없다.)

(3) 만약 당신이 이 회사의 관리자이고 매출총이익의 10%를 성과급으로 받는다면 생산량을 300개로 하겠는가, 400개로 하겠는가?

(1)

매출액 = ₩1,500 × 300개 = ₩450,000

당기 제품제조원가 = (DM ₩400 + DL ₩200 + VOH ₩100) × 300개 + FOH ₩120,000 = ₩330,000

매출원가 = 기초재고 ₩0 + 당기제조원가 ₩330,000 - 기말재고 ₩0 = ₩330,000

매출총이익 = 매출액 ₩450,000 - 매출원가 ₩330,000 = ₩120,000

총원가는 다음과 같다.

재공품				제품			
기초		0	제품제조 330,000	기초		0	매출원가 330,000
DM	총	120,000		제품제조	330,000	기말	0
DL	제	60,000			330,000		330,000
OH	조	150,000	기말 0				
		330,000	330,000				

매출액 ₩450,000 - 매출원가 ₩330,000 = 매출총이익 ₩120,000

(2)

매출액 = ₩1,500 × 300개 = ₩450,000

당기 제품제조원가 = (DM ₩400 + DL ₩200 + VOH ₩100) × 400개 + FOH ₩120,000 = ₩400,000

기말재고 = 당기 제품제조원가 ₩400,000 × (기말재고 100개/당기제조 400개) = ₩100,000

매출원가 = 기초재고 ₩0 + 당기제조원가 ₩400,000 - 기말재고 ₩100,000 = ₩300,000

매출총이익 = 매출액 ₩450,000 - 매출원가 ₩300,000 = ₩150,000

총원가는 다음과 같다.

재공품				제품			
기초		0	제품제조 400,000	기초		0	매출원가 300,000
DM	총	160,000		제품제조	400,000	기말	100,000
DL	제	80,000			400,000		400,000
OH	조	160,000	기말 0				
		400,000	400,000				

매출액 ₩450,000 - 매출원가 ₩300,000 = 매출총이익 ₩150,000

(3) 관리자는 다음과 같이 400개를 생산해서 ₩3,000의 성과급을 더 받으려 할 것이다.

생산량 300개일 때의 성과급: ₩120,000 × 10% = ₩12,000

생산량 400개일 때의 성과급: ₩150,000 × 10% = ₩15,000

예제의 결과를 보면 판매량이 같더라도 생산량이 늘어나면 회사의 이익이 증가하는 것을 확인할 수 있다. 왜 이런 현상이 일어날까? 이를 흔히 '생산량 증가에 따른 고정비 감소효과'라고 부른다. 제품을 300개를 생산하든, 400개를 생산하든 고정원가 총액은 정해져 있기 때문에 생산량이 증가할수록 단위당 고정원가는 감소하게 된다. 이 고정비 감소효과로 인해 줄어드는 제조원가만큼 이익이 증가하는 것이다. 하지만, 실제 회사의 이익이 증가했다고 볼 수 있을까? 이를 진정한 이익증가라고 보기는 어렵다. 오히려, 단위당 원가를 감소시키기 위해 팔리지도 않는 재고자산을 잔뜩 만들어 두었다가 재고자산이 진부화되거나 팔리지 않는다면 훨씬 큰 손해를 입을 수도 있다. 관리자가 자신의 성과급을 늘리기 위해 회사에 해가 되는 의사결정을 할 수 있게 된다는 의미이다.[1] 이 때문에 올바른 의사결정을 하는 데 도움이 되는 별도의 원가계산방식이 필요한 데 이것이 바로 변동원가계산이다.

2 변동원가계산제도

(1) 변동원가계산제도하의 원가계산

앞에서 살펴본 전부원가계산 하에서 생산량에 따라 이익이 달라지는 원인은 무엇일까? 이를 위해 예제의 해설에 적혀 있던 원가흐름을 '재공품+제품'의 통합계정으로 비교해 보면 다음과 같다.

재공품 + 제품 (생산량 300개)				
기초		0	매출원가	330,000
DM	총	120,000		
DL	제	60,000		
OH	조	150,000	기말	0
		330,000		330,000

재공품 + 제품 (생산량 400개)				
기초		0	매출원가	300,000
DM	총	160,000		
DL	제	80,000		
OH	조	160,000	기말	100,000
			DM	40,000
			DL	20,000
			VOH	10,000
			FOH	30,000
		400,000		400,000

총 제조원가가 ₩70,000 더 투입됐는데, 팔리지 않은 부분에 대해서는 모두 고스란히 기말재고(DM ₩40,000, DL ₩20,000, VOH ₩10,000)가 된다. 그런데 여기에 더해 고정제조간접원가 중 일부(₩30,000)가 비용화되지 않고 기말재고에 자산으로 남게 되는 것이다. 결국 고정제조간접원가가 전부 제품원가가 되어 매출원가로 가느냐, 아니면 그 중 일부가 기말재고자산에 배부됨으로써 매출원가로 비용화되지 않고 자산으로 남느냐의 차이이다. 전부원가계산제도에서는 고정원가 일부가 기말 재고자산에 배부되어 팔리기 전까지는 비용으로 인식되지 않기 때문에 기말 재고자산이 증가하면 할수록 이익이 늘어나는 것처럼 보고되는 것이다. 이러한 문제점을 해결하고자 고정제조간접원가를 제품원가가 아닌 기간원가로 전부 비용화시키는 방법이 바로 변동원가계산제도이다. 변동원가계산제도에서는 변동제

---

1 이 때문에 우리는 앞에서 CVP분석을 할 때, '제품의 생산량과 판매량이 같다'는 비현실적인 가정을 전제로 분석했다.

조원가만을 제품원가로 보고 고정제조간접원가는 발생하는 기간에 전액 비용화하는 기간비용으로 처리한다. 앞에서 살펴본 다음 예제를 통해 변동원가계산과 전부원가계산의 차이를 확인해 보자.

예제 **변동원가계산제도**

▷ 문제

㈜한국은 단일제품을 생산하여 판매하고 있다. 회사의 기초 제품 및 재공품 재고는 없으며, 생산에 착수한 모든 제품은 완성이 되어 기말 재공품도 존재하지 않는다. 다음은 회사의 월간 생산자료이다.

단위당 판매가격	₩1,500
당기판매량	300개
단위당 직접재료원가	₩400
단위당 직접노무원가	₩200
단위당 변동제조간접원가	₩100
총 고정제조간접원가	₩120,000

(1) 변동원가계산하에서 회사의 생산량이 300개일 때 이익(매출총이익)을 계산하시오.

(2) 변동원가계산하에서 회사의 생산량이 400개일 때 이익(매출총이익)을 계산하시오. (단, 판매량은 300개로 변함없다.)

⚙ 풀이

(1)

단위당 제품제조원가(변동원가) = DM ₩400 + DL ₩200 + VOH ₩100 = ₩700

기간비용 = 고정제조간접원가 ₩120,000

매출총이익 = (단위당 판매가격 ₩1,500 - 단위당 제조원가 ₩700) × 판매량 300개 - 기간비용(고정제조간접원가) ₩120,000 = ₩120,000

(2)

단위당 제품제조원가(변동원가) = DM ₩400 + DL ₩200 + VOH ₩100 = ₩700

기간비용 = 고정제조간접원가 ₩120,000

매출총이익 = (단위당 판매가격 ₩1,500 - 단위당 제조원가 ₩700) × 판매량 300개 - 기간비용(고정제조간접원가) ₩120,000 = ₩120,000

예제의 결과에서 보듯이, *변동원가계산제도 하에서는 생산량을 늘리더라도 이익의 변화가 없기 때문에 불필요한 재고증가나 잘못된 의사결정을 막고 전부원가계산이 가진 문제점을 해결할 수 있다. 따라서 외부보고 목적으로는 전부원가계산제도를 사용하더라도 내부의사결정에 있어서는 변동원가계산제도를 병행하여 사용하게 된다. 지금까지는 설명의 편의를 위해 판매비와 관리비는 고려하지 않았다. 만약 판매비와 관리비가 존재한다면 어떻게 될까? 다음 예제를 확인해 보자.

▷ 문제

㈜한국은 단일제품을 생산하여 판매하고 있다. 회사의 기초 제품 및 재공품 재고는 없으며, 생산에 착수한 모든 제품은 완성이 되어 기말 재공품도 존재하지 않는다. 다음은 회사의 월간 생산자료이다.

단위당 판매가격	₩1,500
당기생산량	400개
단위당 직접재료원가	₩400
단위당 직접노무원가	₩200
단위당 변동제조간접원가	₩100
총 고정제조간접원가	₩120,000
당기판매량	300개
단위당 변동 판매비와 관리비	₩100
총 고정 판매비와 관리비	₩50,000

(1) 전부원가계산하에서 회사의 영업이익을 구하시오.

(2) 변동원가계산하에서 회사의 영업이익을 구하시오.

⚙ 풀이

(1)

단위당 고정제조간접원가(FOH) = ₩120,000 ÷ 생산량 400개 = ₩300/개

단위당 제품제조원가 = DM ₩400 + DL ₩200 + VOH ₩100 + FOH ₩300 = ₩1,000

매출총이익 = (단위당 판매가격 ₩1,500 − 단위당 제조원가 ₩1,000) × 판매량 300개 = ₩150,000

영업이익 = 매출총이익 ₩150,000 − 단위당 변동 판매비와 관리비 ₩100 × 판매량 300개 − 고정 판매비와 관리비 ₩50,000 = ₩70,000

(2)

단위당 제품제조원가(변동원가) = DM ₩400 + DL ₩200 + VOH ₩100 = ₩700

기간비용 = 고정제조간접원가 ₩120,000

매출총이익 = (단위당 판매가격 ₩1,500 − 단위당 제조원가 ₩700) × 판매량 300개 − 기간비용 (고정제조간접원가) ₩120,000 = ₩120,000

영업이익 = 매출총이익 ₩120,000 − 단위당 변동 판매비와 관리비 ₩100 × 판매량 300개 − 고정 판매비와 관리비 ₩50,000 = ₩40,000

고정판매비와관리비는 고정원가라 하더라도 어차피 판매량이 같으면 배부되는 금액이 같기 때문에 전부원가계산과 변동원가계산에 영향을 주지 않는다. 따라서 고정제조간접원가만 두 원가제도하에서 차이가 발생한다.

(2) 변동원가계산과 전부원가계산의 차이

*변동원가계산이 내부관리 목적으로는 더 유용할 수 있지만, **외부보고 목적용 재무제표는 GAAP의 요구에 따라 전부원가계산으로 작성하여야 한다. 하지만, 회사가 외부보고목적과 내부관리목적에 따라 2가지 원가계산시스템을 유지하는 것은 비효율적일 수 있다. 따라서 이런 경우에는 둘 중 하나의 시스템을 유지하되 필요에 따라 다른 원가계산방식의 결과로 쉽게 전환할 수 있다면 좋은 해결책이 될 수 있다. 그런데 앞에서 살펴본 대로 두 원가계산시스템의 차이는 결국 재고자산에 포함된 고정제조간접원가의 차이였다. 이를 좀 더 구체적으로 살펴보자.

예제　　**전부원가계산제도 VS 변동원가계산제도**

▷ 문제

다음은 단일제품을 생산하여 판매하고 있는 ㈜한국의 월별 생산 및 판매자료이다. 1월초 제품 및 재공품 재고는 없으며, 생산에 착수한 모든 제품은 즉시 완성이 되어 재공품이 존재하지 않는다. 회사의 재고자산에 대한 원가흐름 가정은 선입선출법을 사용하며 고정제조간접원가는 월별로 실제 배부한다.

단위당 판매가격	₩1,000
단위당 기초원가	₩600
단위당 변동제조간접원가	₩100
월별 고정제조간접원가	₩60,000

	1월	2월	3월
생산량	500개	400개	300개
판매량	400개	400개	400개

(1) 전부원가계산하에서 회사의 월별이익을 구하시오.

(2) 변동원가계산하에서 회사의 월별이익을 구하시오.

⚙ 풀이

(1) 전부원가계산하의 월별이익

	1월	2월	3월
매출액	₩400,000	₩400,000	₩400,000
매출원가			
월초재고자산	₩0	₩82,000	₩85,000
당월제조원가[1]	₩410,000	₩340,000	₩270,000
월말재고자산[2]	(₩82,000)	(₩85,000)	₩0
당월매출원가	₩328,000	₩337,000	₩355,000
매출총이익	₩72,000	₩63,000	₩45,000

1) 당월제조원가 = 단위당 (기초원가 ₩600 + VOH ₩100) × 생산량 + FOH ₩60,000
2) 월말재고자산 = 월말재고수량 × (당월제조원가 ÷ 당월생산량)

	1월	2월	3월
월초재고(전월말재고)	0개	100개	100개
생산량	(+) 500개	(+) 400개	(+) 300개
판매량	(-) 400개	(-) 400개	(-) 400개
월말재고	100개	100개	0개
당월제조원가	₩700×500개 + ₩60,000 = ₩410,000	₩700×400개 + ₩60,000 = ₩340,000	₩700×300개 + ₩60,000 = ₩270,000
단위당 원가	₩410,000 ÷ 500개 = ₩820	₩340,000 ÷ 400개 = ₩850	₩270,000 ÷ 300개 = ₩900

(2) 변동원가계산하의 월별이익

	1월	2월	3월
매출액	₩400,000	₩400,000	₩400,000
(변동)매출원가			
월초재고자산	₩0	₩70,000	₩70,000
당월(변동)제조원가[1]	₩350,000	₩280,000	₩210,000
월말재고자산[2]	(₩70,000)	(₩70,000)	₩0
당월(변동)매출원가	₩280,000	₩280,000	₩280,000
고정제조간접원가	₩60,000	₩60,000	₩60,000
매출총이익	₩60,000	₩60,000	₩60,000

1) 당월제조원가 = 단위당 (기초원가 ₩600 + VOH ₩100) × 생산량
2) 월말재고자산 = 월말재고수량 × (당월변동제조원가 ÷ 당월생산량)

예제의 결과를 보면 판매량이 400개로 월별로 동일함에도 전부원가계산하에서는 매월 이익이 변하는 반면, 변동원가계산하에서는 일정한 이익이 산출된다. 그렇다면 두 제도하의 이익차이는 어떻게 설명이 될까? 월별 이익차이는 다음과 같다.

이익	1월	2월	3월
전부원가계산 이익	₩72,000	₩63,000	₩45,000
변동원가계산 이익	₩60,000	₩60,000	₩60,000
이익차이	₩12,000	₩3,000	(-)₩15,000

앞에서 변동원가계산과 전부원가계산의 차이는 재고자산에 포함된 고정제조간접원가의 차이라고 했는데, 전부원가계산하에서 재고자산에 포함되어 있는 고정제조간접원가는 다음과 같다.

고정제조간접원가	1월	2월	3월
월초 재고자산	₩0	₩12,000	₩15,000
월말 재고자산	₩60,000 × 100개/500개 = ₩12,000	₩60,000 × 100개/400개 = ₩15,000	₩0
월말 - 월초	₩12,000	₩3,000	(-)₩15,000

전부원가계산제도에서는 기말 재고자산이 많아지면 여기에 포함된 고정제조간접원가만큼 이익이 증가한다. 그만큼 매출원가에 반영되지 않기 때문이다. 대신에 기초 재고자산에 고정제조간접원가가 포함되어 있으면 그만큼 당기 매출원가에 반영이 되므로 오히려 반대효과가 나타난다. 정리하면 다음과 같다.

> *******전부원가계산의 이익 =
> 변동원가계산의 이익 + 기말재고자산에 포함된 FOH − 기초재고자산에 포함된 FOH

(3) 변동원가계산제도 하의 손익계산서

일반적인(전부원가계산제도 하의) 손익계산서는 비용을 기능별로 구분하여 매출원가와 판관비로 구분한다. 반면에 변동원가계산에서는 비용을 기능이 아닌 행태에 따라 변동원가와 고정원가로 구분하여 다음과 같은 양식의 손익계산서를 작성한다.

전부원가계산			변동원가계산		
I. 매출액		XXX	I. 매출액		XXX
II. 매출원가[2]		XXX	II. 변동원가		XXX
직접재료원가	XXX		직접재료원가	XXX	
직접노무원가	XXX		직접노무원가	XXX	
제조간접원가	XXX		변동제조간접원가	XXX	
III. 매출총이익		XXX	변동판매관리비	XXX	
IV. 판매비와 관리비		XXX	III. *공헌이익		XXX
V. 영업이익		XXX	IV. 고정원가		XXX
			고정제조간접원가	XXX	
			고정판매관리비	XXX	
			V. **영업이익		XXX

(4) 초변동원가계산제도

사실 변동원가와 고정원가의 구분은 자의적이다. 앞에서도 고정원가는 '관련 범위 내에서만' 일정할 뿐 이 범위를 벗어나면 증가하는 것이 일반적이라고 설명하였다. 여기서 관련 범위를 계속해서 넓혀가면 대부분의 원가가 변동원가에 해당할 것이며, 반대로 관련 범위를 축소해가면 대부분의 원가가 고정원가에 해당하게 된다. 변동원가계산에서는 직접노무원가도 변동원가로 보았지만, 생산량에 따라 매일매일 고용과 해고를 반복할 수 없는 상황에서는 직접노무원가도 고정원가로 보아야 할 것이다. 단기간의 의사결정을 위해 관련 범위를 계속 좁혀가면 결국에는 직접재료원가만이 변동원가로 남고 나머지 원가는 모두 고정원가에 해당하는데, 이러한 가정하에 *직접재료원가만을 제품원가로 보고 나머지는 모두 기간비용으로 처리하는 것이 바로 초변동원가계산제도이다. 결국 세 가지 원가계산제도를 비교해보면 앞에서

---

2 원래 기능별로 공시하는 손익계산서에 매출원가는 '기초재고 + 당기매입 − 기말재고'의 형태로 보고되나 이해의 편의를 위해서 제조원가명세서의 형식을 빌렸다.

보여주었던 표와 같이 정리된다.

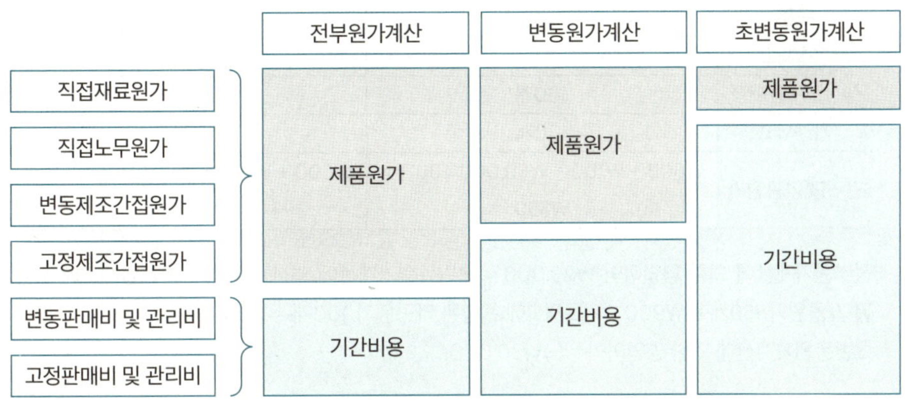

앞에서 변동원가계산과 전부원가계산하의 이익차이는 재고자산에 포함된 고정제조간접원가의 차이와 같았다. 그렇다면 초변동원가계산과 전부원가계산에서의 이익차이는 어떻게 조정할 수 있을까? 제조원가 중 직접재료원가를 제외한 나머지가 가공원가(전환원가)가 되므로 둘의 차이는 재고자산에 포함된 가공원가의 차이로 나타낼 수 있다.

전부원가계산의 이익 =
초변동원가계산의 이익 + 기말재고자산에 포함된 가공원가 − 기초재고자산에 포함된 가공원가

예제　초변동원가계산

▷ 문제

다음은 단일제품을 생산하여 판매하고 있는 ㈜한국의 월별 생산 및 판매자료이다. 1월초 제품 및 재공품 재고는 없으며, 생산에 착수한 모든 제품은 즉시 완성이 되어 재공품이 존재하지 않는다. 회사의 재고자산에 대한 원가흐름 가정은 선입선출법을 사용하며 고정제조간접원가는 월별로 실제 배부한다.

단위당 직접재료원가	₩1,000
단위당 직접노무원가	₩600
단위당 변동제조간접원가	₩100
월별 고정제조간접원가	₩60,000

	1월	2월
생산량	400개	300개
판매량	300개	250개

2월의 전부원가계산에 의한 영업이익이 ₩20,000이라면, 초변동원가계산에 의한 영업이익은 얼마인가?

⚙ 풀이

구분	1월	2월
기초재고	0	100개
생산량 - 판매량	100개	50개
기말재고	100개	150개
단위당 가공원가	₩600 + ₩100 + ₩60,000/400개 = ₩850	₩600 + ₩100 + ₩60,000/300개 = ₩900

전부원가계산에 의한 영업이익 ₩20,000 = 초변동원가계산에 의한 영업이익 + 기말재고에 포함된 가공원가 150개 × ₩900 - 기초재고에 포함된 가공원가 100개 × ₩850

초변동원가계산에 의한 영업이익 = (-)₩30,000

제2절 | 장단기의사결정

1 의사결정 기본개념

기업은 여러 가지 의사결정 상황에 직면하게 되며, 이때 내린 결정은 기업의 성과에 커다란 영향을 미치게 된다. 경영자가 처하게 되는 의사결정 상황은 무척이나 다양하며, 여러 가지 변수와 대안을 고려해야 한다. 다양한 의사결정에 있어서 공통점을 찾아보자면, 선택가능한 대안이 존재해야 하며(선택안이 하나인 경우에도 선택하지 않는 것이 선택하는 것의 대안이 된다), 각각의 대안을 비교분석하여 어떤 것이 최선의 선택이 될지를 정해야 한다는 점이다. 결국, 의사결정의 과정은 선택가능한 대안들을 비교하는 과정이 되는데, 이때 비교하는 방법에는 총액접근법과 증분접근법이 있다.

(1) 총액접근법

총액접근법은 각각의 대안별로 총수익과 총비용을 산출하여 이익을 구한 다음 이익이 더 큰 대안을 선택하는 방법이다. 이 방법은 증분접근법과 달리 관련원가와 비관련원가의 구분이 필요하지 않고 셋 이상의 대안에 대해서도 의사결정이 편하다는 장점이 있는 반면, 모든 원가정보를 분석해야 하므로 시간과 비용의 소모가 크다는 단점이 있다.

(2) 증분접근법

증분접근법(혹은 차액접근법)은 선택가능한 대안 간에 차이가 나는 항목만을 분석하여 의사결정을 하는 방법이다. 대안 간에 차이가 나는 항목인 관련원가만을 분석하기 때문에 시간과 비용을 절약할 수 있으나, 관련원가와 비관련원가를 구분해야 하고, 대안이 셋 이상일 경우에는 의사결정에 어려움이 생긴다는 단점이 있다.

문제

㈜한국은 총 제조원가 ₩1,000,000을 투입하여 신제품 100개를 생산하였다. 그런데 본격적인 판매를 앞두고 경쟁사가 동일한 제품을 시장에 한 발 앞서 출시함에 따라 원래의 판매계획을 변경해야 할 상황에 놓였다. 회사가 신제품 100개를 모두 판매하기 위해 선택할 수 있는 전략은 다음 2가지이다.

(전략 1) 경쟁사의 판매가격인 ₩20,000보다 20% 싸게 제품을 출시한다.
(전략 2) 경쟁사와 같은 가격에 출시하되, 개당 ₩3,000의 비용을 추가로 들여서 품질이 더 좋은 제품을 내놓는다.

두 경우 모두 판매대리점에 개당 ₩1,000의 판매수수료를 지급하여야 한다.

(1) 두 가지 전략 중 어떤 것이 더 회사에 유리한지 총액접근법에 의하여 결정하시오.

(2) 두 가지 전략 중 어떤 것이 더 회사에 유리한지 증분접근법에 의하여 결정하시오.

풀이

(1) 총액접근법

	전략 1	전략 2
수익	₩16,000 × 100개 = ₩1,600,000	₩20,000 × 100개 = ₩2,000,000
비용		
제조원가	₩1,000,000	₩1,000,000
추가작업원가	–	₩3,000 × 100개 = ₩300,000
판매수수료	₩1,000 × 100개 = ₩100,000	₩1,000 × 100개 = ₩100,000
이익	₩500,000	₩600,000

전략 2의 이익이 더 크므로 전략 2를 채택한다.

(2) 증분접근법

전략 1 대신 전략 2를 채택하는 경우

증분수익 = ₩20,000 × 20% × 100개 = ₩400,000

증분비용 = 재작업비용 ₩3,000 × 100개 = ₩300,000

증분이익 = 증분수익 ₩400,000 - 증분비용 ₩300,000 = ₩100,000

증분이익이 0보다 크므로 전략 2를 채택한다.

(3) 의사결정관련원가

증분접근법으로 의사결정을 할 때 대안 간에 차이가 나지 않는 항목은 비관련원가가 된다. 위 사례에서 제품 100개를 생산하기 위해 들어간 제조원가₩1,000,000은 과거 원가이자 매몰원가로써 현재의 의사결정과는 상관이 없는 원가이다. 판매수수료 ₩1,000은 과거원가가 아닌 미래원가이지만 이 역시도 대안 간에 차이가 없는 항목이므로 비관련원가가 된다.

이외에 추가로 고려할 사항으로써 기회비용(기회원가)이 있다. 기회비용은 특정 대안을 채택하기 위해 포기해야 하는 이익을 의미한다. 만약 위 사례에서 전략 2를 선택하여 재작업을 하기로 한 경우, 재작업을 하기 위한 작업공간이 필요한데 만약 재작업을 하지 않고 이를 임대할 경우 ₩200,000의 임대수익을 얻을 수 있다면 전략 1이 오히려 더 유리하다. 전략 2를 선택함으로써 포기해야 하는 기회비용 ₩200,000이 전략 2에서 얻게 되는 증분이익 ₩100,000보다 더 크기 때문이다. 결국 증분접근법에 의한 의사결정모형을 정리하면 다음과 같다.

> 증분수익: 수익증가 − 수익감소
> (−) 증분비용: 비용증가 − 비용감소 + 기회비용
> = 증분이익

2 ***특별주문의 수락

기업은 대량구매를 하는 조건으로 가격할인을 요구하는 주문이나, 고객의 요구사항이 반영된 특별한 주문을 받을 수 있는데 이처럼 일반적인 거래나 생산조건과는 다른 주문을 특별주문이라고 한다. 관리자의 입장에서는 이러한 주문을 수락할 것인가, 거절할 것인가를 결정하여야 하는데 이때 주문의 수락과 거절이라는 두 가지 대안을 비교하여 증분손익을 계산함으로써 의사결정을 내릴 수 있다. 특별주문에 있어서 추가로 고려해야 할 사항은 바로 유휴생산능력의 존재이다. 만약 기업의 생산능력에 충분한 여유가 있다면 주문수락에 따른 증분손익만 고려하면 되지만, 유휴생산능력이 부족하다면 포기해야 하는 일반주문에서 얻을 수 있었던 이익을 기회비용으로 반영하여야 한다. 만약에 유휴생산설비를 다른 제품의 생산에 이용하거나 임대

가 가능하다면 이를 포기함으로 인해서 발생하는 기회비용까지도 고려하여야 한다.

(+) 증분수익: 특별주문으로 인한 매출액증가
(-) 증분비용: 특별주문으로 인한 비용※ 증가
　　　　　※ 특별주문 수락으로 인해 포기해야 하는 유휴설비의 임대수익 등
　　　　　※ 특별주문 수락으로 인해 포기해야 하는 기존 판매분의 이익
= 증분손익

 특별주문

문제

㈜한국은 T셔츠를 만들어 판매하고 있는데 매년 10,000장 정도의 T셔츠를 생산하여 장당 ₩300에 판매하고 있다. 10,000장의 셔츠 생산 자료는 다음과 같다.

	단위당 제조원가	총원가
직접재료원가	₩100	₩1,000,000
직접노무원가	₩40	₩400,000
변동제조간접원가	₩30	₩300,000
고정제조간접원가	₩40	₩400,000
합계	₩210	₩2,100,000

이때 국내의 한 업체로부터 회사 유니폼으로 사용할 T셔츠를 ₩200에 3,000장 납품해 줄 수 있는지 의뢰가 들어왔다. 이 주문을 수락할 경우 회사로고 인쇄를 위해 고정제조간접원가가 ₩50,000발생하게 된다.

(1) ㈜한국의 최대생산능력이 15,000장일 경우 주문의 수락여부를 결정하시오.

(2) ㈜한국의 최대생산능력이 12,000장일 경우 주문의 수락여부를 결정하시오.

풀이

(1) 최대생산능력이 15,000장일 경우
　① 증분수익: 3,000장 × ₩200 = ₩600,000
　② 증분비용: 3,000장 × 변동원가 ₩170 + FOH ₩50,000 = ₩560,000
　③ 증분이익 = ₩600,000 - ₩560,000 = ₩40,000
　주문수락으로 인한 증분이익이 0보다 크므로 주문을 수락한다.

> (2) 최대생산능력이 12,000장일 경우
>   ① 증분수익: 3,000장 × ₩200 = ₩600,000
>   ② 증분비용: 3,000장 × ₩170 + ₩50,000 = ₩560,000
>   ③ 기회비용: 1,000장 × (₩300 − ₩170) = ₩130,000
>   ④ 증분이익 = ₩600,000 − ₩560,000 − ₩130,000 = (−)₩90,000
>   주문수락으로 인한 증분이익이 0보다 작으므로 주문을 거절한다.

3 *부품의 자가제조 또는 외부구입

제조기업은 상황에 따라 외부에서 구입하던 부품을 스스로 자가제조하거나, 반대로 자가제조하던 부품을 외부에서 구입할 수 있다. 자가제조와 외부구입 중 어떤 것이 더 유리한지 의사결정을 할 때도 두 대안의 증분손익을 분석함으로써 의사결정을 내릴 수 있다. 기본적으로는 자체 생산에 들어가는 변동원가와 외부구입 가격을 비교하는데, 이때도 마찬가지로 기회비용을 고려해야 한다. 외부구입으로 전환하는 경우 유휴설비 활용으로 증가하는 이익을 수익에 반영하여야 하고, 반대로 자가제조하는 경우 기존설비를 활용하여 얻을 수 있었던 이익의 상실분이 있다면 이를 비용으로 반영하여야 한다.

예제 | 부품의 자가제조 또는 외부구입

▷ 문제

㈜한국은 전자제품을 생산하는 회사인데 부품 A를 자체생산하고 있었으며, 이와 관련한 원가자료는 다음과 같다.

직접재료원가	₩400,000
직접노무원가	₩150,000
변동제조간접원가	₩120,000
고정제조간접원가	₩100,000
합계	₩770,000
생산량	÷ 1,000개
단위당 원가	₩770

최근에 외부업체가 부품 A를 단위당 ₩700에 공급하겠다는 제안이 들어왔다. 만약 제안을 받아들일 경우 고정제조간접원가 중 ₩20,000은 회피가 가능하다.

(1) 외부에서 구입하는 경우 기존 설비는 폐쇄 외의 용도가 없다고 가정할 때, 외부구입이 자가제조에 비하여 얼마나 유리한가?

(2) 외부에서 구입하는 경우 기존 설비를 ₩50,000에 임대할 수 있다고 가정할 때, 외부구입이 자가제조에 비하여 얼마나 유리한가?

(1)

① 증분수익: 없음

② 증분원가: 비용증가 ₩700 × 1,000개 = ₩700,000,

비용감소 ₩400,000 + ₩150,000 + ₩120,000 + ₩20,000(회피가능 FOH) = ₩690,000

③ 증분손익: ₩0 - (₩700,000 - ₩690,000) = (-)₩10,000

외부구입이 자가제조에 비해 오히려 ₩10,000 불리하다.

(2)

① 증분수익: 설비 임대수익 ₩50,000

② 증분원가: 비용증가 ₩700 × 1,000개 = ₩700,000,

비용감소 ₩400,000 + ₩150,000 + ₩120,000 + ₩20,000(회피가능 FOH) = ₩690,000

③ 증분손익: ₩50,000 - (₩700,000 - ₩690,000) = ₩40,000

외부구입이 자가제조에 비해 ₩40,000만큼 유리하다.

4 제품라인의 폐쇄

특정제품의 적자가 지속되는 경우 차라리 제품라인을 폐쇄하는 것이 바람직할 수 있다. 이때 주의할 점은 단순히 제품판매로 인해 적자가 발생한다고 해서 라인을 폐쇄해서는 안 된다는 점이다. 기업전체에서 발생하는 공통원가 중 일부를 해당 라인이 부담하고 있는 경우처럼 회피불가능한 고정원가 등이 있다면 이를 고려하여 라인의 폐쇄여부를 결정하여야 한다.

예제 **제품라인의 폐쇄**

▷ **문제**

㈜한국은 의자를 제조·판매하는 회사이다. 회사는 현재 학생용, 사무용, 업소용 세 가지 종류의 제품을 판매하고 있으며 부문별 손익계산서는 다음과 같다.

	학생용	사무용	업소용	계
매출	₩400,000	₩1,000,000	₩600,000	₩2,000,000
변동원가	₩200,000	₩700,000	₩500,000	₩1,400,000
공헌이익	₩200,000	₩300,000	₩100,000	₩600,000
고정원가	₩100,000	₩250,000	₩150,000	₩500,000
순이익	₩100,000	₩50,000	(-)₩50,000	₩100,000

회사는 고정원가를 각 제품의 매출액에 비례하여 배부하고 있다. 회사는 적자가 발생하는 업소용 제품의 생산중단을 고려하고 있다.

(1) 업소용 제품을 생산중단하더라도 회피가능한 고정원가는 없다고 가정할 때 폐지여부를 결정하시오.

(2) 만약 업소용 제품을 생산중단하는 경우, 고정원가 중 ₩50,000이 회피가능하며 동시에 해당라인을 이용하여 ㈜미국의 제품을 위탁생산하고 그 대가(수수료)로 ₩100,000을 받을 수 있다면 생산중단이 얼마나 유리한가?

⚙ **풀이**

(1)

① 증분수익: 매출감소 (-)₩600,000

② 증분원가: 비용감소 (-)₩500,000(변동원가)

③ 증분손익: (-)₩600,000 - (-)₩500,000 = (-)₩100,000

생산중단으로 인한 증분손익이 0보다 작으므로 계속해서 생산하는 것이 유리하다.

(2)

① 증분수익: 매출감소 (-)₩600,000 + 위탁생산 대가 ₩100,000 = (-)₩500,000

② 증분원가: 비용감소 (-)₩500,000(변동원가) + (-)₩50,000(고정원가) = (-)₩550,000

③ 증분손익: (-)₩500,000 - (-)₩550,000 = ₩50,000

생산을 중단하고 ㈜미국의 제품을 위탁생산하는 것이 ₩50,000만큼 유리하다.

5 제약요건 하의 의사결정

(1) 단일의 제약요건

자원은 기본적으로 유한한 특성을 가지고 있다. 기업의 생산자원도 마찬가지로 제약이 존재한다. 제품생산을 위해서는 노동력과 생산설비가 필요한데 단기적으로 이 두 가지는 제한되어 있다. 경우에 따라서는 원재료 공급에도 제한이 있을 수 있다. 이러한 자원의 제약이 있을 경우 기업의 이익을 극대화하기 위한 의사결정 기준은 '제약자원당 공헌이익'이다. 제약자원이 하나인 경우 이 제약자원당 공헌이익이 큰 제품에 자원을 우선적으로 투입해야 최대의 성과를 얻어낼 수 있다.

문제

㈜한국은 하나의 기계설비를 이용하여 두 가지 제품 A와 B를 생산하고 있다. 최대한 이용가능한 기계작업시간은 월 600시간이며, 두 제품에 대한 생산 및 판매자료는 다음과 같다.

	제품 A	제품 B
단위당 판매가격	₩1,000	₩2,000
단위당 변동원가	₩600	₩1,200
단위당 기계작업시간	2시간	5시간
최대 수요량(월)	200개	100개

회사의 이익을 극대화하기 위해서는 제품 A와 B를 각각 몇 단위씩 생산·판매하여야 하는가? (단, 최대수요 내에서 생산량과 판매량은 일치한다고 가정한다)

풀이

제품 A의 기계작업시간당 공헌이익: (₩1,000 - ₩600) ÷ 2시간 = ₩200/시간

제품 B의 기계작업시간당 공헌이익: (₩2,000 - ₩1,200) ÷ 5시간 = ₩160/시간

제약조건인 기계작업시간당 공헌이익이 더 큰 A를 우선생산하고, 남는 기계시간을 활용하여 B를 생산한다.

A 생산량 = Min(600시간/2시간=300개, 200개) = 200개

B 생산량 = (600시간 - A생산량 200개 × 2시간) ÷ 5시간 = 40개

(2) 복수의 제약조건

만약 제약조건이 둘 이상이라면 제약조건을 식으로 나타낸 후 선형계획법(Linear Programming)을 이용해야 한다. 선형계획법의 일반적인 해법으로는 심플렉스법이나 도해법이 있으나 계산기를 사용할 수 없고 시간제약이 있는 공무원시험에서는 어울리지 않는다. 따라서 수험목적으로는 두 제약요건식을 연립하여 방적식으로 해를 구하는 방법을 사용한다.

문제

㈜한국은 창원공장에서 두 가지 제품(G엔진, H엔진)을 생산하고 있다. 이 제품들에 대한 정보는 다음과 같다. 엔진의 생산은 조립부문과 검사부문을 거쳐서 완성된다. 하루 최대생산능력은 조립부문 600기계시간, 검사부문 120검사시간이고, 단기적으로 추가적인 생산능력의 확장은 불가능하다. 판매는 생산하는 대로 가능하다. G엔진 한 대를 만들기 위해서는 2기계시간과 1검사시간이 소요되고, H엔진은 5기계시간과 0.5검사시간이 소요된다. H엔진은 재료부족으로 인하여 하루에 110대로 생산이 제한된다. ㈜한국이 제한된 생산능력 하에서, 영업이익을 극대화하기 위해 하루에 생산해야 할 각 제품의 수량은?

2014 국가직 9급

	G엔진	H엔진
단위당 판매가격	₩8,000,000	₩10,000,000
단위당 변동원가	₩5,600,000	₩6,250,000
단위당 공헌이익	₩2,400,000	₩3,750,000
공헌이익률	30%	37.5%

① G엔진 25대, H엔진 110대
② G엔진 75대, H엔진 90대
③ G엔진 90대, H엔진 60대
④ G엔진 90대, H엔진 84대

⚙ 풀이

선형계획법에 따라 다음과 같이 풀어야 하는 기출문제이다.

(1) 목적함수식(영업이익을 Z라 할 때)

　Max Z = ₩2,400,000 × G + ₩3,750,000 × H

(2) 제약조건식

　$2 \cdot G + 5 \cdot H \leq 600$ 기계시간

　$1 \cdot G + 0.5 \cdot H \leq 120$ 검사시간

　$G \geq 0, H \geq 0$

이를 그래프로 표현한 후 실행가능영역을 표시하고, 최적해를 구하면 G는 75대, H는 90대의 해가 나온다.

정답 ②

풀이 TIP

제약조건이 2개 이상인 선형계획법은 공무원 시험에서 주어진 시간 안에 풀 수 없는 문제다. 따라서 다음과 같은 방법으로 접근한다.
① 제약조건에 대한 방정식을 세운다.
② 방정식의 해를 구한다.
제약조건은 기계시간과 검사시간이고, 두 제품과의 관계를 등호로 표시해버리면 다음과 같다.
기계시간: $2 \cdot G + 5 \cdot H = 600$ ⋯ (1)
검사시간: $1 \cdot G + 0.5 \cdot H = 120$ ⋯ (2)
(1) - (2) × 2를 하면,
$2 \cdot G + 5 \cdot H - (2 \cdot G + 1 \cdot H) = 600 - 240$
$4 \cdot H = 360; H = 90; G = 75$

6　장기의사결정(자본예산)

지금까지 다룬 의사결정 문제는 전부 단기간 내에 이루어지는 의사결정이었다. 하지만, 기업은 장기적인 의사결정 상황에도 직면하게 되는데 대표적인 것이 바로 설비투자에 대한 의사결정이다. 설비투자는 다른 의사결정에 비해 규모도 크지만, 기업성과에 미치는 영향이 장기에 걸쳐 나타난다는 특성이 있다. 이런 의사결정을 할 때는 먼저 투자안이 가져올 현금흐름을 추정해야 한다.

(1) 현금흐름 추정원칙

현금흐름을 추정할 때는 다음과 같은 기본 원칙에 유의하여야 한다.

1) 증분기준

모든 현금흐름은 증분기준에 따라 추정하는 것을 원칙으로 한다. 새로운 투자안이 가져오게 될 현금흐름의 변화를 바탕으로 추정하고, 기존에 지출된 매몰원가는 별도로 고려하지 않는다.

2) 세후기준

세금의 납부는 명백한 현금유출이므로 모든 현금흐름은 세후기준으로 측정한다.

3) 감가상각비

손익계산서상 발생하는 비용은 대부분 현금유출에 해당한다. 하지만, 예외적으로 감가상각비는 현금유출을 수반하지 않는 비용에 해당한다. 감가상각비에 대한 현금유출은 최초 투자시점에 한 번에 이루어진다. 다만, 발생주의 원칙에 따라 이를 한 번에 비용으로 인식하지 않고 수익을 발생시키는 기간 동안 나누어 인식할 뿐이다. 따라서 최초 투자시점에 현금유출로 반영한 금액을 다시 감가상각비로 중복해서 차감해서는 안 된다. 다만, 감가상각비는 매년 세무상 과세소득을 감소시키고 이로 인한 절세효과를 가져오므로 오히려 절세효과만큼을 현금유입으로 반영해야 한다.

4) 이자비용

금융비용도 명백한 현금유출에 해당하지만, 이는 투자안을 선택할 때 할인율로 고려하게 된다. 예상되는 현금흐름을 추정한 다음 이를 적정한 할인율로 할인하여 투자안의 가치를 구하게 되므로, 분자를 구성하는 현금흐름에는 이자비용을 반영하지 않는다.

(2) 현금흐름의 기간별 추정

장기의사결정의 출발은 현금흐름의 추정에서 시작한다. 투자가 시작되는 시점부터 종료되는 시점까지의 현금흐름을 추정하여 최종적인 의사결정을 하게 되는데 이는 크게 세 가지 시점 ① 투자시점, ② 투자기간 중, ③ 투자종료 시점으로 구분하여 분석하게 된다.

1) 투자시점

투자시점에는 설비투자에 대한 현금유출이 발생한다. 만약 설비투자에 대한 세액공제가 가능하다면 해당 금액만큼은 현금유입이 된다. 또한 지속적인 제품생산을 위해서는 일정 수준의 원재료 확보 등이 필요하고 외상거래를 하면 매입채무나 매출채권도 유지해야 하므로 순운전자본의 증가만큼 현금유출이 발생한다. 기존의 기계장치를 처분하게 된다면 세효과를 반영한 세후현금흐름을 현금유입액에 반영한다.

2) 투자기간 중

투자기간 중에는 설비투자로 인해 영업현금흐름이 발생하게 된다. 예상되는 수익에서 비용을 차감한 만큼 현금유입이 발생하는데 이때 설비투자에 대한 감가상각비는 현금유출이 일어나지 않으므로 현금유출에서 제외하여야 한다. 현금흐름은 세효과를 반영한 세후현금흐름을 구해야 하는데, 감가상각비의 경우 현금유출은 없지만 세금은 줄여주는 절세효과가 있기 때문에 세효과만큼은 현금유입으로 반영하게 된다.

매년 순운전자본의 변동이 생긴다면 증가는 현금유출로, 감소는 현금유입으로 반영한다.

3) 투자종료 시점

투자가 종료되는 시점에는 설비를 처분하여 회수할 것으로 예상되는 금액을 현금유입으로 반영한다. 처분손익도 마찬가지로 세효과를 반영한 세후현금흐름으로 구한다. 남아 있는 운전자본은 모두 회수가 될 것으로 가정하여 현금유입에 반영한다.

예제　　**자본예산**

📝 문제

㈜한국은 그동안 사용하던 기계장치(장부금액 ₩0)를 ₩100,000에 처분하고 최신 자동화설비를 도입하려고 한다. 새로운 설비는 ₩1,000,000에 구입하여 4년간 사용할 수 있으며, 잔존가액은 ₩200,000으로 내용연수 종료시점의 처분예상액과 일치한다. ㈜한국은 자동화설비의 도입으로 매년 ₩400,000의 인건비를 절약할 것으로 기대하며, 순운전자본은 ₩100,000이 증가될 것으로 예상한다.

(1) 법인세가 없을 경우 ① 투자시점, ② 투자기간 중, ③ 투자종료 시점의 현금흐름을 분석하시오

(2) 법인세율이 20%인 경우 ① 투자시점, ② 투자기간 중, ③ 투자종료 시점의 현금흐름을 분석하시오.

⚙️ 풀이

(1) 법인세가 없는 경우

① 투자시점

새로운 설비취득	(-)₩1,000,000
(구)기계장치 처분	(+)₩100,000
순운전자본 증가	(-)₩100,000
합계	(-)₩1,000,000

② 투자기간 중

인건비 절감액	(+)₩400,000
합계	(+)₩400,000

③ 투자종료 시점

설비 잔존가액	(+)₩200,000
순운전자본 회수액	(+)₩100,000
합계	(+)₩300,000

(2) 법인세가 있는 경우
① 투자시점

새로운 설비취득	(-)₩1,000,000
(구)기계장치 처분(세후): ₩100,000 - (1 - 20%)	(+)₩80,000
순운전자본 증가	(-)₩100,000
합계	(-)₩1,020,000

② 투자기간 중

인건비 절감액(세후): ₩400,000 × (1 - 20%)	(+)₩320,000
감가상각비 절세효과: ₩200,000 × 20%	(+) ₩40,000
합계	(+)₩360,000

③ 투자종료 시점

설비 잔존가액	(+)₩200,000
순운전자본 회수액	(+)₩100,000
합계	(+)₩300,000

(3) 투자안의 평가

투자안의 경제성을 판단하는 평가방법에는 시간가치를 고려하지 않는 비할인모형(회수기간법, 회계적이익률법)과 시간가치를 고려하는 할인모형(순현재가치법, 내부수익률법)이 있다.

1) 회수기간법

회수기간법은 투자액이 회수되는 데 걸리는 기간(회수기간)을 계산하여 회수기간이 짧을수록 유리하다고 판단하는 방법이다. 계산이 간단하고 이해하기 쉽다는 장점이 있지만, 회수기간 이후의 현금흐름을 무시하고, 화폐의 시간가치를 고려하지 않는다는 단점이 있다.

$$\text{회수기간} = \frac{\text{투자액}}{\text{연간현금유입액}}$$

예제 **회수기간법**

▷ 문제

㈜한국은 새로운 기계장치를 ₩1,000,000에 구입하고자 한다. 새로운 기계장치가 가져올 현금흐름은 다음과 같다. (단, 연중 현금흐름은 고르게 발생한다고 가정한다.)

연도	01	02	03	04	05
연간 현금흐름	₩200,000	₩300,000	₩400,000	₩400,000	₩300,000

(1) 상기 투자안의 현금회수기간을 구하시오.

(2) 만약 회사의 목표 현금회수기간이 3년이라면 이 투자안은 채택되는가, 기각되는가?

> **⚙ 풀이**
>
> (1) 누적 현금흐름은 다음과 같다.
>
> | 연도 | 01 | 02 | 03 | 04 | 05 |
> |---|---|---|---|---|---|
> | 연간 현금흐름 | ₩200,000 | ₩500,000 | ₩900,000 | ₩1,300,000 | ₩1,600,000 |
>
> 회수기간 = 3년 + ₩100,000/₩400,000 = 3.25년
>
> (2) 투자안의 현금회수기간(3.25년)이 목표 회수기간보다 길기 때문에 투자안을 기각한다.

2) 회계적이익률법

회계적이익률법은 발생주의에 따라 계산되는 회계이익을 바탕으로 투자액과 비교한 수익률을 구한 다음 이를 바탕으로 의사결정을 하는 방법이다. 발생주의로 작성된 회사의 자료를 그대로 이용할 수 있고, 회수기간법과 달리 회수기간 이후의 수익성까지도 고려한다는 장점이 있다. 반면에 현금흐름이 아닌 발생주의 이익에 기초한다는 점과 화폐의 시간가치를 고려하지 않는다는 단점이 있다.

$$\text{회계적이익률} = \frac{\text{연평균순이익}}{\text{최초투자액}}$$

또는

$$\text{회계적이익률} = \frac{\text{연평균순이익}}{\text{연평균투자액}} = \frac{\text{연평균순이익}}{(\text{최초투자액} + \text{잔존가치})/2}$$

예제 **회계적이익률법**

▷ 문제

㈜한국은 최근의 부진한 실적을 만회하기 위한 신규사업 투자를 검토 중에 있다. 기존 사업의 회계적 이익률은 10%를 보이고 있으며 신규사업에서 예상되는 당기순이익은 다음과 같다.

연도	당기순이익 예상
1	₩160,000
2	₩180,000
3	₩200,000

신규사업에 필요한 투자액은 ₩2,000,000이며 3년 후의 잔존가치는 ₩400,000으로 예상된다.

(1) 최초투자액을 기준으로 신규사업의 회계적이익률을 구한 다음, 목표이익률 10%를 기준으로 투자안의 채택 여부를 결정하시오.

(2) 평균투자액을 기준으로 신규사업의 회계적이익률을 구한 다음, 목표이익률 10%를 기준으로 투자안의 채택 여부를 결정하시오.

3) 순현재가치법

순현재가치법(NPV; Net Present Value method)은 투자안의 순현재가치를 계산하여 투자의사결정을 하는 방법이다. 투자안의 순현재가치는 현금유입액의 현재가치에서 현금유출액의 현재가치를 차감하여 구한다.

순현재가치 = 현금유입액의 현재가치 − 현금유출액의 현재가치

순현재가치법에서는 투자안의 NPV가 0보다 큰 경우 투자안을 채택하고 0보다 작다면 기각한다. 여러 개의 투자안이 있을 경우에는 NPV가 가장 큰 투자안을 선택한다. 순현재가치법은 다른 방법들에 비해 다음과 같은 장점을 가지고 있다.

① 화폐의 시간적 가치를 고려한다.

② 회계적이익이 아닌 현금흐름을 바탕으로 분석하기 때문에 회사의 회계정책에 따라 투자안의 가치가 달라지지 않는다.

③ 가치가산의 원칙이 성립한다. 즉, 투자안 A의 NPV와 투자안 B NPV를 더하면 두 투자안에 모두 투자했을 때의 NPV가 된다. (뒤에서 다룰 IRR의 경우에는 성립하지 않는다)

④ 투자안의 NPV 자체가 바로 투자로 인한 기업가치 증가분이 된다.

다만 현재가치 할인에 사용할 할인율(자본비용)을 정하기가 어렵다는 단점도 존재한다.

예제　　**순현재가치법**

▷ **문제**

㈜한국은 ₩100,000의 최신형 기계장치를 구입하려고 한다. 기계장치의 내용연수는 3년이며 잔존가치는 ₩10,000 정액법으로 상각한다. 새로운 기계장치로 인해 증가할 것으로 예상되는 영업이익은 ₩10,000이며, 투자종료 시점에 기계장치는 ₩10,000에 처분할 예정이다. 회사의 자본비용은 10%일 때, 순현재가치법에 따라 투자의사결정을 하시오. (단, 10%, 3기간 현가계수는 0.75, 연금현가계수는 2.49이다)

① 투자시점 현금흐름: 설비취득 (-)₩100,000

② 투자기간 중 현금흐름: 영업이익 증가 (+)₩10,000 + 감가상각비(+)₩30,000 = (+)₩40,000

   문제에서 비용절감액이 아닌 영업이익 증가액이 주어졌다. 회계상 영업이익은 감가상각비를 차

   감한 후에 산출되므로 영업현금흐름은 현금유출이 없는 감가상각비를 더해서 구하게 된다.

③ 투자종료 시점 현금흐름: 기계장치 처분 (+)₩10,000

④ 순현재가치 = (-)₩100,000 + ₩40,000 × 2.49 + ₩10,000 × 0.75 = (-)₩100,000 +

   ₩99,600 + ₩7,500 = (+)₩7,100

NPV가 ₩0보다 크므로 투자안을 채택한다.

4) 내부수익률법

내부수익률법(IRR; Internal Rate of Return method)은 투자안의 내부수익률을 구한 다음 이를 요
구수익률과 비교하여 투자의사결정을 하는 방법이다. 여기서 내부수익률은 투자안에 대한 현금유입
액의 현재가치와 현금유출액의 현재가치를 일치시키는 할인율을 말하며, 투자안의 NPV가 0이 되게
하는 할인율에 해당한다. 계산기를 사용할 수 없는 공무원시험에서는 계산문제로 출제되기가 어려
운 주제이다. 내부수익률법은 순현재가치법과 마찬가지로 화폐의 시간가치를 고려하고 회계정책에
영향을 받지 않는다는 장점이 있으나, 계산이 어렵고 가치가산의 원칙이 적용되지 않는다는 단점이
있다.

인 출 과 제

01 변동원가계산과 관련하여 다음 빈칸을 채우시오.

의의	재고량의 증감으로 생기는 이익의 왜곡을 줄이기 위해 ( )를 제품에 배부하지 않고 모두 기간비용으로 처리 ( )이 같다면 ( )에 따라 이익이 달라지지 않음
이익차이	전부원가계산의 이익 - ( )에 포함된 ( ) + ( )에 포함된 ( )
초변동원가	( )를 제외한 모든 비용을 기간비용으로 처리

※ 각 원가계산제도별로 제품원가와 기간원가의 범위를 구분하시오.

	전부원가계산(GAAP)	변동원가계산	초변동원가계산
직접재료원가			
직접노무원가			
변동제조간접원가			
고정제조간접원가			
판매비와 관리비			

01 2010년 1월 1일에 영업을 개시한 ㈜대한은 2010년에 10,000단위의 제품을 생산하여 9,000단위를 판매하였으며, 2010년 12월 31일 현재 기말재공품 및 원재료 재고는 없다. 실제 제품원가는 제품 단위당 직접재료원가 ₩40, 직접노무원가 ₩20, 변동제조간접원가 ₩10이었고, 총고정제조간접원가는 ₩200,000이었다. ㈜대한이 실제원가계산을 하는 경우, 2010년도 전부원가계산에 의한 영업이익과 변동원가계산에 의한 영업이익의 차이는?

2011 국가직 9급

① ₩20,000   ② ₩90,000

③ ₩180,000   ④ ₩200,000

02 ㈜관세는 20×4년 초 고객으로부터 축구공 500단위를 단위당 ₩320에 구입하겠다는 특별주문을 받았다. 특별주문을 수락하더라도 특별주문에 대한 변동판매비와관리비는 발생하지 않으며, ㈜관세는 현재 충분한 여유생산설비를 보유하고 있다. 축구공 1단위의 정상판매가격은 ₩500이다. ㈜관세의 20×3년 1,000단위 판매에 따른 자료는 다음과 같다.

	단위당 원가	총원가
변동제조원가	₩240	₩240,000
고정제조원가	₩50	₩50,000
변동판매비와관리비	₩20	₩20,000
고정판매비와관리비	₩10	₩10,000

㈜관세가 특별주문을 수락하는 경우 20X4년도의 영업이익에 미치는 영향은?

2014 관세사

① ₩30,000 감소   ② ₩30,000 증가

③ ₩40,000 감소   ④ ₩40,000 증가

정답과 해설

01 **정답** ①
해설 전부원가계산 이익 = 변동원가계산 이익 + 기말재고에 포함된 FOH - 기초재고에 포함된 FOH
전부원가계산 이익 - 변동원가계산 이익 = 기말재고에 포함된 FOH - 기초재고에 포함된 FOH
'기말 재고에 포함된 고정제조간접원가 - 기초 재고자산에 포함된 고정제조간접원가'만큼 전부원가계산제도가 이익이 높다.
당기에 영업을 개시하였으므로 기초재고자산은 없고 기말재고자산 수량은 1,000단위(10,000단위 생산 - 9,000단위 판매)이다.
영업이익의 차이 = 기말재고자산에 포함된 고정제조간접원가 = 총고정제조간접원가 ₩200,000 × 1,000단위/10,000단위 = ₩20,000

02 **정답** ④
해설 영업이익 변동 = (판매가격 ₩320 - 변동제조원가 ₩240) × 500개 = ₩40,000

03 다음 중 전부원가계산과 변동원가계산에 대한 설명으로 옳지 않은 것은?　　　2015 보험계리사

① 생산량이 판매량보다 많은 경우에는 변동원가계산에 의한 영업이익이 전부원가계산에 의한 영업이익보다 크게 된다.

② 변동원가계산에 의한 영업이익은 판매량에 비례하지만 전부원가계산에 의한 영업이익은 생산량과 판매량의 함수관계로 결정된다.

③ 전부원가계산은 외부보고 목적의 재무제표 작성 시 사용된다.

④ 변동원가계산에서는 고정제조간접원가는 기간비용으로 처리된다.

04 변동원가계산에 대한 설명으로 옳지 않은 것은?　　　2024 국가직 9급

① 의사결정을 위한 내부보고목적으로 사용할 때 장점이 있다.

② 변동제조원가와 변동판매관리비 등 조업도에 따라 변동하는 원가는 제품원가로 분류한다.

③ 전부원가계산에 비해 제품원가를 과소평가하게 된다.

④ 고정제조간접원가는 기간비용 처리되므로 수익·비용대응의 원칙에 어긋난다.

정답과 해설

03 **정답** ①

　해설 생산량이 판매량보다 많은 경우 전부원가계산에 의한 영업이익이 변동원가계산에 의한 영업이익보다 크다.

04 **정답** ②

　해설 제조원가가 아닌 판매관리비는 제품원가로 분류할 수 없다.

	전부원가계산(GAAP)	변동원가계산	초변동원가계산
직접재료원가	제품원가	제품원가	제품원가
직접노무원가	제품원가	제품원가	기간원가
변동제조간접원가	제품원가	제품원가	기간원가
고정제조간접원가	제품원가	기간원가	기간원가
판매비와 관리비	기간원가	기간원가	기간원가

05 ㈜한국은 2015년에 영업을 시작하였으며, 당해 연도의 생산 및 판매와 관련된 자료는 다음과 같다. ㈜한국이 실제원가계산에 의한 전부원가계산방법과 변동원가계산방법을 사용할 경우, 영업이익이 더 높은 방법과 두 방법 간 영업이익의 차이는?

2016 지방직 9급

• 제품생산량	1,000개	• 제품판매량	800개
• 고정제조간접원가	₩1,000,000	• 고정판매비와 관리비	₩1,100,000
• 기말 재공품은 없음			

	영업이익이 더 높은 방법	영업이익의 차이
①	전부원가계산	₩200,000
②	변동원가계산	₩200,000
③	전부원가계산	₩220,000
④	변동원가계산	₩220,000

06 ㈜서울은 화장품 제조회사로 화장품을 담는 용기도 함께 생산하고 있다. 화장품 용기 생산량은 매년 1,000개이며, 1,000개 조업도 수준 하에서 화장품 용기의 단위당 제조원가는 아래의 표와 같다. 그런데 외부의 용기 생산업자가 화장품 용기 1,000개를 개당 ₩95에 공급하겠다고 제안하였다. ㈜서울이 이 제안을 수락할 경우 화장품 용기 생산에 사용되는 설비를 연 ₩10,000에 다른 회사에 임대할 수 있다. 한편, 화장품 용기를 외부에서 구입하더라도 고정제조간접원가의 50%는 계속해서 발생된다. ㈜서울이 외부공급업자의 제안을 수락할 경우 연간 이익은 얼마만큼 증가 혹은 감소하겠는가?

2016 서울시 7급

구분	단위당 원가
직접재료원가	₩30
직접노무원가	20
변동제조간접원가	10
고정제조간접원가	40
화장품 용기의 단위당 제조원가	₩100

① ₩5,000 증가 ② ₩5,000 감소
③ ₩10,000 증가 ④ ₩10,000 감소

05 정답 ①
해설 '기말 재고자산에 포함된 고정제조간접원가 - 기초 재고자산에 포함된 고정제조간접원가'만큼 전부원가계산제도가 이익이 높다.
₩1,000,000 × 200개/1,000개 = ₩200,000

06 정답 ②
해설 증분수익: 설비 임대수익 ₩10,000
증분비용: 비용증가 1,000개 × 외부구입가격₩95 = ₩95,000
　　　비용감소 (변동원가 ₩60 + 고정원가 ₩40 × 50%) × 1,000개 = ₩80,000
　　　합계 비용증가 ₩15,000
증분손익 = 증분수익 ₩10,000 - 증분비용 ₩15,000 = (-)₩5,000

07 ㈜대한은 완제품 생산에 필요한 A부품을 매월 500단위씩 자가제조하고 있다. 그런데 타 회사에서 매월 A부품 500단위를 단위당 ₩100에 납품하겠다고 제의하였다. A부품을 자가제조할 경우 변동제조원가는 단위당 ₩70이고, 월간 고정제조간접원가 총액은 ₩50,000이다. 만약 A부품을 외부구입하면 변동제조원가는 발생하지 않으며, 월간 고정제조간접원가의 40%를 절감할 수 있다. 또한 A부품 생산에 사용되었던 설비는 여유설비가 되며 다른 회사에 임대할 수 있다. A부품을 외부 구입함으로써 매월 ₩10,000의 이익을 얻고자 한다면, 여유설비의 월 임대료를 얼마로 책정해야 하는가?

2014 감정평가사

① ₩5,000   ② ₩6,000

③ ₩7,000   ④ ₩8,000

08 다음 중 변동원가계산제도의 특징이 아닌 것은?

① 고정제조간접원가를 기간비용으로 처리한다.

② 생산량이 이익에 영향을 미칠 뿐, 판매량은 영향을 주지 않는다.

③ 장기적인 의사결정보다는 단기적인 의사결정에 적합한 방법이다.

④ 외부보고목적용으로는 적합하지 않은 제도이다.

---

07 정답 ①

해설 외부구입시

증분수익: 임대료

증분비용: 비용증가 500단위 × ₩100 = ₩50,000

　　　　　 비용감소 500단위 × ₩70 + ₩50,000 × 40% = ₩55,000

목표이익 ₩10,000 = 임대료 - (₩50,000 - ₩55,000)

임대료 = ₩5,000

08 정답 ②

해설 ② 판매량과 생산량이 뒤바뀌었다. 변동원가계산제도에서는 이익이 판매량에 영향을 받을 뿐, 생산량에는 영향을 받지 않는다.

③ 단기간의 의사결정은 변동원가만을 고려하여 내릴 수 있지만, 장기간의 의사결정은 고정원가도 고려해야 한다.

09 ㈜한국은 변동원가계산을 사용하여 ₩100,000의 순이익을 보고하였다. 기초 및 기말 재고자산은 각각 15,000단위와 19,000단위이다. 매 기간 고정제조간접비배부율이 단위당 ₩3이었다면 전부원가계산에 의한 순이익은? (단, 법인세는 무시한다)

2014 국가직 9급

① ₩88,000   ② ₩145,000

③ ₩43,000   ④ ₩112,000

10 ㈜한국은 당기에 1,000단위의 제품을 생산하여 900단위의 제품을 판매하였다. 당기의 원가자료는 다음과 같다.

• 단위당 기초원가	₩600
• 단위당 변동제조간접원가	₩300
• 단위당 변동판매비와관리비	₩100
• 고정제조간접원가	₩200,000
• 고정판매비와관리비	₩100,000

기초재고자산은 없다고 가정할 때 다음 설명 중 틀린 것은?

① 전부원가계산에 의한 당기순이익이 변동원가계산에 의한 당기순이익보다 ₩20,000만큼 크다.

② 전부원가계산에 의할 경우 제품 단위당 제조원가는 ₩1,100이다.

③ 변동원가계산에 의할 경우 제품 단위당 제조원가는 ₩1,000이다.

④ 전부원가계산에 의할 경우 기말제품재고액은 ₩110,000이다.

---

09 **정답** ④

해설 '기말 재고자산에 포함된 고정제조간접원가 - 기초 재고자산에 포함된 고정제조간접원가'만큼 전부원가계산제도가 이익이 높다.

전부원가계산에 의한 순이익 = ₩100,000 + (19,000 - 15,000) × ₩3 = ₩112,000

10 **정답** ③

해설 기말재고자산에 포함된 FOH (₩200,000 × 100단위/1,000단위 = ₩20,000)만큼 전부원가계산에 의한 당기순이익이 더 크다.

전부원가계산에 의한 단위당 제조원가 = 기초원가 ₩600 + VOH ₩300 + FOH ₩200,000/1,000단위 = ₩1,100

기말재고자산 = ₩1,100 × (1,000단위 - 900단위) = ₩110,000

변동원가계산에 의한 단위당 제조원가 = 기초원가 ₩600 + VOH ₩300 = ₩900

11 ㈜대한은 단일 종류의 제품을 생산·판매하고 있다. 20X1년도 단위당 판매가격은 ₩4,000, 단위당 변동원가는 ₩3,500, 연간 총고정원가는 ₩500,000으로 예상된다. 20X1년 중에 특정 고객으로 부터 제품 100단위를 구입하겠다는 주문(이하, 특별주문)을 받았다. 특별주문을 수락할 경우 단위 당 변동원가 중 ₩500을 절감할 수 있으며, 배송비용은 총 ₩10,000이 추가로 발생한다. 특별주문 을 수락하더라도 여유설비가 충분하기 때문에 정상적인 영업활동이 가능하다. ㈜대한이 특별주문 을 수락하여 ₩30,000의 이익을 얻고자 한다면, 단위당 판매가격을 얼마로 책정해야 하는가?

2014 감정평가사

① ₩3,100   ② ₩3,300

③ ₩3,400   ④ ₩3,500

12 변동원가계산과 관련된 다음의 설명 중 옳지 않은 것은? 2014 서울시 9급

① 변동제조간접원가는 매출원가에 포함된다.

② 공헌이익에 대한 정보를 제공하므로 단기의사결정과 성과평가에 유용하다.

③ 외부보고 및 조세목적을 위해서 일반적으로 인정되는 방법이다.

④ 고정제조간접원가는 매출원가에 포함되지 않는다.

⑤ 제품의 생산량이 영업이익에 영향을 미치지 않는다.

정답과 해설

11 **정답** ③

해설 특별주문에 대한 단위당 변동원가 = ₩3,500 - ₩500 = ₩3,000

특별주문에 대한 총고정원가 ₩10,000, 목표이익 ₩30,000이므로 특별주문에 대한 CVP 목표매출식은 다음과 같다.

(P - ₩3,000) × 100단위 = 고정원가 ₩10,000 + 목표이익 ₩30,000

P - ₩3,000 = ₩400

P = ₩3,400

12 **정답** ③

해설 변동원가계산은 GAAP에서 인정하고 있는 방법이 아니기 때문에 내부관리 목적으로만 사용가능하다. 외부보고 및 조세목적 으로는 전부원가계산을 적용해야 한다.

13 ㈜한국은 제품 20,000단위를 판매하고 있다. 제품 단위당 판매가격은 ₩600, 단위당 변동제조원가는 ₩300, 단위당 변동판매비와관리비는 ₩150이다. ㈜한국은 ㈜구포로부터 단위당 ₩500에 7,000단위의 특별주문을 받았다. 이때 소요되는 추가 판매비와관리비는 총 ₩1,200,000이다. 회사의 최대생산능력은 25,000단위이므로 이 특별주문을 받아들일 경우 기존 판매제품의 수량이 2,000단위 감소할 것이다. 이 특별주문을 수락하는 경우 이익에 미치는 영향은?

2012 감정평가사 수정

① ₩40,000 증가   ② ₩100,000 증가

③ ₩40,000 감소   ④ ₩60,000 감소

14 ㈜한국은 20X1년에 사업을 개시하였다. 20X1년 변동원가계산에 의한 순이익이 ₩200,000일 경우, 다음 자료를 이용하여 전부원가계산에 의한 순이익을 구하면?

	제조간접원가 배부액	
	변동제조간접원가	고정제조간접원가
재 공 품	₩24,000	₩30,000
제 품	₩30,000	₩42,000
매출원가	₩140,000	₩158,000

① ₩128,000   ② ₩158,000

③ ₩242,000   ④ ₩272,000

13 정답 ②

해설 증분수익: 수익증가 ₩500 × 7,000단위 = ₩3,500,000

증분비용: 7,000단위 × 변동제조원가 ₩300 + ₩1,000,000 = ₩3,100,000

기회비용: 2,000단위 × (₩600 − ₩300 − ₩150) = ₩300,000

증분손익 = ₩3,500,000 − ₩3,100,000 − ₩300,000 = ₩100,000

14 정답 ④

해설 전부원가계산 이익 = 변동원가계산 이익 + 기말재고에 포함된 FOH − 기초재고에 포함된 FOH = ₩200,000 + ₩30,000 + ₩42,000 = ₩272,000

15 ㈜감평은 A제품과 B제품을 생산·판매하고 있으며, 다음 연도 예산손익계산서는 다음과 같다.

	A제품	B제품
매출액	₩4,000	₩2,000
변동원가	₩1,500	₩1,200
고정원가	₩2,000	₩1,400
영업이익(손실)	₩500	(₩600)
판매량	2,000단위	2,000단위

회사는 영업손실을 초래하고 있는 B제품의 생산을 중단하고자 한다. B제품의 생산을 중단하면, A제품의 연간 판매량이 1,000단위만큼 증가하고 연간 고정원가 총액은 변하지 않는다. 이 경우 회사 전체의 영업이익은 얼마나 증가(혹은 감소)하는가? (단, 기초 및 기말 재고자산은 없다.)

2014 감정평가사

① ₩175 감소   ② ₩450 증가

③ ₩650 감소   ④ ₩1,250 증가

---

15 **정답** ②

해설 증분수익: A제품 공헌이익 증가 (₩4,000 − ₩1,500) × 1,000개/2,000개 = ₩1,250

증분비용: B제품 공헌이익 감소 (₩2,000 − ₩1,200) = ₩800

이익변화 = ₩1,250 − ₩800 = ₩450

16 ㈜관세는 현재 제품 A, B, C를 생산·판매하고 있다. 각 제품에 대한 월별 생산 및 판매와 관련된 자료는 다음과 같다.

구분	제품 A	제품 B	제품 C
단위당 판매가격	₩200	₩150	₩300
단위당 변동원가	₩140	₩100	₩180
단위당 기계사용시간	2시간	1시간	3시간
최대시장수요량	300단위	500단위	100단위
총고정원가	₩100,000		

이 회사의 월 최대 사용가능한 기계시간이 1,000시간으로 제약되어 있는 경우, 영업이익을 극대화할 수 있는 최적제품배합으로 옳은 것은?

	제품 A	제품 B	제품 C
①	100단위	500단위	100단위
②	300단위	100단위	100단위
③	250단위	500단위	0단위
④	300단위	250단위	50단위

16 정답 ①

해설

구분	제품 A	제품 B	제품 C
단위당 공헌이익	₩60	₩50	₩120
단위당 기계사용시간	2시간	1시간	3시간
기계사용시간당 공헌이익	₩30/시간	₩50/시간	₩40/시간
우선순위	3	1	2
생산량	100단위[1]	500단위	100단위

1) (1,000시간 - B 500단위 × 1시간 - C 100단위 × 3시간) ÷ 2시간 = 100단위

17 ㈜동방은 ₩21,000을 투자하여 신규설비를 도입하였다. 이 신규설비 투자로 인해 발생할 것으로 예상되는 연간 세후 순이익은 ₩2,100이다. 신규설비의 내용연수는 10년이고 잔존가치는 없으며 정액법에 의하여 상각한다. ㈜동방의 최저요구수익률은 10%이고, 10년 후 ₩1의 현재가치는 0.386이며 10년간 기말연금의 현가계수는 6.145이다. 이 경우 회수기간법에 의한 회수기간은?

2009 지방직 9급

① 3년　　　　　② 4년
③ 5년　　　　　④ 10년

18 신설법인인 ㈜한국의 기말 제품재고는 1,000개, 기말 재공품재고는 없다. 다음 자료를 근거로 변동원가계산 방법에 의한 공헌이익은?

2018 국가직 9급

• 판매량	4,000개
• 단위당 판매가격	₩1,000
• 생산량	5,000개
• 단위당 직접재료원가	₩300
• 단위당 직접노무원가	₩200
• 단위당 변동제조간접원가	₩100
• 총 고정제조간접비	₩1,000,000
• 단위당 변동판매관리비	₩150
• 총 고정판매관리비	₩800,000

① ₩1,000,000　　　　　② ₩1,250,000
③ ₩1,600,000　　　　　④ ₩2,000,000

---

17 정답 ③

해설 세후 순이익은 감가상각비를 차감한 금액이다. 감가상각비는 현금유출이 없는 비용에 해당하므로 세후 현금흐름은 다음과 같다.

세후 현금흐름 = 세후 순이익 + 감가상각비 = ₩2,100 + ₩21,000/10년 = ₩4,200

$$\text{회수기간} = \frac{\text{투자액}}{\text{연간현금유입액}} = \frac{21,000}{4,200} = 5년$$

18 정답 ①

해설 단위당 변동원가 = DM ₩300 + DL ₩200 + VOH ₩100 + 변동판관비 ₩150 = ₩750

단위당 공헌이익 = 단위당 판매가격 ₩1,000 - 단위당 변동원가 ₩750 = ₩250

공헌이익 = 판매량 4,000개 × 단위당 공헌이익 ₩250 = ₩1,000,000

19 전부원가계산과 변동원가계산에 대한 설명으로 옳지 않은 것은? (단, 주어진 내용 외의 다른 조건은 동일하다)

2020 국가직 9급

① 전부원가계산에서 판매량이 일정하다면 생산량이 증가할수록 영업이익은 증가한다.

② 전부원가계산은 외부보고 목적보다 단기의사결정과 성과평가에 유용하다.

③ 변동원가계산에서는 고정제조간접원가를 제품원가에 포함시키지 않는다.

④ 변동원가계산에서 생산량의 증감은 이익에 영향을 미치지 않는다.

20 원가행태에 대한 설명으로 옳지 않은 것은?

2020 지방직 9급

① 월급제로 급여를 받는 경우, 작업자가 받는 급여는 노무시간에 비례하지 않지만, 총생산량에 따라 작업자의 인원을 조정할 수 있으면 총노무원가는 계단원가가 된다.

② 제품수준(유지)원가는 제품 생산량과 무관하게 제품의 종류 수 등 제품수준(유지)원가동인에 비례하여 발생한다.

③ 고정제조간접원가가 발생하는 기업에서 전부원가계산을 채택하면 생산량이 많아질수록 제품단위당 이익은 크게 보고된다.

④ 초변동원가계산에서는 직접재료원가와 직접노무원가를 제품원가로 재고화하고 제조간접원가는 모두 기간비용으로 처리한다.

정답과 해설

19 **정답** ②

해설 외부보고 목적으로는 전부원가계산을 사용하여야 하고, 변동원가계산은 내부의사결정목적에 유용하다.

20 **정답** ④

해설 초변동원가계산에서는 직접재료원가만(직접노무원가 제외) 제품원가로 보아 재고에 포함시키고 나머지는 모두 기간비용으로 처리한다.

21 20×1년 초에 영업을 개시한 ㈜한국은 동 기간에 5,000단위의 제품을 생산·완성하였으며, 단위당 ₩1,200에 판매하고 있다. 영업활동에 관한 자료는 다음과 같다.

• 단위당 직접재료원가	₩450	• 고정제조간접원가	₩500,000
• 단위당 직접노무원가	₩300	• 고정판매관리비	₩300,000
• 단위당 변동제조간접원가	₩100		
• 단위당 변동판매관리비	₩100		

전부원가계산에 의한 영업이익이 변동원가계산에 의한 영업이익보다 ₩300,000이 많을 경우, 20×1년 판매수량은?

2020 지방직 9급

① 1,000단위   ② 2,000단위
③ 3,000단위   ④ 4,000단위

21 정답 ②

해설 전부원가계산 이익 = 변동원가계산 이익 + 기말재고에 포함된 FOH - 기초재고에 포함된 FOH

전부원가계산 이익 - 변동원가계산 이익 = 기말재고에 포함된 FOH - 기초재고에 포함된 FOH

₩300,000 = 기말재고에 포함된 FOH - ₩0(당기에 영업을 개시하였으므로 기초재고가 없다)

결국 기말재고자산에 포함된 고정제조간접원가는 ₩300,000이다.

총 고정제조간접원가가 ₩500,000인데 이중 60%에 해당하는 ₩300,000이 기말재고로 남았으므로 판매수량은 생산량의 40%에 해당하는 2,000단위(5,000단위 × 40%)가 된다.

22 <보기>는 단일제품을 생산하여 개당 ₩50에 판매하는 ㈜서울(20X1년 초 설립)의 20X1년도 제조원가와 생산량에 대한 자료이다. ㈜서울의 20X1년도 변동원가계산에 의한 영업이익이 ₩600,000일 때, 전부원가계산에 의한 영업이익은? (단, 판매관리비는 발생하지 않는다고 가정한다.)

2020 서울시 7급

<보기>

• 단위당 직접재료원가	₩10
• 단위당 직접노무원가	₩8
• 단위당 변동제조간접원가	₩12
• 연간 총 고정제조간접원가	₩1,000,000
• 당기 생산량	100,000개

① ₩400,000 ② ₩600,000

③ ₩800,000 ④ ₩1,000,000

23 ㈜한국의 다음 자료를 이용한 변동제조원가발생액은? (단, 기초제품재고와 기초 및 기말 재공품재고는 없다)

2021 지방직 9급

• 당기 제품생산량	50,000개
• 당기 제품판매량	50,000개
• 변동매출원가	₩900,000

① ₩600,000 ② ₩700,000

③ ₩800,000 ④ ₩900,000

22 **정답** ③

해설 전부원가계산 이익 = 변동원가계산 이익 + 기말재고에 포함된 FOH - 기초재고에 포함된 FOH

당기 초에 설립하였으므로, 기초재고자산은 없다.

변동원가계산에 의한 영업이익 ₩600,000 = 단위당 공헌이익(단위당 판매가격 ₩50 - 단위당 직접재료원가 ₩10 - 단위당 직접노무원가 ₩8 - 단위당 변동제조간접원가 ₩12) × 판매량 - 총 고정제조간접원가 ₩1,000,000 = ₩20 × 판매량 - ₩1,000,000

판매량 = (₩600,000 + ₩1,000,000) ÷ ₩20 = 80,000개

기말재고 = 생산량 100,000개 - 판매량 80,000개 = 20,000개

기말재고에 포함된 FOH = 총 고정제조간접원가 ₩1,000,000 × 기말재고 20,000개/생산량 100,000개 = ₩200,000

전부원가계산 이익 = 변동원가계산 이익 ₩600,000 + 기말재고에 포함된 FOH ₩200,000 = ₩800,000

23 **정답** ④

해설 기초 재고자산은 없다. 당기 생산량과 판매량도 같으므로 기말 재고자산 역시 없다. 제조원가가 발생하면 이중에 판매분은 매출원가로 가고, 미판매분은 재고자산이 되는데 생산량이 모두 판매되고 재고자산이 없으므로 제조원가와 매출원가는 같아진다.

제품

기초재고	0	매출원가	900,000
제조원가	?	기말재고	0
	900,000		900,000

24 전부원가계산에 의한 영업이익이 변동원가계산에 의한 영업이익보다 ₩10,000이 더 클 때, 다음의 자료를 이용한 당기 생산량은?

2021 지방직 9급

구분	수량/금액
판매량	500개
고정판매관리비	₩15,000
고정제조간접원가(총액)	₩30,000
기초재고	없음

① 650개 ② 700개
③ 750개 ④ 800개

25 재고자산 수준의 변화에 따른 영업이익의 차이에 대한 설명으로 가장 옳지 않은 것은?

2021 서울시 7급

① 기초재고자산이 기말재고자산보다 크다면, 전부원가계산의 영업이익은 초변동원가계산의 영업이익보다 작다.
② 재고자산의 판매량이 생산량보다 작다면, 변동원가계산의 영업이익은 초변동원가계산의 영업이익보다 크다.
③ 재고자산의 생산량과 판매량이 일치한다면, 전부원가계산의 영업이익, 변동원가계산의 영업이익, 초변동원가계산의 영업이익이 모두 같다.
④ 당기 재고자산이 증가한다면, 초변동원가계산의 영업이익은 전부원가계산의 영업이익보다 크다.

정답과 해설

24 정답 ③

해설 전부원가계산 이익 = 변동원가계산 이익 + 기말재고에 포함된 FOH - 기초재고에 포함된 FOH
전부원가계산 이익 - 변동원가계산 이익 = 기말재고에 포함된 FOH - 기초재고에 포함된 FOH
₩10,000 = 기말재고에 포함된 FOH - ₩0
총 FOH가 ₩30,000인데 기말재고에 포함된 FOH가 ₩10,000이므로 생산량 중 1/3이 기말재고자산으로 남았고, 2/3가 판매되었음을 알 수 있다.
판매량이 500개 이므로
생산량 × 2/3 = 판매량 500개
생산량 = 750개

25 정답 ④

해설 재고자산 금액이 증가하는 경우(보기 ②, ④) 영업이익은 '초변동원가계산 < 변동원가계산 < 전부원가계산'이 된다.
반대로 재고자산이 감소한다면(보기 ①) 영업이익은 '초변동원가계산 > 변동원가계산 > 전부원가계산'이 된다.
재고자산의 변화가 없다면(보기 ③) 영업이익은 '초변동원가계산 = 변동원가계산 = 전부원가계산'이 된다.

26 ㈜서울은 전동킥보드를 생산판매하고 있으며 이와 관련된 자료는 <보기>와 같다. 현재 월간 생산판매 수량은 2,000단위이나 ㈜한국으로부터 800단위를 공급해 달라는 특별주문을 받았다. 동 주문은 변동제조원가가 기존보다 5% 증가하고 변동판매관리비는 기존의 10%만 발생하며 고정비에는 영향을 주지 않는다. ㈜서울이 동 주문을 수락하기 위한 단위당 최저 판매가격은? 2021 서울시 7급

<보기>

• 월간 최대 생산량	2,500단위
• 단위당 판매단가	₩20,000
• 단위당 변동제조원가	₩10,000
• 단위당 변동판매관리비	₩2,000
• 월간 고정원가	₩10,000,000

① ₩10,700   ② ₩11,700

③ ₩12,700   ④ ₩13,700

26 정답 ④

해설 판매가격을 P라고 가정할 때, 특별주문 수락으로 인한 증분이익은 다음과 같다.

① 증분수익: 800단위 × P = 800P

② 증분비용: 800단위 × 변동제조원가 ₩10,500 + 변동판매관리비 ₩200 = ₩8,560,000

③ 기회비용: 특별주문 800단위를 수락하려면 현재 판매분 300단위에서 얻을 수 있는 공헌이익을 포기해야 한다.

(현재 판매수량 2,000단위 + 특별주문 800단위 − 최대생산량 2,500단위) × (₩20,000 − ₩10,000 − ₩2,000) = ₩2,400,000

증분이익 = 증분수익 800P − 증분비용 ₩8,560,000 − 기회비용 ₩2,400,000 = 800P − ₩10,960,000

특별주문을 수락하기 위해서는 증분이익이 0보다 커야 하므로 최저 판매가격은 다음과 같다.

800P − ₩10,960,000 > 0

P > ₩13,700

27 20×1년에 영업을 시작한 ㈜한국의 당해 연도 생산·판매와 관련된 자료가 다음과 같을 때, 변동원가계산에 의한 영업이익은?

2023 지방직 9급

• 생산수량	5,000단위
• 판매수량	4,000단위
• 단위당 판매가격	₩2,000
• 단위당 직접재료원가	₩500
• 단위당 직접노무원가	₩400
• 단위당 변동제조간접원가	₩300
• 단위당 변동판매관리비	₩200
• 총고정제조간접원가	₩350,000
• 총고정판매관리비	₩150,000

① ₩1,620,000 ② ₩1,900,000

③ ₩1,970,000 ④ ₩2,500,000

27 정답 ②

해설 단위당 공헌이익 = 단위당 판매가격 ₩2,000 - 단위당 변동원가(DM ₩500 + DL ₩400 + VOH ₩300 + 변동판매관리비 ₩200) = ₩600
총 공헌이익 = 판매수량 4,000단위 × 단위당 공헌이익 ₩600 = ₩2,400,000
변동원가계산에 의한 영업이익 = 공헌이익 ₩2,400,000 - 고정원가(FOH ₩350,000 + 고정판매관리비 ₩150,000) = ₩1,900,000

성과평가

CHAPTER 07 표준원가 차이분석과 성과평가

CHAPTER 07

표준원가 차이분석과 성과평가

성과평가는 사전에 설정한 기준이나 목표를 어느 정도 달성하였는지 확인하고 그에 대한 보상을 하는 과정이다. 원가측면에서는 사전에 정한 기준원가와 비교하는데 이러한 기준이 되는 것이 바로 표준원가이다. 표준원가와 실제원가를 비교하고 그 차이를 분석함으로써 원가증감의 원인을 파악하고 공정한 성과평가의 도움이 되는 자료를 산출할 수 있다.

공무원시험에서의 출제는 표준원가차이분석이 국가직은 10년간 2문제가 출제된 반면, 지방직에서는 5문제나 출제되어 2년에 한 번 꼴로 출제된다. 성과평가의 경우 출제빈도는 낮으나 신규출제 될 경우 수험생을 당황 시킬 가능성이 있으므로 용어를 익히는 정도의 대비는 필요하다.

메타인지

01 표준원가계산시스템은 직접재료원가, 직접노무원가, 제조간접원가 모두에 표준원가를 （ㅇＩ×）
적용하여 제품원가를 계산한다.

02 예정원가와 표준원가는 같다. （ㅇＩ×）

03 제조간접원가를 계산할 때, 정상원가계산제도는 예정배부율을 사용하고 표준원가계산 （ㅇＩ×）
제도는 표준배부율을 사용한다.

04 표준원가보다 실제원가가 더 크다면 이는 '유리한 차이'에 해당한다. （ㅇＩ×）

05 직접재료원가차이는 수량차이와 가격차이로 구분된다. （ㅇＩ×）

06 변동제조간접원가차이는 조업도차이와 예산차이로 구분된다. （ㅇＩ×）

07 투자수익률은 수익중심점의 성과평가에 해당한다. （ㅇＩ×）

08 균형성과표(BSC)는 부서별 성과의 균형을 중요시하는 평가방법이다. （ㅇＩ×）

09 목표원가계산은 생산단계보다 오히려 생산단계 이전의 원가관리를 더 중요시한다. （ㅇＩ×）

10 적시생산시스템(JIT)에서는 초변동원가계산을 사용하여 제품원가를 계산한다. （ㅇＩ×）

정답																			
01	○	02	×	03	○	04	×	05	○	06	×	07	×	08	×	09	○	10	×

1 표준원가의 개요

앞에서 CVP분석을 통해 목표매출액을 구하는 방법을 배웠다. 예를 들어 제품의 개당 판매가격이 ₩1,000 이고 원가가 아래 표와 같이 구성되었다고 가정하자. 단위당 변동제조원가가 ₩800, 고정제조원가 총액이 ₩100,000인데 목표이익이 ₩100,000이라면 목표판매량은 다음과 같이 1,000개로 산출된다.

$$\frac{\text{고정원가 } 100,000 + \text{목표이익 } 100,000}{\text{개당 판매가격 } 1,000 - \text{개당 변동원가 } 800} = \quad 1,000개$$

	단위당 가격	총원가(1,000개)
판매가격	₩1,000	₩1,000,000
직접재료원가	(₩400)	(₩400,000)
직접노무원가	(₩300)	(₩300,000)
변동제조간접원가	(₩100)	(₩100,000)
단위당 공헌이익	₩200	₩200,000
고정제조간접원가		(₩100,000)
목표이익		₩100,000

이렇게 산출한 목표대로 개당 ₩1,000에 1,000개의 제품을 실제로 판매했다. 하지만, 실제 이익을 계산해 보니 ₩100,000이 아닌 ₩80,000이 되었다. 왜 목표 판매량을 달성했음에도 목표이익은 달성하지 못했을까? 이유는 바로 사전에 예상한 원가와 실제원가가 달라지기 때문이다. 원재료의 가격변동이나 생산과정에서 재료의 낭비나 불량품의 발생, 노조의 파업이나, 자연재해 등 무수히 많은 원인들로 인해 실제발생원가는 예상원가와 달라지게 마련이다. 아니면 애초에 계획했던 예상원가가 실제로는 달성할 수 없는 무리한 원가였을 수도 있다. 어떻든 이렇게 예상한 원가와 실제원가가 다른 이유가 무엇인지 그 차이를 분석해서 앞으로의 예상치를 바꾼다거나, 낭비되는 부분의 통제를 통해 원가를 절감할 필요가 있다. 또한 차이의 원인을 따져서 그에 합당한 성과배분까지도 연결할 수 있어야 한다. 만약 예상보다 원가가 ₩20,000 늘어난 원인이 갑작스러운 원재료 가격상승으로 직접재료원가가 10%(₩40,000)나 증가했지만, 대신에 생산부서의 효율이 높아져서 재료 투입량을 줄여 ₩20,000의 원가절감을 한 결과라면 원재료 가격상승에 대비하지 못한 구매부서에는 책임을 물을지라도 생산효율을 높인 생산부서에는 보너스를 지급해야 할 것이다. 이처럼 사전에 예상한 원가와 실제 달성한 원가의 차이를 분석할 필요가 있는데 사전에 예상한 원가를 '표준원가'라고 하고, 표준원가와 실제원가와의 차이를 분석하는 것을 '차이분석'이라고 한다.

표준원가가 반드시 차이분석과 성과평가를 위해서만 존재하는 것은 아니다. 제품원가계산을 위해서도 표준원가는 사용된다. 개별원가계산을 다루면서 우리는 실제원가계산제도와 정상원가계산제도를 배운 바 있다. 제조간접원가 실제발생액을 배부하려면 회계기간이 종료해야 제품 원가계산이 가능하므로 사전에 설정한 예정배부율을 사용하여 제조간접원가를 배분하는 정상원가계산제도를 사용한다. 그렇다면 제조간접원가를 제외한 직접재료원가나 직접노무원가는 제품을 생산하는 시점에 바로바로 계산할 수 있을까? 원재료의 구매가격은 계속해서 변한다. 유가나 광물자원의 가격은 매일매일 변하며 농산물의 가격도 작황이나 수요에 따라 계속 바뀐다. 이렇게 매일매일 변하는 가격으로 구입한 원재료의 투입가격을 어떻게 매일매일 산출할까? 매 제품마다 투입되는 원재료의 단가가 다르다면 제품을 생산하는 것보다 원가를 계산하는 데 더 많은 인력과 시간이 투입될 수도 있다. 이 때문에 모든 제품의 실제원가를 따지지 않고 사전에 정한 표준원가로 기록하는 것이 바로 표준원가시스템이다. 기중에는 사전에 정한 표준원가로 제품원가를 기록한 다음에 외부에 보고할 때만 실제원가를 산출하여 차이를 조정하는 방법으로 보고하게 된다. 이렇게 표준원가는 계획(목표판매량 설정), 통제(원가 차이분석), 제품원가계산에 널리 활용된다.

2 표준원가의 설정

표준원가계산의 출발점은 표준원가를 설정하는 것이다. 표준은 제품 한 단위를 생산하기 위해 필요한 재료의 양이나 노동투입시간 같은 표준투입량에 단위당 가격에 해당하는 표준단가를 곱해서 구하게 된다. 원가요소별로 표준원가는 다음과 같이 정하게 된다.

구분	표준수량	×	표준가격
직접재료원가	표준투입량	×	표준단가
직접노무원가	표준노무시간	×	표준임률
변동제조간접원가	표준배부기준수	×	표준배부율
고정제조간접원가	표준배부기준수	×	표준배부율

정상원가계산에서는 예정배부율을 사용하여 제조간접원가를 배부하였다. 실제원가계산과 정상원가계산, 표준원가계산의 원가계산 방법을 비교하면 다음과 같다.

	실제원가계산	정상원가계산	표준원가계산
직접재료원가	실제원가	실제원가	표준원가
직접노무원가	실제원가	실제원가	표준원가
제조간접원가	실제원가	예정원가	표준원가

그렇다면 제조간접원가에 대한 예정원가와 표준원가는 다른 원가일까? 다르다면 어떤 부분에서 차이가 날까? 둘 다 사전에 설정한 원가라는 공통점이 있지만, 다음과 같은 차이가 발생한다. 정상원가계산의 제조간접원가는 예정배부율을 사용하고, 표준원가계산에서는 표준배부율을 사용한다. 이 두 가지는 상황에 따라서 같을 수도 있고, 다르게 나타날 수도 있다. 예정배부율은 단순히 발생할 것으로 예상하는 원가총액을 예상되는 조업도 수준으로 나누어서 구하게 된다. 반면에 표준배부율은 달성했으면 하는 목표가 어느 정도 반영이 된다. 단순히 예상되는 원가나 조업도를 그대로 표준으로 사용할 수도 있지만, 회사가 달성하고 싶은 목표나 기준을 반영하여 높은 수준의 목표를 설정할 수도 있다. 표준은 대부분 이론상으로 달성가능한 최대목표와 현실적으로 예상되는 수준 사이에서 정상적인 상황을 고려하여 설정한다. 예정원가와 표준원가의 또

하나의 차이는 적용하는 배부기준수의 차이이다. 예정원가는 실제 발생한 배부기준에 예정배부율을 적용하여 산출되는 반면, 표준원가는 사전에 설정한 표준 배부기준에 표준배부율을 적용하여 산정한다. 예를 들어, 고정제조간접원가에 대한 배부기준이 노무시간이고 배부율은 노무시간당 ₩100으로 예정배부율과 표준배부율이 같다고 가정하자. 만약 제품 100개를 생산하는 데 사전에 설정한 표준노무시간은 제품 1개당 10시간이고, 실제 제품을 생산하는 데 투입된 시간은 1,100시간이라면 예정원가와 표준원가는 다음과 같이 차이가 발생한다.

- 예정원가 = 실제 발생한 노무시간 1,100시간 × 예정배부율 ₩100/시간 = ₩110,000
- 표준원가 = 실제 생산량 100개 × 개당 표준원가(10시간 × ₩100/시간) = ₩100,000

표준원가는 결국 제품의 생산이 효율적으로 이루어진 경우, '제품 1단위를 생산하기 위해 발생할 것으로 예상되는 원가'가 된다. 예를 들어, 표준원가를 다음과 같이 설정할 수 있다.

	제품 1 단위당 표준수량	단위당 표준가격	표준원가
직접재료원가	8kg	₩500/kg	₩4,000
직접노무원가	10시간	₩300/시간	₩3,000
변동제조간접원가	10시간	₩100/노무시간	₩1,000
고정제조간접원가	10시간	₩200/노무시간	₩2,000
합계			₩10,000

이때 고정제조간접원가의 표준가격은 표준조업도(기준조업도)를 바탕으로 계산한다. 예를 들어, 총고정제조간접원가 예상액이 ₩2,000,000인데 예상생산량은 1,000단위라면, 1,000단위 생산에 필요한 노동시간인 10,000시간을 기준으로 나누어 노무시간당 ₩200(₩2,000,000 ÷ 10,000 노무시간)을 단위당 표준가격으로 선정한다. 이를 제품 1단위 생산에 필요한 노무시간 10시간으로 배부하면 개당 표준고정제조간접원가는 ₩2,000이 된다.

사쌤 가이드

표준원가는 제품 1개를 만드는 데 발생할 것으로 예상하는 표준원가다. 한 가지 주의해야 할 것은 '단위당 표준원가'는 정해져 있지만, 전체 표준원가는 제품 생산량에 따라 달라진다는 점이다. 위 사례처럼 단위당 표준원가가 ₩10,000인 경우, 100단위를 생산하면 (총)표준원가는 ₩1,000,000이 된다. 하지만 110단위를 생산하는 경우에는 ₩1,100,000이 된다. (총)표준원가는 '실제'제품생산량에 따라 달라진다. 뒤에서 배울 차이분석에서 표준원가를 '표준수량 × 표준가격'으로 구하는데, 이때 왜 실제생산량을 반영하는지 헷갈려 하는 수험생이 많다. 위 사례의 경우 제품 1단위 생산에 필요한 표준노무시간은 10시간이지만, 100단위를 생산하는 데 필요한 (총)표준노무시간은 1,000시간이 되고, 110단위를 생산하는 데 필요한 (총)표준노무시간은 1,100시간이 된다. 이처럼 표준수량(시간)은 '실제 생산량 × 단위당 표준수량(시간)'으로 구하기 때문에 표준원가에 실제생산량이 반영된다.

제**2**절 | 차이분석

1 차이분석의 개요

회사가 예상한 표준원가와 실제발생한 원가는 차이가 나기 마련이다. 이때 차이의 원인을 파악하고 분석하는 것을 차이분석이라고 한다. 실제원가가 표준원가보다 적게 발생했다면 회사의 이익은 예상보다 증가하게 되는데 이를 '유리한 차이(F; Favorable variance)'라고 한다. 반대로 실제원가가 표준원가보다 많이 발생한 경우 이익이 줄어드는 '불리한 차이(U; Unfavorable variance)'가 발생하게 된다. 예를 들어, 앞에서 살펴본 사례의 단위당 표준원가 ₩10,000을 적용하여 실제 생산한 900개의 제품에 다음과 같이 표준원가를 배부했고 실제 발생한 원가는 아래 표와 같다고 가정하자. 표준원가 배부액에 비해 실제원가 발생액은 ₩70,000이 더 많은데 이것이 바로 불리한 원가차이가 된다.

	단위당 표준원가	표준원가 배부액 (900개 생산)	실제원가 발생액 (900개 생산)	배부차이
직접재료원가	₩4,000	₩3,600,000	₩3,450,000	₩150,000 유리
직접노무원가	₩3,000	₩2,700,000	₩2,560,000	₩140,000 유리
변동제조간접원가	₩1,000	₩900,000	₩960,000	₩60,000 불리
고정제조간접원가	₩2,000	₩1,800,000	₩2,100,000	₩300,000 불리
합계	₩10,000	₩9,000,000	₩9,070,000	₩70,000 불리

2 ★★★★★직접재료원가 차이분석

사례에서 직접재료원가 표준 배부액은 ₩3,600,000인 반면에 실제원가는 ₩3,450,000으로 예상보다 ₩150,000이 줄어서 유리한 차이가 발생했다. 차이의 원인을 분석하기 위해 표준원가와 실제원가의 구성을 살펴보았더니 다음과 같다고 가정하자.

표준원가	실제생산량 900개 × 단위당 표준원가 ₩4000 (표준투입량 8kg × 표준단가 ₩500/kg) = ₩3,600,000
실제원가	실제 재료 사용량 7,500kg × 실제가격 ₩460/kg = ₩3,450,000
원가차이	₩3,600,000 - ₩3,450,000 = ₩150,000 유리한 차이

직접재료원가는 재료 사용량과 단위당 가격의 곱으로 이루어지는데, 실제 재료 사용량은 표준사용량보다 증가했다. 사전에 정한 표준대로라면 제품 900개를 생산하는 데 7,200kg을 사용해야 한다. 하지만, 실제로는 300kg이 더 들어간 7,500kg을 사용했다. 재료를 효율적으로 사용했더라면 7,200kg만 사용하고도 900개의 제품을 만들었을 텐데, 불량이나 낭비의 발생으로 인해 예상보다 300kg을 더 사용한 것이다. 이렇게 발생한 차이를 수량차이 혹은 능률차이라고 부른다. 결국 재료 사용량은 예상보다 증가하여 불리한 원가차이를 만들게 된다.

표준사용량에 대한 표준원가	실제생산량 900개 × 단위당 표준투입량 8kg × 표준단가 ₩500/kg = ₩3,600,000
실제사용량에 대한 표준원가	실제 재료 사용량 7,500kg × 표준단가 ₩500/kg = ₩3,750,000
사용량(수량)에 따른 원가차이	₩3,600,000 - ₩3,750,000 = ₩150,000 불리한 차이

재료 사용량은 낭비가 발생해서 불리한 차이가 발생했다. 그럼에도 직접재료원가에 유리한 차이가 발생한 원인은 무엇일까? 바로 단가가 하락했기 때문이다. 원래 예상했던 표준원가는 kg당 ₩500이었으나 실제 구입한 가격은 kg당 ₩40을 낮춘 kg당 ₩460이다. 이 때문에 가격에 있어서는 다음과 같이 유리한 차이가 발생하는데 이를 가격차이라고 부른다.

실제사용량에 대한 표준원가	실제 재료 사용량 7,500kg × 표준단가 ₩500/kg = ₩3,750,000
실제사용량에 대한 실제원가	실제 재료 사용량 7,500kg × 실제단가 ₩460/kg = ₩3,450,000
가격(단가)에 따른 원가차이	₩3,750,000 - ₩3,450,000 = ₩300,000 유리한 차이

결국 재료 사용에 낭비가 있어서 ₩150,000의 불리한 차이가 생겼지만, 재료비 단가가 하락해서 ₩300,000의 유리한 차이가 발생함에 따라 최종적으로는 ₩150,000만큼 직접재료원가를 줄이고 예상보다 이익을 ₩150,000 늘릴 수 있게 된 것이다. 만약 재료비 단가를 줄인 원인이 구매팀에서 새로운 거래처를 확보하고 경쟁입찰을 시킨 결과라면 늘어난 이익에 대해서는 구매팀의 성과로 보상을 해줘야 할 것이다. 직접재료원가 차이를 정리해보면 다음과 같다.

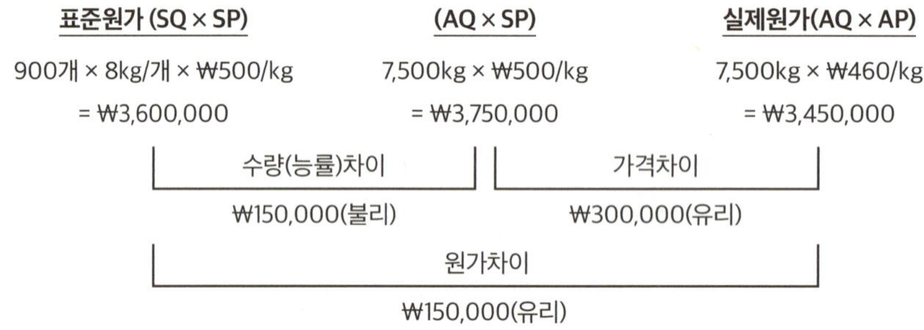

여기서 SQ는 '실제생산량에 필요한' 표준수량이다. 제품 1개를 생산하기 위한 원재료 표준량은 8kg이므로, 실제 900개를 생산하기 위한 원재료 표준수량은 7,200kg이 된다.

 **사쌤 가이드**

거의 모든 원가회계 책에서 실제원가를 좌측에 두고 표준원가를 우측에 둔 다음 가격차이와 수량차이를 구한다. 하지만, 표준원가를 사전에 정한 다음 나중에 발생한 실제원가와 비교해서 증가하면 불리, 감소하면 유리하다고 판단하는 것이 훨씬 직관적이고 이해가 빠르다. 많은 수험생들이 차이분석을 어려워하는 이유가 표준원가와 실제원가의 위치가 뒤바뀌고, 이 때문에 유·불리의 판단도 거꾸로 해야 하기 때문이다. 따라서 본 교재에서는 다른 교재와 반대로 표준원가를 좌측에 두고 이를 실제원가와 비교하기로 한다.

참고로 재료원가 가격차이는 사용량이 아닌 구매량을 기준으로 계산할 수도 있다. 원재료의 경우 구입시점에 구매한 수량과 사용시점에 사용한 수량이 다르기 때문에 어느 시점에 계산하느냐에 따라 가격차이가 달라진다. 위 사례에서 실제 재료는 8,000kg을 구입해서 7,500kg을 사용했고, 가격차이를 구매시점에 분리한다면 결과는 다음과 같다.

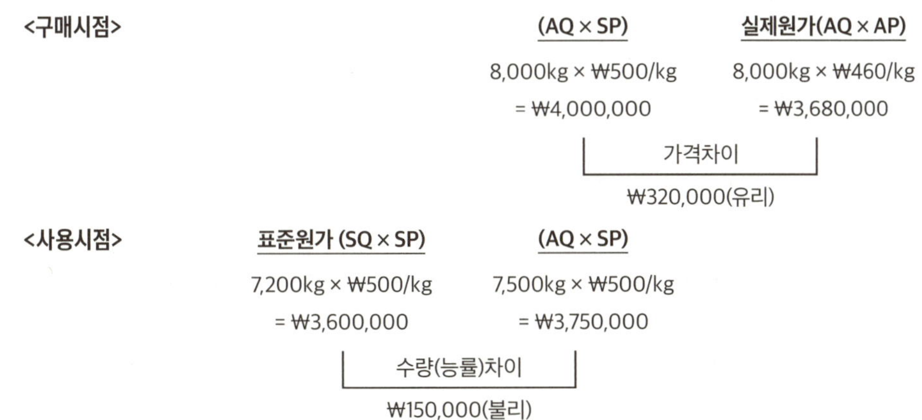

3 *******직접노무원가 차이분석

직접노무원가의 차이분석도 직접재료원가와 마찬가지로 표준원가와 실제원가의 차이를 수량차이와 가격차이로 구분하여 분석한다. 직접노무원가에 대한 표준원가와 실제원가 구성이 다음과 같다고 가정하자.

표준원가	실제생산량 900개 × 단위당 표준원가 ₩3000 (표준노무시간 10시간 × 표준단가(임률) ₩300/시간) = ₩2,700,000
실제원가	실제 노무시간 8,000시간 × 실제단가(임률) ₩320/시간 = ₩2,560,000
원가차이	₩2,700,000 - ₩2,560,000 = ₩140,000 유리한 차이

사전에 예상한 표준원가보다 ₩140,000이 절감되었는데 그 원인은 가격과 수량 두 가지로 구분해 볼 수 있다. 먼저 수량에 대한 차이이다. 원래 제품 900개를 생산하기 위해 필요한 시간은 9,000시간을 예상했지만 실제로는 8,000시간만 투입하고 900개의 제품을 생산해 냈다. 작업자가 사전에 정한 표준보다도 훨씬 높은 능률을 달성한 것이다. 이 때문에 직접노무원가의 수량차이를 보통 능률차이라고 한다.

표준노무시간에 대한 표준원가	실제생산량 900개 × 단위당 표준노무시간 10시간 × 표준단가(임률) ₩300/시간 = ₩2,700,000
실제노무시간에 대한 표준원가	실제 노무시간 8,000시간 × 표준단가(임률) ₩300/시간 = ₩2,400,000
노무시간(능률)에 따른 원가차이	₩2,700,000 - ₩2,400,000 = ₩300,000 유리한 차이

예상보다 더 적은 시간을 투입하고도 제품을 완성하였기에 ₩300,000의 유리한 능률차이가 발생했다. 하지만, 최종적인 직접노무원가 차이는 이보다 작은데 그 이유는 바로 가격이 달라졌기 때문이다. 시간당 임금을 '임

률'이라고 하는데 이 노동의 가격이 원래 예상했던 시간당 ₩300에서 ₩20이 오른 시간당 ₩320이 되었기에 가격에서는 불리한 차이가 발생한다. 노무비 가격차이를 보통 임률차이라고 하는데 다음과 같이 계산된다.

실제노무시간에 대한 표준원가	실제 노무시간 8,000시간 × 표준단가(임률) ₩300/시간 = ₩2,400,000
실제노무시간에 대한 실제원가	실제 노무시간 8,000시간 × 실제단가(임률) ₩320/시간 = ₩2,560,000
가격(임률)에 따른 원가차이	₩2,400,000 - ₩2,560,000 = ₩160,000 불리한 차이

결과적으로 생산능률이 높아져 ₩300,000의 원가를 절감할 수 있었지만, 임률의 상승으로 ₩160,000만큼 원가가 늘어 최종적으로는 ₩140,000만큼 원가를 줄일 수 있었다. 직접노무원가 차이를 정리하면 다음과 같다.

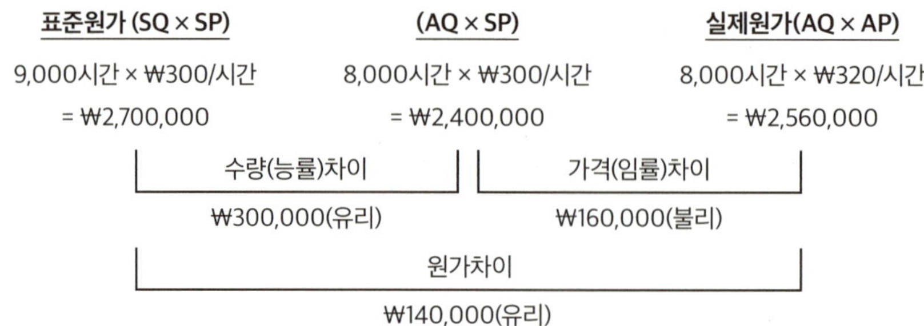

<table>

| **4** | *변동제조간접원가 차이분석 |

변동제조간접원가도 표준원가와 실제발생원가의 차이를 다음과 같이 구할 수 있다.

표준원가	실제생산량 900개 × 단위당 표준원가 ₩1,000 (노무시간 10시간 × 표준배부율 ₩100/시간) = ₩900,000
실제원가	실제 변동제조간접원가 발생액 = ₩960,000
원가차이	₩900,000 - ₩960,000 = ₩60,000 불리한 차이

실제 900개의 제품을 생산하는 데 8,000시간이 들었으므로 변동제조간접원가의 차이를 가격차이와 수량 차이로 구분해 보면 다음과 같다.

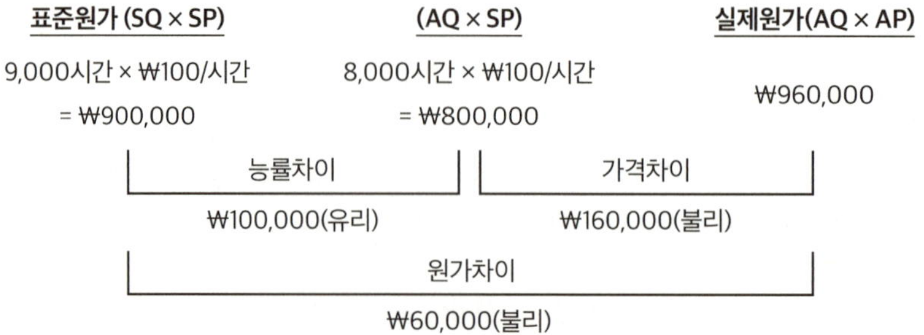

예상했던 표준노무시간 9,000시간보다 1,000시간이 적은 8,000시간을 사용하여 제품을 만들었기 때문에 노무시간을 기준으로 배부하는 변동제조간접원가도 감소하는 유리한 능률차이가 발생하였다. 그리고 실제 원가와의 차이인 가격차이가 ₩160,000 불리하게 발생했는데, 이 가격차이는 지금까지 우리가 직접재료원 가나 직접노무원가에서 본 차이와는 성격이 다르다. 직접재료원가나 직접노무원가에 있어서 실제원가가 실제사용량(노무시간)과 실제 단가(임률)의 곱으로 구성되는 반면 실제 변동제조간접원가는 실제 노무시간의 함수가 아니다. 변동제조간접원가는 소모품비, 간접노무원가, 전력비, 수도광열비 등 여러 가지 원가의 집합으로 이루어져 있다. 이들 원가의 발생과 비교적 관련성이 높은 배부기준을 한 가지 정하여(사례의 경우에는 노무시간) 원가를 제품에 배부하지만 실제 발생하는 원가가 배부기준(노무시간)과 직접적인 대응을 갖고 있는 것은 아니다. 변동원가 집합에 하나의 배부기준을 사용하기 때문에 개별 항목별로는 배부기준과 원가발생 간에 상관관계가 크지 않은 항목도 많다. 즉, 노무시간을 기준으로 제조간접원가를 배부한다고 해서 실제 전력비나 수도광열비가 노무시간당 얼마로 구성되지는 않는다는 점이다. 물론 실제 변동제조간접원가의 배부는 실제발생액 ₩960,000(변동원가 개별 항목별 발생액 합계)을 실제 노무시간 8,000시간으로 나누어 노무시간당 ₩120이라는 실제배부율을 산정하지만 이를 변동제조간접원가의 단가(가격)라고 볼 수는 없다. 실제 전력비는 전기 사용량에 따른 kw당 단가가 적용되고, 수도비는 톤당 단가가 적용되어 산정되지 노무시간당 원가로 산정되지는 않기 때문이다. 물론 작업자들이 작업하는 노무시간이 길어지면 전기와 수도를 소비하는 양도 많아지겠지만 반드시 선형으로 대응하지는 않는다. 이 때문에 변동제조간접원가는 가격차이라는 말을 사용하지 않고 '소비차이'라는 용어를 사용한다. 즉, 변동제조간접원가는 다음과 같이 능률차이와 소비차이로 구성된다.

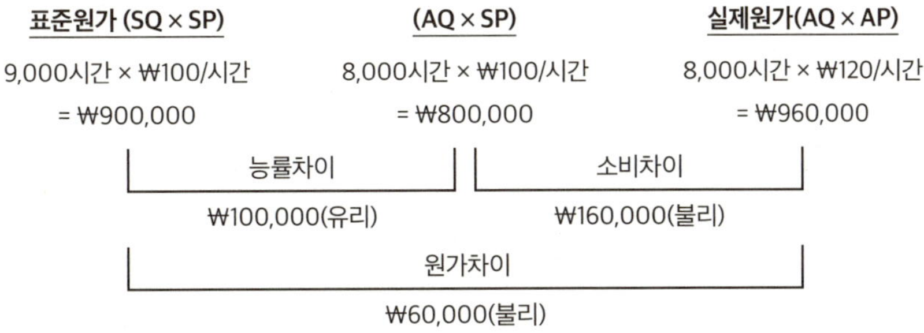

5 **★★★★고정제조간접원가 차이분석**

고정제조간접원가의 차이는 다음과 같이 구성된다.

표준원가	실제생산량 900개 × 단위당 표준원가 ₩2,000 (노무시간 10시간 × 표준배부율 ₩200/시간) = ₩1,800,000
실제원가	실제 고정제조간접원가 발생액 = ₩2,100,000
원가차이	₩1,800,000 - ₩2,100,000 = ₩300,000 불리한 차이

그런데, 고정제조간접원가의 차이는 지금까지처럼 수량차이와 가격차이로 구분해 볼 수 없다. 변동제조간접원가에서 설명했듯이 제조간접원가의 표준배부율과 실제배부율 차이는 가격(단가)의 차이가 아니다. 또한 고정제조간접원가는 수량차이도 발생하지 않는다. 수량차이는 재료 투입량이나 노무시간과 같은 조업도의 차

이에 따라 발생하는데 고정제조간접원가는 조업도와 상관없이 원가가 고정적으로 발생하기 때문에 수량차이가 발생하지 않는다. 그렇다면 고정제조간접원가의 차이가 발생하는 원인은 어떻게 분석해 볼 수 있을까?

먼저, 최초에 고정제조간접원가에 대한 표준원가를 어떻게 구했는지 확인해 보자. 앞에서 표준원가를 설정할 때 총고정제조간접원가 예상액을 기준조업도로 나누어서 계산했다. 총고정제조간접원가 예상액(예산액)이 ₩2,000,000인데 예상생산량은 1,000단위여서, 1,000단위 생산에 필요한 노동시간인 10,000시간을 기준으로 노무시간당 ₩200이라는 표준배부율을 구했다. 여기에 단위당 표준 생산시간인 10시간을 적용해서 제품 단위당 ₩2,000이라는 표준원가를 산정한 것이다. 만약에 실제 제품을 1,000단위 생산했다면 배부되는 원가도 예상액인 ₩2,000,000이 될 것이다. 하지만 실제생산량은 예상보다 100단위 적은 900단위가 생산됐고 표준원가도 ₩1,800,000이 배부된 것이다. 즉, 예상조업도와 실제조업도가 달라서 ₩200,000만큼이 덜 배부되는 차이가 발생한 것이다. 이를 '조업도차이'라고 한다.

표준원가 배부액	실제생산량 900개 × 단위당 표준원가 ₩2,000/개 = ₩1,800,000
고정제조간접원가 예산액	₩2,000,000 = 기준조업도 10,000시간 × ₩200/시간
조업도 차이	₩1,800,000 - ₩2,000,000 = ₩200,000 불리한 차이

전체 고정제조간접원가 차이는 ₩300,000 불리한 차이이므로 조업도 차이 ₩200,000을 제외하고도 ₩100,000의 불리한 차이가 더 발생하였다. 그 이유는 무엇일까? 바로 원래 예상했던 고정제조간접원가가 ₩2,000,000이었는데 실제 발생액은 ₩2,100,000이 되었기 때문이다. 이는 애초에 총고정제조간접원가 발생액에 대한 예상을 잘못한 데 있다. 미리 원가를 예상하여 계산하는 것을 '예산'이라고 하는데, 이렇게 실제발생액과 예산액이 달라서 생겨나는 차이를 '예산 차이'라고 한다.

고정제조간접원가 예산액	₩2,000,000 = 기준조업도 10,000시간 × ₩200/시간
고정제조간접원가 실제발생액	₩2,100,000
예산 차이	₩2,000,000 - ₩2,100,000 = ₩100,000 불리한 차이

정리하면 고정제조간접원가의 차이는 다음과 같다.

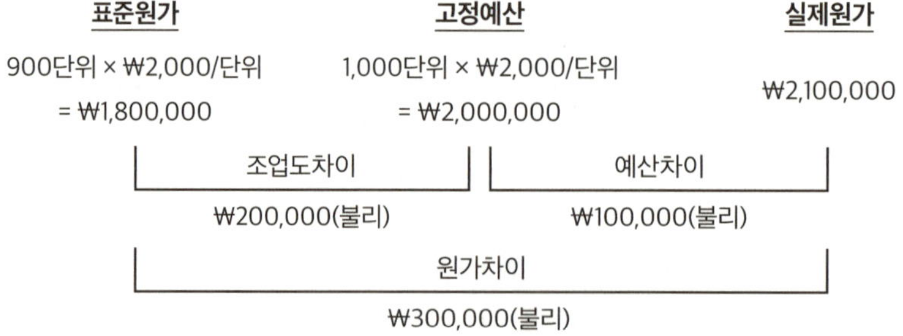

6 차이분석 정리

지금까지 다룬 차이분석의 내용을 정리하면 다음과 같다.

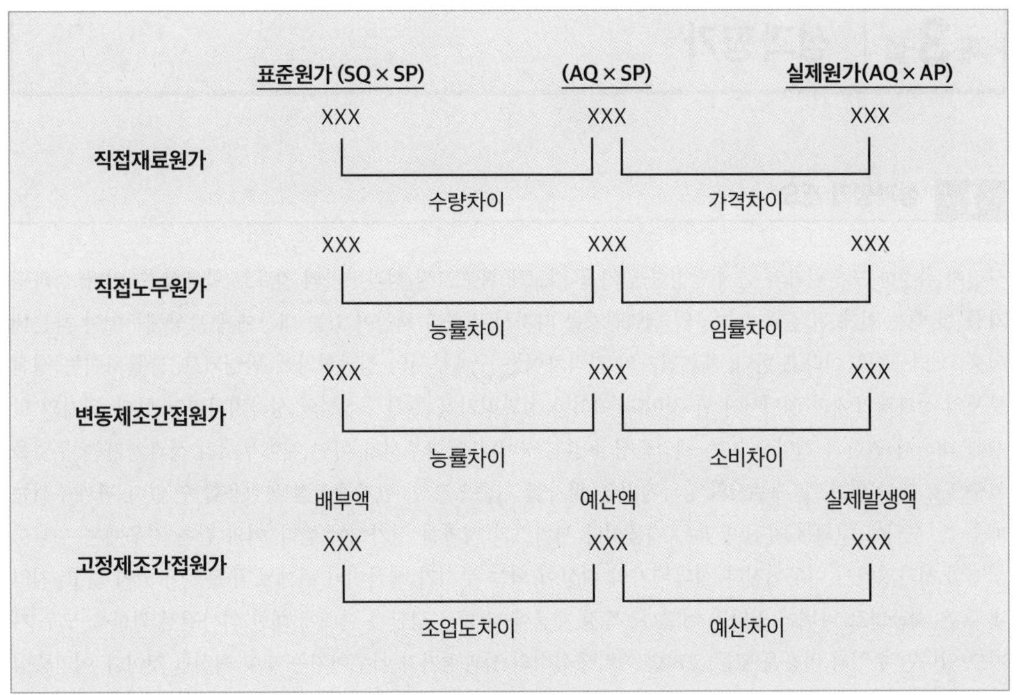

표준원가 (SQ × SP)
(AQ × SP)
실제원가(AQ × AP)
직접재료원가
XXX
XXX
XXX
수량차이
가격차이
직접노무원가
XXX
XXX
XXX
능률차이
임률차이
변동제조간접원가
XXX
XXX
XXX
능률차이
소비차이
배부액
예산액
실제발생액
고정제조간접원가
XXX
XXX
XXX
조업도차이
예산차이

제3절 | 성과평가

1 성과평가 개요

사전에 설정한 표준원가와 실제 달성한 원가를 비교해 봄으로써 성과평가의 자료로 활용할 수 있다. 성과평가를 할 때는 얻게 된 결과가 누구의 책임인지를 따져서 권한과 책임이 있는 대상에게 보상해주어야 하는데 이를 '책임중심점'이라고 한다. 재료원가의 가격차이는 구매부서의 성과평가에 반영되고, 능률차이는 생산부서의 성과평가에 반영되어야 할 것이다. 이러한 성과평가를 원가중심점의 성과평가라고 한다. 원가의 발생에 대해서 권한과 책임을 지는 책임중심점이다. 구매나 생산부서가 아닌 판매부서의 성과평가는 무엇을 기준으로 해야 할까? 판매부서의 성과평가는 원가를 기준으로 한 원가중심점을 적용할 수 없다. 판매부서는 매출 즉, 수익에 대해서 자신이 맡은 제품이나 서비스의 성과를 평가해야 한다. 이와 같은 경우에는 수익중심점의 성과평가가 이루어진다. 성과평가의 대상이 되는 부서가 생산이나 판매로 구분되어 있지 않고, 지역별 혹은 제품별로 나뉘어 있다면 어떨까? 특정 제품에 대해서 생산과 판매에 대한 의사결정 권한을 모두 가지고 있다면 수익과 비용을 모두 고려한 이익중심점의 성과평가가 이루어지는 것이 적절할 것이다. 이익중심점보다 더 포괄적인 책임중심점에는 투자중심점의 성과평가가 있다. 다음과 같은 경우를 비교해 보자.

	A제품 사업부	B제품 사업부
수익	₩1,000,000	₩800,000
비용	₩700,000	₩600,000
이익	₩300,000	₩200,000
투자액	₩1,000,000	₩500,000

A사업부와 B사업부의 이익을 비교해보면 A사업부가 ₩100,000더 크다. 매출액(수익)대비 이익률도 A사업부는 30%, B사업부는 25%로 A사업부의 이익률이 더 높다. 하지만, A사업부가 B사업부보다 더 좋은 성과를 냈다고 할 수 있을까? A사업부 소속인원이 100명이고, B사업부 소속인원이 10명이라면? A사업부에 투자된 금액은 ₩1,000,000이고, B사업부에 투자된 금액은 ₩500,000이라면? 이렇게 투자금액 대비 효율을 따져보는 것이 바로 투자중심점의 성과평가다. 이하에서는 투자중심점의 성과평가를 좀 더 세분화하여 살펴보기로 한다.

2 투자중심점의 성과평가

(1) *투자수익률

투자수익률(ROI; Return On Investment)은 이익을 투자액으로 나누어 구한 수익성지표이다. 단순한 이익의 크기나 매출액 대비 이익률이 아닌 투자금액 대비 이익률을 계산함으로써 투자규모가 다른 사업부 간에 성과를 평가하는 가장 일반적인 방법이다. 앞에서 예시한 A제품 사업부와 B제품 사업부의 투자수익률은 다음과 같이 계산된다.

	A제품 사업부	B제품 사업부
이익	₩300,000	₩200,000
투자액	₩1,000,000	₩500,000
ROI	₩300,000 ÷ ₩1,000,000 = 30%	₩200,000 ÷ ₩500,000 = 40%

투자수익률은 다음과 같이 분해해 볼 수도 있다.

$$\text{투자수익률} = \frac{\text{이익}}{\text{투자액}} = \frac{\text{이익}}{\text{매출액}} \times \frac{\text{매출액}}{\text{투자액}} = \text{매출액이익률} \times \text{자산회전율}$$

결국 투자수익률은 이익률과 회전율의 곱으로 나타낼 수 있다. 흔히들 기업이 돈을 버는 방법은 두 가지라고 얘기한다. '첫째, 마진율을 높이거나, 둘째, 회전율을 높이는 것'이라고 얘기하는데 이것이 바로 투자수익률을 분해했을 때 얻게 되는 결론과 같다. 투자수익률은 계산이 간단하고, 투자규모가 다른 투자안 간의 성과평가가 용이하다는 장점이 있다. 하지만, 다음에 살펴볼 '준최적화 현상'이 발생할 수 있다는 한계도 가지고 있다.

(2) 잔여이익

앞에서 살펴본 투자수익률을 통한 성과평가는 준최적화 문제가 발생할 수 있다. 준최적화 문제가 무엇인지 알아보기 위해 다음 예제를 풀어보자.

예제 투자수익률

☐ 문제

㈜한국은 두 개의 사업부(1본부, 2본부)로 구성되어 있는데 투자수익률로 사업부 성과평가를 한다. 현재까지 두 사업부의 성과는 다음과 같다.

	1본부	2본부
매출액	₩2,000,000	₩1,000,000
영업이익	₩200,000	₩50,000
투자액	₩1,000,000	₩1,000,000

(1) 1본부와 2본부의 투자수익률을 구하시오.

(2) ㈜한국은 새로운 투자기회를 만났다. 투자금액은 ₩1,000,000인데 이익은 어느 사업부가 진행하는가에 따라 다르게 예상된다. 현재까지 뛰어난 성과를 내고 있는 1본부가 수행할 경우 예상되는 이익은 ₩120,000이며, 2본부가 수행할 경우에는 ₩90,000의 이익이 예상된다. 1본부와 2본부가 각자 자신의 성과(투자수익률)를 최대화하는 방향으로 의사결정한다면 누가 신규투자안에 투자하겠는가?

(3) (2)번의 결과는 회사 전체 입장에서 바람직한 결과인가?

⚙️ **풀이**

(1) 투자수익률

    1본부: 영업이익 ₩200,000 ÷ 투자액 ₩1,000,000 = 20%

    2본부: 영업이익 ₩50,000 ÷ 투자액 ₩1,000,000 = 5%

(2) 1본부와 2본부 각각 신규투자안에 투자할 경우 투자 후에 사업부별 투자수익률은 다음과 같다.

	1본부	2본부
영업이익	₩200,000 + ₩120,000 = ₩320,000	₩50,000 + ₩90,000 = ₩140,000
투자액	₩1,000,000 + ₩1,000,000 = ₩2,000,000	₩1,000,000 + ₩1,000,000 = ₩2,000,000
투자수익률	₩320,000 ÷ ₩2,000,000 = 16%	₩140,000 ÷ ₩2,000,000 = 7%

신규투자안에 투자할 경우 1본부의 투자수익률은 20%에서 16%로 하락한다. 따라서, 1본부는 신규투자안에 투자하지 않을 것이다. 2본부의 경우에는 투자수익률이 5%에서 7%로 상승하므로 신규투자안에 투자하게 된다.

(3) 회사전체 입장에서는 2본부가 아닌 1본부가 신규투자안에 투자하는 것이 더 큰 이익을 얻게 되므로 유리하다. 하지만, 부서별로 투자수익률에 따른 의사결정을 하는 경우 2본부가 투자를 함으로써 회사가 얻게 될 이익은 감소하는데 이것이 바로 '준최적화 현상'이다.

예제에서 투자수익률을 가지고 부서별 성과평가를 하는 경우 개별부서입장에서 내린 최선의 의사결정이 기업전체 입장에서는 잘못된 의사결정이 되는 준최적화 현상이 나타난다. 이러한 문제점을 해결할 수 있는 대안 중 하나가 바로 잔여이익을 통한 성과측정이다. 잔여이익법은 투자금액에 대한 최저필수수익률을 정해놓고 이를 초과하는 이익인 잔여이익을 통해 성과를 평가하는 방법이다.

$$\text{잔여이익} = \text{이익} - \text{투자액} \times \text{최저필수수익률}$$

예제　**잔여이익**

📄 **문제**

㈜한국은 두 개의 사업부(1본부, 2본부)로 구성되어 있는데 잔여이익으로 사업부 성과평가를 한다. 회사의 최저필수수익률은 10%이며, 현재까지 두 사업부의 성과는 다음과 같다.

	1본부	2본부
매출액	₩2,000,000	₩1,000,000
영업이익	₩200,000	₩50,000
투자액	₩1,000,000	₩1,000,000

(1) 1본부와 2본부의 잔여이익을 구하시오.

(2) ㈜한국은 새로운 투자기회를 만났다. 투자금액은 ₩1,000,000인데 이익은 어느 사업부가 진행하는 가에 따라 다르게 예상된다. 현재까지 뛰어난 성과를 내고 있는 1본부가 수행할 경우 예상되는 이익은 ₩120,000이며, 2본부가 수행할 경우에는 ₩90,000의 이익이 예상된다. 1본부와 2본부가 각자 자신의 성과(잔여이익)를 최대화하는 방향으로 의사결정한다면 누가 신규투자안에 투자하겠는가?

(3) (2)번의 결과는 회사 전체 입장에서 바람직한 결과인가?

> ⚙ **풀이**
>
> (1) 사업부별 잔여이익은 다음과 같다
>
> 1본부: 영업이익 ₩200,000 - 투자액 ₩1,000,000 × 최저필수수익률 10% = ₩100,000
>
> 2본부: 영업이익 ₩50,000 - 투자액 ₩1,000,000 × 최저필수수익률 10% = (-)₩50,000
>
> (2) 신규투자안에 투자한 후 두 사업부의 잔여이익은 다음과 같다.
>
> | | 1본부 | 2본부 |
> |---|---|---|
> | 영업이익 | ₩200,000 + ₩120,000 = ₩320,000 | ₩50,000 + ₩90,000 = ₩140,000 |
> | 투자액 | ₩1,000,000 + ₩1,000,000 = ₩2,000,000 | ₩1,000,000 + ₩1,000,000 = ₩2,000,000 |
> | 잔여이익 | ₩320,000 - ₩2,000,000 × 10% = ₩120,000 | ₩140,000 - ₩2,000,000 × 10% = (-)₩60,000 |
>
> 1본부의 잔여이익은 투자 전에 비해서 ₩20,000이 증가하므로 신규투자안에 투자하게 된다. 2본부의 경우 잔여이익이 투자 전 (-)₩50,000에서 투자 후 (-)₩60,000으로 오히려 ₩10,000 감소하므로 투자하지 않게 된다.
>
> (3) 회사 전체 입장에서도 1본부가 투자하는 것이 유리하므로 바람직한 결과를 얻게 된다.

잔여이익법은 이처럼 준최적화 문제를 해결할 수 있는 대안이지만, 대신에 투자규모의 차이에 따른 효율성을 무시한다는 단점도 존재한다. ₩10,000,000을 투자해서 ₩100,000의 잔여이익을 얻은 사업부가 ₩100,000을 투자해서 ₩90,000의 잔여이익을 얻은 사업부보다 더 성과가 우월하다고 볼 수 있는지 의문을 갖게 만든다.

(3) 경제적부가가치

경제적부가가치(EVA; Economic Value Added)는 잔여이익법을 개선하고 발전시킨 개념으로 잔여이익법과 비교해서 다음과 같은 특징을 가진다.

첫째, 세금을 고려한다. 앞에서 잔여이익을 계산할 때는 영업이익에서 요구수익을 차감하였으나, 경제적부가가치는 '세후영업이익'에서 투하자본에 대한 수익을 차감한다.

둘째, 최저필수수익률 대신에 '가중평균자본비용(WACC; Weighted Average Cost of Capital)'을 사용한다. 가중평균자본비용은 기업의 재무구조를 고려하여 타인자본비용과 자기자본비용을 가중평균하여 구한다. 돈을 빌려주는 채권자 입장에서 요구하는 이자율(타인자본비용)과 투자자인 주주가 기대하는 수익률(자기자본비용)은 다르기 때문에 이를 고려하여 다음과 같이 가중평균자본비용을 계산한다.

$$\text{가중평균자본비용} = \text{타인자본비용} \times \frac{\text{타인자본}}{\text{타인자본} + \text{자기자본}} + \text{자기자본비용} \times \frac{\text{자기자본}}{\text{타인자본} + \text{자기자본}}$$

이를 통해 경제적 부가가치는 다음과 같이 구하게 된다.

$$\text{EVA} = \text{세후영업이익} - (\text{투하자본} \times \text{가중평균자본비용})$$

예제　　**경제적부가가치**

문제

다음은 ㈜한국의 사업부별 성과자료이다. 이 자료를 이용해서 A사업부와 B사업부의 경제적부가가치(EVA)를 구하시오. (단, 법인세율은 20%이다)

	A사업부	B사업부
투하자본	₩1,000,000	₩2,000,000
세전 영업이익	₩150,000	₩200,000
최저필수수익률	12%	12%
가중평균자본비용	9%	9%

풀이

EVA = 세후영업이익 - (투하자본 × 가중평균자본비용)

A사업부 EVA = ₩150,000 × (1 - 20%) - (₩1,000,000 × 9%) = ₩120,000 - ₩90,000 = ₩30,000

B사업부 EVA = ₩200,000 × (1 - 20%) - (₩2,000,000 × 9%) = ₩160,000 - ₩180,000 = (-)₩20,000

BSC(Balanced score card; 균형성과표)는 기존의 성과평가가 단기적인 재무성과에만 치중하고 있다는 반성에서 출발한 성과지표이다. 예를 들어, 자동차회사가 이익개선과 원가절감을 위해 품질은 낮지만 가격이 싼 부품을 사용하는 경우 당장의 이익은 개선되고 성과는 좋아질 수 있다. 하지만 품질문제로 인한 고객만족도 하락과 브랜드가치 훼손은 장기적으로 기업의 성과를 떨어뜨리게 된다. 이 때문에 단기성과뿐만 아니라 장기적인 성과를 균형 있게 고려하고, 성과지표에 재무적인 수치뿐만 아니라 비재무적인 지표(고객만족도, 리콜횟수 등)도 같이 고려할 수 있도록 한 것이 바로 BSC이다. BSC는 네 가지 관점에서 성과를 측정한다.

(1) 재무적 관점

재무적 관점은 전통적인 성과지표를 포함한다. 영업이익, 투자이익률, 잔여이익, 경제적부가가치 등과 같이 재무적인 수치를 통해 성과를 평가한다.

(2) 고객관점

고객관점의 성과지표는 재무적 성과가 결국 고객만족에 바탕을 둔다는 데서 출발한다. 고객만족도가 낮아진다면 장기적으로 회사의 재무성과도 낮아질 것이므로, 고객관점의 지표가 미래의 재무성과에 대한 선행지표가 될 수 있다. 성과지표로는 고객만족도, 시장점유율, 고객의 재구매율 등 다양한 지표가 사용될 수 있다. 이러한 고객관점의 지표를 성과지표에 포함함으로써 단기적인 성과를 높이기 위해 장기적으로 고객만족도를 떨어뜨리고 미래의 재무성과가 낮아지는 것을 방지한다.

(3) 내부프로세스 관점

고객이 만족하기 위해서는 내부프로세스가 잘 갖추어져야 한다. 좋은 제품과 서비스를 제때에 제공할 수 있어야 결국 고객도 만족할 것이기 때문이다. 내부 프로세스 관점의 성과지표로는 생산소요시간, 불량률, 신제품의 수, 신제품 개발기간, 고객대응시간 등을 들 수 있다.

(4) 학습과 성장 관점

내부프로세스의 개선은 결국 내부 조직원의 학습과 성장이 이루어져야 가능하다. 최근에 '우리 직원에게 무례한 고객은 받지 않겠습니다'라는 공고문을 내 걸거나, 욕하는 고객에게는 전화를 먼저 끊어버리도록 하는 회사들이 생겨나는데 바로 고객만족 이전에 종업원 만족이 선행되어야 한다는 관점에서 나온 결과들이다. 내부조직의 학습과 성장이 갖춰져야 프로세스 개선과 고객만족으로 이어질 수 있고 최종적으로 재무적 성과도 개선된다. 학습과 성장 관점의 성과지표로는 종업원만족도, 종업원 이직률, 교육 및 훈련시간, 자격증 취득건수, 종업원당 제안 수 등이 사용될 수 있다.

제 **4** 절 | 전략적 원가관리

1 경영전략과 관리회계

BSC에서 살핀 것처럼 과거의 관리회계가 단기적인 의사결정이나 성과평가에 초점이 맞춰져 있었다면, 최근에는 장기적인 관점의 성과평가나 의사결정에 대한 고민이 많아졌다. 특히 관리회계도 기업전체의 경영전략에 맞춰서 전략적 차원의 원가정보나 의사결정체계에 대한 필요성이 강조되고 있다. 이러한 흐름에 맞추어 여러 가지 신이론이 등장하는데 이에 대해서 간략히 살펴보기로 한다.

2 제품수명주기원가계산

지금까지 살펴본 원가계산방식은 모두 제품의 생산단계에서 발생하는 원가를 계산하는 방법이었다. 하지만, 전략적 차원에서 원가는 생산단계뿐만 아니라 생산 이전의 연구·개발 단계부터 시작하여 제품 생산과 판매 이후 A/S단계까지도 계속해서 발생한다. 제품이 탄생하여 사라질 때까지의 기간을 제품수명주기[1]라 하는데, 이 제품수명주기 전반에 걸친 원가를 계산하고 관리하는 것이 바로 제품수명주기원가계산이다. 제품생산 이전에 제품설계가 잘못되어 있다면 아무리 생산단계에서 생산효율을 높이고 원가절감을 위해 노력하더라도 원가는 크게 줄어들지 않는다. 생산단계에서 원가절감을 위해 저가의 부품을 사용한 것이 오히려 A/S에 소요되는 원가를 증가시켜 회사의 수익성을 악화시키기도 한다. 따라서 제품기획에서 폐기까지 전 생애에 걸쳐 예상되는 원가를 분석하고 통제할 수 있어야 한다.

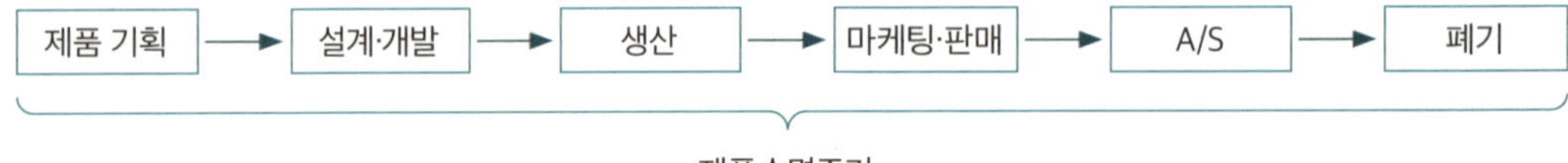

생산단계뿐만 아니라 제품수명주기 전반에 걸쳐 원가관리가 필요하다는 개념하에서 여러 가지 전략적원가관리시스템이 등장한다. 이러한 개념들을 묶어서 한 번에 살펴보자.

> **사쌤 가이드**
>
> 목표원가계산, 카이젠원가계산, 품질원가관리 등이 제품수명주기원가계산의 하위개념은 아니다. 다만, 수험목적에서는 한 번에 묶어서 다루는 것이 이해하기 쉽기 때문에 저자가 임의로 제품수명주기원가계산이라는 주제로 통합했다.

---

[1] 제품수명주기와 비슷한 개념으로 '가치사슬'이라는 개념이 있다. 가치사슬 역시 제품 기획부터 고객서비스(A/S)에 이르기까지 기업이 수행하는 일련의 활동을 의미하는데, 이러한 활동들을 통해 제품의 가치가 증가한다는 개념이다.

(1) 목표원가계산

과거에는 제품의 가격을 설정하기 위해 먼저 생산원가를 계산했다. 예상되는 원가를 계산한 다음에 원하는 마진을 더해서 제품가격을 산정하는 식이다. 하지만, 경쟁이 심화되고 초과공급이 일상이 된 현대사회에서는 가격경쟁력이 없으면 생존자체가 힘들다. 이 때문에 원가에 이익을 가산하는 방식의 가격결정을 하는 것이 아니라, 가격에서 이익을 차감해서 원가를 결정하는 방식이 사용되기 시작했다. 시장에서 살아남을 수 있는 가격을 먼저 설정하고, 여기에 회사가 원하는 목표이익을 차감해서 목표원가를 산정하는 것이다. 그런데 제품원가의 상당부분은 생산시점이 아닌 생산이전의 단계에서 이미 결정된다. 따라서 목표원가를 달성하기 위해서는 제품의 연구, 개발 및 설계단계부터 원가절감을 위한 노력을 기울이는 것이 중요하다. 목표원가를 달성하기 위해서는 필요한 기능을 최소한의 원가로 달성하기 위해 제품의 기능을 분석하고 설계나 공정의 변경, 재료교체 등의 방법을 모색하게 되는데 이러한 절차를 가치공학 (VE; Value Engineering)이라 한다. 목표원가의 단점은 조직원과 부품공급업체에 원가절감에 대한 과도한 스트레스를 유발할 수 있고, 목표원가달성을 위한 개발 및 설계활동에 많은 시간이 소요됨으로 인해 제품의 출시가 늦어질 수 있다는 점을 들 수 있다.

(2) 카이젠원가계산

카이젠은 한자어 개선(改善)의 일본식 발음으로 지속적인 개선을 통해 원가를 절감하는 방법이다. 목표원가계산이 생산 이전의 단계에서 원가절감에 집중하는 데 반해, 카이젠원가계산은 제조단계의 원가절감에 중점을 둔 방식이다. 생산단계에서 낭비요인을 제거하고 효율을 높일 수 있는 작은 변화들을 지속적으로 추구함으로써 조금씩 원가를 절감하는 방법이다. 목표원가계산과 카이젠원가계산을 비교하면 다음과 같은 특성을 가진다.

	목표원가계산	카이젠원가계산
목표	원가절감을 통한 목표원가 달성	원가절감
관심 갖는 수명주기	개발 및 설계단계	제조단계
원가절감방안	설계변경 등을 통한 대규모절감	생산과정에서의 지속적인 개선을 통한 소규모 개선

(3) 품질원가관리

BSC에서 살펴보았던 것처럼 단순히 생산원가를 낮추기 위한 노력들이 오히려 제품의 품질을 떨어뜨림으로 인해 여러 가지 비용이 발생하여 오히려 원가가 증가하고 기업의 수익성이 나빠지는 경우가 있다. 이를 방지하고자 품질과 관련된 원가를 측정하고, 이를 관리하고 감소시켜 나가는 것이 바로 품질원가관리이다. 품질원가는 크게 통제원가와 실패원가로 구분할 수 있는데, 통제원가는 품질을 유지하기 위해 사전적으로 통제하는 과정에서 발생하는 원가이고 실패원가는 원하는 품질을 달성하지 못했을 때 사후적으로 재작업하거나 리콜, A/S활동에 소요되는 원가를 말한다.

품질원가 구분		성격	종류
통제원가	예방원가	예방활동에서 발생	품질관련 교육·훈련 원가, 공급업체 선정을 위한 평가원가, 제품설계원가, 설비보수 및 유지원가
	평가원가	검사활동에서 발생	원재료 검사원가, 품질검사원가, 공정검사원가
실패원가	내부실패원가	고객에게 인도하기 전에 발생	재작업 원가, 폐기원가, 작업중단 손실
	외부실패원가	고객에게 인도한 후에 발생	고객불만처리원가, 제품보증수리원가, 판매기회 상실로 인한 기회비용

통제원가와 실패원가 간에는 어느 정도 (−)상관관계가 존재한다. 즉, 통제원가에 대한 지출이 많아지면 불량이 감소하여 실패원가가 감소하는 반면, 통제원가가 적게 지출되면 대신에 불량률 증가로 실패원가가 증가하게 된다. 따라서 기업은 효율적 관리를 통해 이 둘의 합계가 최소화되는 최적품질수준을 찾기 위해 노력한다.

3 전략적 재고관리

전통적인 재고관리모형은 최적의 재고수준을 유지하기 위한 경제적 주문량을 찾기 위해 노력했다. 재고를 많이 보유하면 보관 및 관리에 필요한 재고유지비용이 증가한다. 반면에 재고가 부족하면 판매 기회의 상실로 인한 기회비용과 같은 재고부족비용이 생겨난다. 여기에 주문할 때마다 생겨나는 주문비용까지 고려하여 이런 비용의 합이 최소가 되는 주문량을 구하는데 이것이 바로 경제적 주문량이다. 이를 통해 적정 수준의 재고를 유지하는 것이 재고관리의 목표였다. 이러한 재고관리는 MRP(Material Requirement Planning)라고 불리는 자재소요계획을 바탕으로 하는데, 제품의 수요를 미리 예측한 다음 이에 맞춰 기업의 모든 생산계획활동을 수립하고 제품을 생산하는 방식이다. 회사가 먼저 생산을 한 다음 시장에 내다 파는 supply push 방식에 해당한다.

위와 같은 공급자 중심의 생산방식은 수요예측이 잘못된 경우 불필요한 재고자산의 증가로 과도한 재고관리 비용이 발생할 수 있다는 단점이 있다. 이러한 재고관리 비용을 절감하기 위한 여러 가지 노력 중의 하나로 등장한 것이 바로 JIT(Just In Time)라고 불리는 적시생산시스템이다. JIT는 기업의 예측에 의한 생산이 아닌 시장의 주문에 의한 demand pull 생산방식을 취한다. 고객의 주문이 들어오면 이에 맞추어 필요한 만큼만 생산하고, 그 생산량에 맞춰서 원재료를 구입하는 방식이다. 적시생산시스템에서는 '재고는 악이다'라고 표현할 정도로 불필요한 재고자산의 보유를 극도로 꺼린다. 재고자산이 없어지면 재고관리를 위한 비용을 없앨 수 있을 뿐만 아니라 회계처리를 단순화할 수 있다는 장점도 있다. 우리가 원가흐름이라는 주제로 다루었던 '원재료 → 재공품 → 제품 → 매출원가'에서 재공품과 제품의 재고를 없앤다면 '원재료 구입 → 매출원가'라는 단순한 회계처리가 가능해지는데 이러한 방식의 원가계산을 역류원가계산(backflush costing)이라고 한다.

01 표준원가계산과 관련하여 다음 빈칸을 채우시오.

구분	실제원가계산	정상원가계산	표준원가계산
직접재료원가	실제원가	(　　　　　)	(　　　　　)
직접노무원가	실제원가	(　　　　　)	(　　　　　)
제조간접원가	실제원가	(　　　　　)	(　　　　　)

02 차이분석과 관련하여 다음 빈칸을 채우시오.

구분	표준원가 배부액		실제원가
	(　　　　) × (　　　　)　　(　　　　) × (　　　　)		
직접재료원가	(　　　　)		(　　　　)
직접노무원가	(　　　　)		(　　　　)
변동제조간접원가	(　　　　)		(　　　　)
고정제조간접원가	표준원가 배부액　　(　　　　)　　실제원가		
	(　　　　)		(　　　　)

01 생산활동과 원가에 관한 다음 자료를 이용하여 변동제조간접원가의 소비차이(spending variance)와 능률차이(efficiency variance)를 계산하면 각각 얼마인가?　　2007 국가직 9급

• 변동제조간접원가 실제 발생액	₩5,100
• 변동제조간접원가 표준배부율	₩110(작업시간당)
• 실제 작업시간	44시간
• 실제 생산량에 허용된 표준작업시간	40시간

	소비차이	능률차이
①	₩260 불리	₩440 불리
②	₩700 불리	₩440 불리
③	₩260 불리	₩440 유리
④	₩700 불리	₩440 유리

01 정답 ①

해설

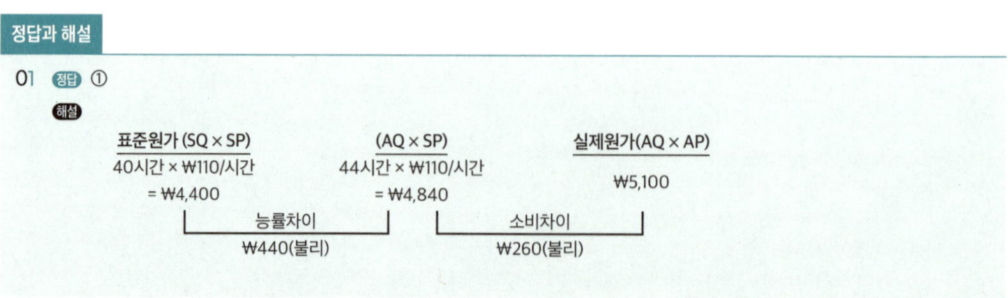

02 ㈜강원은 표준원가제도를 채택하고 있다. 직접재료의 수량표준은 제품단위당 4.2kg이며, 가격표준은 1kg당 ₩200이다. 2009년 3월 중에 520개의 제품을 생산하였으며, 직접재료 2,200kg을 사용하였다. ㈜강원은 2009년 3월 중에 직접재료 2,500kg을 ₩490,000에 구입하였다. 가격차이를 재료구입시점에서 분리할 경우, ㈜강원의 2009년 3월의 재료비 가격차이와 수량차이를 계산하면?

2009 국가직 9급

	가격차이	수량차이
①	₩10,000(불리한 차이)	₩3,200(불리한 차이)
②	₩10,000(유리한 차이)	₩3,200(불리한 차이)
③	₩10,000(불리한 차이)	₩3,200(유리한 차이)
④	₩10,000(유리한 차이)	₩3,200(유리한 차이)

03 균형성과표(BSC; balanced scorecard)에 대한 설명으로 옳지 않은 것은? 2013 지방직 9급

① 단기적 성과지표와 장기적 성과지표에 대한 경영자의 균형적인 관심을 유도한다.

② 조직의 성공요소로서 유형의 자원뿐 아니라 무형의 자원에 대한 구성원들의 관심을 증가시킨다.

③ 비재무적 성과지표에 따른 전통적인 성과관리의 단점을 개선하기 위하여 재무적 성과지표에 집중하는 성과관리를 강조한다.

④ 조직의 전략을 포괄적인 성과지표로 전환하여 측정함으로써 전략경영 실행의 기본적인 틀을 제공한다.

04 다음 품질원가 항목 중 예방원가에 해당하는 것을 모두 고른 것은? 2013 관세사

ㄱ. 설계엔지니어링	ㄴ. 품질교육훈련	ㄷ. 재작업
ㄹ. 고객지원	ㅁ. 부품공급업체 평가	ㅂ. 작업폐물

① ㄱ, ㄴ, ㄷ ② ㄱ, ㄴ, ㅁ ③ ㄱ, ㅁ, ㅂ
④ ㄴ, ㄷ, ㄹ ⑤ ㄹ, ㅁ, ㅂ

정답과 해설

02 **정답** ②

해설

<구입시점>

	(AQ × SP)	실제원가(AQ × AP)
	2,500kg × ₩200/kg	₩490,000
	= ₩500,000	

가격차이
₩10,000(유리)

<사용시점>

표준원가 (SQ × SP)	(AQ × SP)
520개 × 4.2kg × ₩200/kg	2,200kg × ₩200/kg
= ₩436,800	= ₩440,000

수량(능률)차이
₩3,200(불리)

03 **정답** ③

해설 BSC는 전통적인 성과지표가 재무적인 측정치만 주로 사용하는 문제점을 개선하기 위해 고객, 내부프로세스, 학습과 성장과 관련된 비재무적 측정치들을 균형 있게 반영한다.

04 **정답** ②

해설 재작업과 작업폐물은 내부실패원가에 해당하며, 고객지원은 외부실패원가에 해당한다.

05 표준원가계산제도를 도입하고 있는 ㈜대한의 재료원가에 대한 표준과 제품 1,000단위를 생산한 지난 달의 실제재료원가 발생액이 다음과 같다. 재료가격차이와 재료수량차이는? 2011 국가직 9급

> - 제품 단위당 표준재료원가
>   - 수량 10단위, 재료단위당가격 ₩100
> - 실제발생 재료원가
>   - 재료소비량 12,000단위, 재료원가 ₩1,080,000

	재료가격차이	재료수량차이
①	₩100,000(불리한 차이)	₩180,000(유리한 차이)
②	₩100,000(유리한 차이)	₩180,000(불리한 차이)
③	₩120,000(불리한 차이)	₩200,000(유리한 차이)
④	₩120,000(유리한 차이)	₩200,000(불리한 차이)

06 ㈜감평은 품질관련 활동원가를 예방원가, 평가원가, 내부실패원가 및 외부실패원가로 구분하고 있다. 다음에 제시한 자료 중 외부실패원가로 집계할 금액은? 2013 감정평가사

• 제품보증수리활동	₩21,000	• 설비보수 및 유지활동	₩5,000
• 원재료 검사활동	₩11,000	• 판매기회 상실로 인한 기회비용	₩18,000
• 직원 품질교육활동	₩50,000	• 공정검사활동	₩7,000
• 고객서비스센터활동	₩6,000	• 설계개선활동	₩10,000
• 불량품 재작업활동	₩8,000		

① ₩35,000 ② ₩43,000 ③ ₩45,000
④ ₩53,000 ⑤ ₩57,000

정답과 해설

05 **정답** ④

해설

표준원가 (SQ × SP)	(AQ × SP)	실제원가 (AQ × AP)
1,000단위 × 10단위 × ₩100/kg	12,000단위 × ₩100/kg	₩1,080,000
= ₩1,000,000	= ₩1,200,000	

수량(능률)차이 ₩200,000(불리)   가격차이 ₩120,000(유리)

06 **정답** ③

해설
- 예방원가: 직원 품질교육활동, 설비보수 및 유지활동, 설계개선활동
- 평가원가: 원재료 검사활동, 공정검사활동
- 내부실패원가: 불량품 재작업활동
- 외부실패원가: 제품보증수리활동 ₩21,000 + 고객서비스센터활동 ₩6,000 + 판매기회 상실로 인한 기회비용 ₩18,000
  = ₩45,000

07 ㈜한국은 표준원가계산제도를 사용하여 제품의 원가를 계산한다. 2011년 예산생산량은 110단위였으나, 실제는 120단위를 생산하였다. 기초와 기말재공품은 없으며, 실제 발생한 고정제조간접원가는 ₩13,000이었다. 단위당 고정제조간접원가 계산을 위해 사용하는 기준조업도는 100단위이며, 제품 단위당 고정제조간접원가 배부율은 ₩100일 때, 고정제조간접원가의 예산차이와 조업도차이는?

2011 지방직 9급

	예산차이	조업도차이
①	₩3,000(불리)	₩2,000(유리)
②	₩3,000(유리)	₩2,000(불리)
③	₩3,000(불리)	₩1,000(유리)
④	₩3,000(유리)	₩1,000(불리)

08 2009년 5월 중 ㈜대한의 노무비와 관련된 다음의 자료를 이용하여 직접노무비 능률차이를 구하면?

2010 국가직 9급

• 제품단위당 표준직접노무시간	3시간
• 시간당 표준임률	₩20
• 시간당 실제임률	₩22
• 5월 중 제품 생산량	2,100단위
• 5월 중 실제직접노무시간	6,000시간

① ₩6,000 불리 ② ₩6,000 유리
③ ₩6,600 불리 ④ ₩6,600 유리

정답과 해설

07 정답 ①

해설

표준원가	고정예산	실제원가
120단위 × ₩100 = ₩12,000	100단위 × ₩100 = ₩10,000	₩13,000
조업도차이	예산차이	
₩2,000(유리)	₩3,000(불리)	

08 정답 ②

해설

표준원가 (SQ × SP)	(AQ × SP)	실제원가(AQ × AP)
2,100단위 × 3시간 × ₩20/시간	6,000시간 × ₩20/시간	
능률차이	임률차이	

능률차이 = (6,300시간 - 6,000시간) × ₩20/시간 = ₩6,000

09 품질원가는 불량품 예방을 위해서나, 제품의 불량으로부터 초래되는 모든 원가를 의미한다. 품질원가와 관련된 다음의 설명 중 옳지 않은 것은?

2012 관세사

① 예방원가(prevention costs)와 평가원가(appraisal costs)는 불량제품이 생산되어 고객에게 인도되는 것을 예방하는 활동에 의해 발생한다.

② 내부실패원가(internal failure costs)와 외부실패원가(external failure costs)는 불량품이 생산됨으로써 발생하는 원가이다.

③ 품질원가는 제조활동뿐만 아니라, 초기 연구개발부터 고객 서비스까지의 모든 활동과 관련되어 있다.

④ 일반적으로, 품질문제가 발생한 후에 이를 발견하고 해결하는 것보다 문제가 발생하기 전에 이를 예방하는 것이 총품질원가를 감소시킨다.

⑤ 예방 및 평가원가가 증가하면 내부실패원가는 감소하나 외부실패원가는 증가한다.

10 표준원가계산제도를 채택하고 있는 ㈜한국의 2010년 4월의 기준생산조업도는 50,000기계작업시간이고, 제조간접원가는 기계 작업시간을 기준으로 배부한다. 제품 한 단위당 표준 기계작업시간은 5시간이고, 기계작업시간당 고정제조간접원가는 ₩3으로 제품단위당 표준고정제조간접원가는 ₩15이다. 2010년 4월 중 제품 9,000개를 생산하였는데 실제 기계작업시간은 44,000시간이었고, 고정제조간접원가 ₩160,000이 발생하였다. 고정제조간접원가의 생산조업도 차이는?

2010 지방직 9급

① ₩10,000 유리　　　　② ₩10,000 불리
③ ₩15,000 유리　　　　④ ₩15,000 불리

정답과 해설

09 **정답** ⑤

해설 일반적으로 통제원가(예방원가와 평가원가)가 증가하면 실패원가(내부실패원가, 외부실패원가)는 감소한다. 따라서 외부실패원가도 감소한다.

10 **정답** ④

해설

표준원가	고정예산	실제원가
9,000개 × ₩15 = ₩135,000	50,000시간 × ₩3 = ₩150,000	₩160,000
	조업도차이	예산차이
	₩15,000(불리)	₩10,000(불리)

11 ㈜한국의 2012년 11월 중 원가관련 자료가 다음과 같을 때, 11월 중 실제 임률은? 2012 국가직 9급

• 표준직접노동시간	1,450시간
• 표준임률	₩400/시간
• 직접노무원가차이	₩30,000(유리)
• 직접노무원가 능률차이	₩20,000(불리)

① ₩365/시간 ② ₩370/시간

③ ₩375/시간 ④ ₩380/시간

12 ㈜관세는 다음과 같은 듀퐁식 수익성분석 방법을 사용하여 성과를 관리하고 있다.

$$\frac{1,200,000(매출액)}{1,000,000(총자산)} \times \frac{240,000(영업이익)}{1,200,000(매출액)} = 24\%(ROI)$$

다른 조건이 일정할 때 ㈜관세가 투자수익률(ROI) 30%를 달성하기 위한 총자산 감소액은 얼마인가?

2013 관세사

① ₩200,000 ② ₩220,000 ③ ₩240,000

④ ₩250,000 ⑤ ₩260,000

정답과 해설

11 **정답** ④

해설

표준원가 (SQ × SP)	(AQ × SP)	실제원가(AQ × AP)
1,450시간 × ₩400/시간 = ₩580,000	AQ × ₩400/시간	₩1,080,000

수량(능률)차이 ₩20,000(불리) 가격차이 ₩30,000(유리)

(1,450시간 - AQ) × ₩400/시간 = (-)₩20,000

AQ = 1,500시간

1,500시간 × (₩400/시간 - AP) = ₩30,000

AP = ₩380/시간

12 **정답** ①

해설 영업이익 ₩240,000 ÷ 총자산 = 30%

총자산 = ₩800,000

총자산 감소액 = ₩1,000,000 - ₩800,000 = ₩200,000

13 ㈜한국은 직접노동시간을 기준으로 제조간접원가를 예정배부하고 있다. 2012년 제조간접원가와 관련된 다음 자료를 이용하여 계산한 정상조업도는?

2012 국가직 9급

• 제조간접원가 예산액	₩30,000
• 실제조업도(직접노동시간)	200시간
• 제조간접원가 실제발생액	₩22,000
• 제조간접원가 배부차이	과대배부 ₩2,000

① 100시간　　　　② 150시간

③ 200시간　　　　④ 250시간

14 2011년 12월 ㈜한강의 직접노무원가 실제발생액은 ₩130,200,000이며, 실제직접노동시간은 21,000시간이다. 12월의 표준직접노동시간은 20,000시간이며, 직접노무원가에 대한 차이분석 결과 임률차이는 ₩4,200,000 불리한 것으로 나타났다. 12월의 직접노무원가 능률차이는?

2012 지방직 9급

① ₩6,000,000 유리　　　　② ₩6,000,000 불리

③ ₩10,200,000 유리　　　　④ ₩10,200,000 불리

정답과 해설

13 **정답** ④

해설 제조간접원가 예정배부액 = 실제발생액 ₩22,000 + 과대배부액 ₩2,000 = ₩24,000

예정배부율 = ₩24,000 ÷ 200시간 = ₩120/시간

정상조업도 = 예산액 ₩30,000 ÷ ₩120/시간 = 250시간

이 문제는 표준원가계산문제가 아닌 정상원가계산과 관련된 문제이다. 실제 시험장에서는 주제별로 구분해주지 않고 섞여서 출제되기 때문에 당황하지 않고 구분할 수 있어야 한다. 예정배부율을 사용하는 정상원가계산은 변동제조간접원가와 고정제조간접원가를 구분하지 않고 전체 제조간접원가의 배부차이를 계산한다.

14 **정답** ②

해설

표준원가 (SQ × SP)	(AQ × SP)	실제원가(AQ × AP)
20,000시간 × SP	21,000시간 × SP	21,000시간 × AP = ₩130,200,000
	능률차이	임률차이 ₩4,200,000(불리)

AP = ₩130,200,000 ÷ 21,000시간 = ₩6,200

21,000시간 × (SP − ₩6,200) = (−)₩4,200,000

SP = ₩6,000

직접노무원가 능률차이 = (20,000시간 − 21,000시간) × ₩6,000 = (−)₩6,000,000

15 전략적 원가관리에 관한 설명으로 옳지 않은 것은?

① 목표원가계산은 제조이전 단계에서의 원가절감에 초점을 두고 있다.

② 가치사슬원가계산에서는 제품생산 이전에 발생한 활동과 관련된 원가는 물론 제품생산 이후에 발생한 활동과 관련된 원가도 분석한다.

③ 품질원가에서 예방원가는 대부분 제품이 내부고객과 외부고객의 요구사항을 충족하고 있는지 확실하게 하기 위해서 제품을 검사하는 것과 관련이 있다.

④ 제품수명주기원가계산에서는 특정 제품의 기획에서부터 폐기까지의 모든 비용을 식별·추적한다.

⑤ 카이젠원가계산은 제품의 수명주기상의 제조단계에서 원가를 절감시키려는 데 초점을 맞추고 있다.

16 ㈜서울의 직접재료원가 관련 자료가 다음과 같다면, 직접재료가격차이와 직접재료수량차이로 옳은 것은?

• 직접재료 표준사용량	1,000단위
• 직접재료 실제사용량	1,200단위
• 직접재료 단위당 표준가격	₩23
• 직접재료 단위당 실제가격	₩20

	직접재료가격차이	직접재료수량차이
①	₩3,000(유리한 차이)	₩4,000(불리한 차이)
②	₩3,000(불리한 차이)	₩4,000(유리한 차이)
③	₩3,600(유리한 차이)	₩4,600(불리한 차이)
④	₩3,600(불리한 차이)	₩4,600(유리한 차이)

15 정답 ③

해설 예방원가가 아닌 평가원가에 대한 설명이다.

16 정답 ③

해설

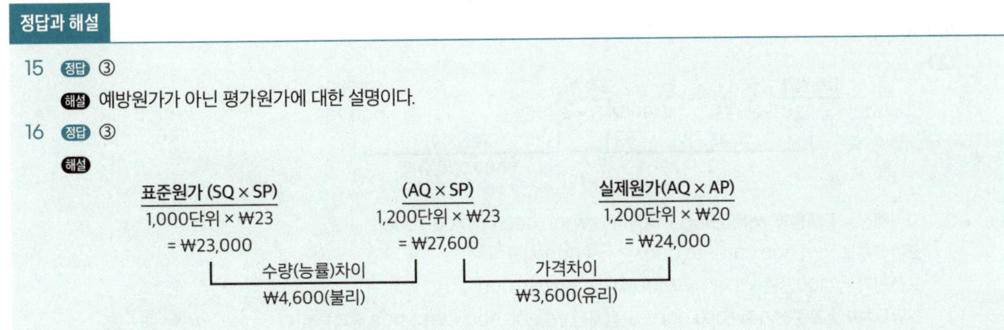

17 ㈜한국의 4월 직접재료원가에 대한 자료는 다음과 같다. 4월의 유리한 재료수량차이(능률차이)는?

2017 지방직 9급

• 실제 재료구매량	3,000 kg
• 실제생산에 대한 표준재료투입량	2,400 kg
• 실제 재료구입단가	₩310/kg
• 실제 재료사용량	2,200 kg
• 불리한 재료가격차이(구입시점기준)	₩30,000

① ₩50,000   ② ₩55,000

③ ₩60,000   ④ ₩65,000

18 ㈜한국은 내부관리 목적으로 표준원가계산시스템을 채택하고 있고, 표준노무시간은 제품단위당 5시간이다. 제품의 실제생산량은 2,100단위이고 고정제조간접원가 실제발생액은 ₩900,000이다. 이 회사는 고정제조간접원가를 노무시간을 기준으로 배부하며 기준조업도는 10,000노무시간이다. 고정제조간접원가 예산차이가 ₩100,000 유리하다면 조업도차이는?

2017 지방직 9급 추가채용

① ₩40,000 불리   ② ₩40,000 유리

③ ₩50,000 불리   ④ ₩50,000 유리

정답과 해설

17 정답 ③

해설

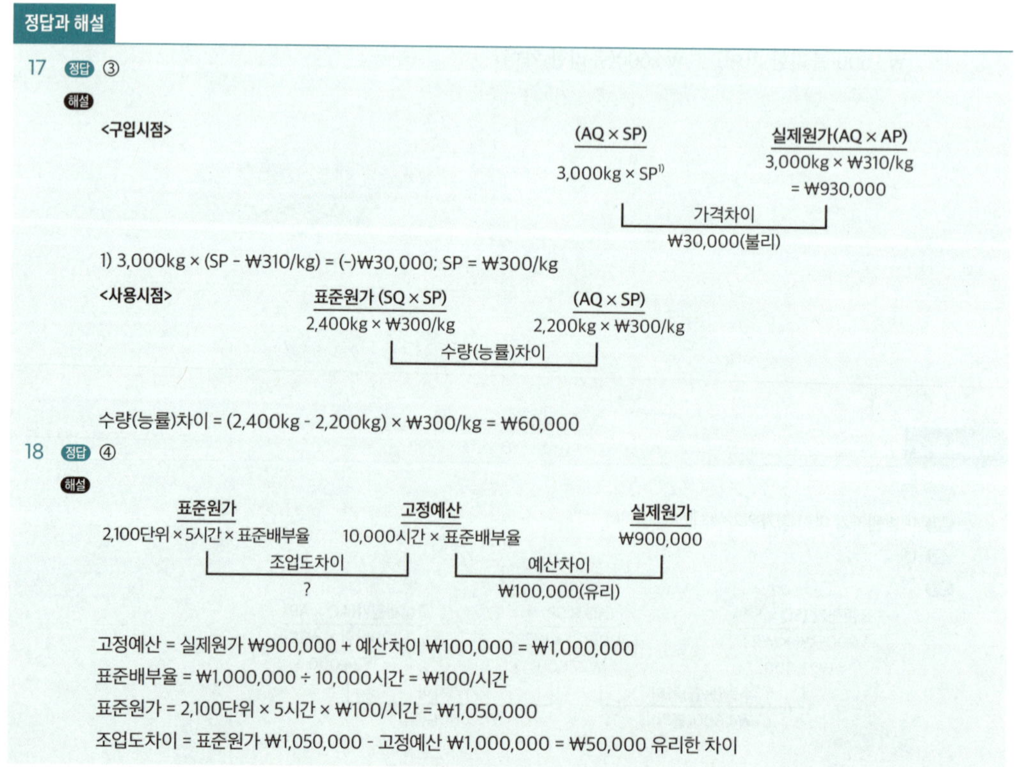

<구입시점>

(AQ × SP)
3,000kg × SP[1)]

실제원가(AQ × AP)
3,000kg × ₩310/kg
= ₩930,000

가격차이
₩30,000(불리)

1) 3,000kg × (SP − ₩310/kg) = (−)₩30,000; SP = ₩300/kg

<사용시점>

표준원가 (SQ × SP)
2,400kg × ₩300/kg

(AQ × SP)
2,200kg × ₩300/kg

수량(능률)차이

수량(능률)차이 = (2,400kg − 2,200kg) × ₩300/kg = ₩60,000

18 정답 ④

해설

표준원가
2,100단위 × 5시간 × 표준배부율

고정예산
10,000시간 × 표준배부율

실제원가
₩900,000

조업도차이
?

예산차이
₩100,000(유리)

고정예산 = 실제원가 ₩900,000 + 예산차이 ₩100,000 = ₩1,000,000

표준배부율 = ₩1,000,000 ÷ 10,000시간 = ₩100/시간

표준원가 = 2,100단위 × 5시간 × ₩100/시간 = ₩1,050,000

조업도차이 = 표준원가 ₩1,050,000 − 고정예산 ₩1,000,000 = ₩50,000 유리한 차이

19 ㈜한국은 표준원가계산을 사용하고 있다. 다음 자료를 근거로 한 직접노무원가의 능률차이는?

2018 국가직 9급

• 실제 직접노동시간	7,000시간
• 표준 직접노동시간	8,000시간
• 직접노무원가 임률차이	₩3,500(불리)
• 실제 노무원가 총액	₩24,500

① ₩3,000(유리) ② ₩3,000(불리)

③ ₩4,000(유리) ④ ₩4,000(불리)

20 서울상사의 가전 사업부는 투자중심점으로 운영되고 투자수익률에 근거하여 성과를 평가하는데, 목표 투자수익률은 20%이다. 가전사업부의 연간 생산 및 판매에 대한 예상 자료는 다음과 같다.

구 분	금 액
고정원가	₩60,000,000
생산 단위당 변동원가	₩3,000
생산 및 판매 대수	40,000대
평균총자산	₩100,000,000

목표 투자수익률을 달성하기 위한 가전 사업부의 제품 단위당 최소판매가격은? (단, 기초재고는 없으며 투자수익률은 평균총자산을 기준으로 한다)

2018 지방직 9급

① ₩3,500 ② ₩4,000

③ ₩4,500 ④ ₩5,000

정답과 해설

19 정답 ①

해설

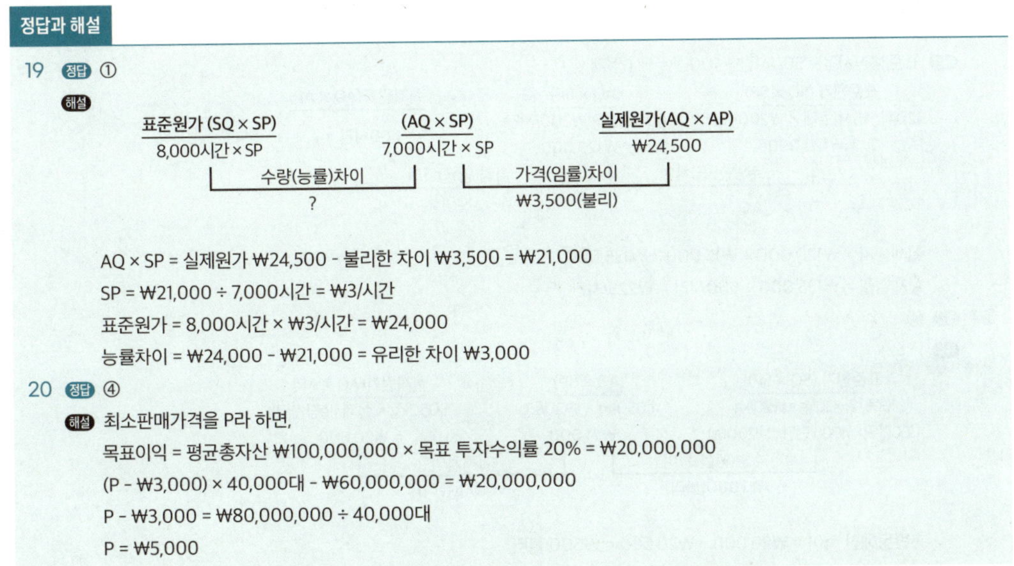

AQ × SP = 실제원가 ₩24,500 - 불리한 차이 ₩3,500 = ₩21,000

SP = ₩21,000 ÷ 7,000시간 = ₩3/시간

표준원가 = 8,000시간 × ₩3/시간 = ₩24,000

능률차이 = ₩24,000 - ₩21,000 = 유리한 차이 ₩3,000

20 정답 ④

해설 최소판매가격을 P라 하면,

목표이익 = 평균총자산 ₩100,000,000 × 목표 투자수익률 20% = ₩20,000,000

(P - ₩3,000) × 40,000대 - ₩60,000,000 = ₩20,000,000

P - ₩3,000 = ₩80,000,000 ÷ 40,000대

P = ₩5,000

21 제품 100개를 생산할 때 총직접노동시간은 500시간이 걸릴 것으로 추정하고 있으며 표준임률은 시간당 ₩200이다. 당기실제생산량은 120개였고 실제작업시간은 600시간이었다. 당기에 ₩15,000의 불리한 임률 차이가 발생하였다면, 실제임률은?

2018 지방직 9급

① ₩225 ② ₩205
③ ₩195 ④ ₩175

22 표준원가계산 제도를 사용하고 있는 ㈜서울은 제품 단위당 표준 직접재료원가로 ₩200을 설정하였으며 단위당 표준 직접재료원가의 산정 내역과 2018년 3월 동안 제품을 생산하면서 집계한 자료는 <보기>와 같다. ㈜서울의 직접재료원가 변동예산 차이에 대한 설명으로 가장 옳지 않은 것은?

2018 서울시 9급

<보기>

직접재료 표준원가 산정내역	실제 제품생산관련 자료
• 제품 단위당 직접재료 표준사용량: 10kg • 직접재료의 표준가격: ₩20/kg	• 제품 생산량: 100단위 • 실제 직접재료 사용량: 1,050kg • 실제 직접재료원가: ₩20,600

① 총변동예산 차이는 ₩600(불리한 차이)이다.
② 가격 차이는 ₩400(유리한 차이)이다.
③ 능률 차이는 ₩1,000(불리한 차이)이다.
④ 총변동예산 차이는 ₩600(유리한 차이)이다.

정답과 해설

21 정답 ①

해설 표준생산시간 = 500시간 ÷ 100개 = 5시간/개

표준원가 (SQ × SP)	(AQ × SP)	실제원가(AQ × AP)
120개 × 5시간/개 × ₩200/시간 = ₩120,000	600시간 × ₩200/시간 = ₩120,000	600시간 × ?

수량(능률)차이 ┃ 가격(임률)차이 ₩15,000(불리)

실제원가 = ₩120,000 + ₩15,000 = ₩135,000
실제임률 = ₩135,000 ÷ 600시간 = ₩225/시간

22 정답 ④

해설

표준원가 (SQ × SP)	(AQ × SP)	실제원가(AQ × AP)
100단위 × 10kg × ₩20/kg = 100단위 × ₩200/단위 = ₩20,000	1,050kg × ₩20/kg = ₩21,000	1,050kg × 실제 kg당 단가 = ₩20,600

수량(능률)차이 ₩1,000(불리) ┃ 가격차이 ₩400(유리)

총변동예산 차이 = ₩20,000 - ₩20,600 = ₩600 불리

23 ㈜서울의 표준원가계산자료는 <보기>와 같다. 당기 중의 실제직접노무시간은? 2019 서울시 7급

<보기>

• 실제제품생산량	10,000개
• 실제직접노무원가총액	₩5,000,000
• 제품단위당 표준직접노무시간	10시간
• 직접노무원가 임률차이(유리한 차이)	₩720,000
• 직접노무원가 능률차이(불리한 차이)	₩520,000

① 100,000시간　　　　② 110,000시간

③ 120,000시간　　　　④ 130,000시간

---

23 정답 ②

해설

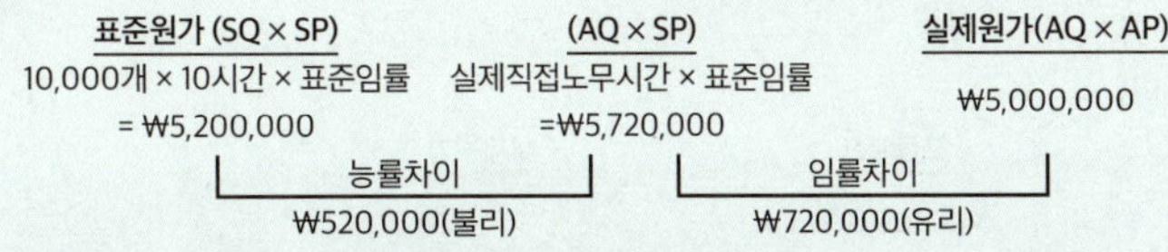

표준원가 = 실제원가 ₩5,000,000 + 유리한 임률차이 ₩720,000 - 불리한 능률차이 ₩520,000 = ₩5,200,000

표준원가 ₩5,200,000 = 10,000개 × 10시간 × 표준임률

실제직접노무시간 × 표준임률 ₩52/시간 = ₩5,720,000

실제직접노무시간 = 110,000시간

24 ㈜한국은 표준원가계산제도를 적용하고 있으며, 당기 변동제조간접원가 예산은 ₩1,500,000, 고정제조간접원가 예산은 ₩2,000,000이다. ㈜한국의 제조간접원가 배부율을 구하기 위한 기준조업도는 1,000기계시간이며, 당기 실제 기계시간은 800시간이었다. 변동제조간접원가 능률차이가 ₩75,000 불리한 것으로 나타났다면, 고정제조간접원가 조업도차이는?

2021 국가직 9급

① ₩250,000 유리한 차이   ② ₩250,000 불리한 차이

③ ₩500,000 유리한 차이   ④ ₩500,000 불리한 차이

24 **정답** ④

해설 **[변동제조간접원가 배부차이]**

표준원가 (SQ × SP)	(AQ × SP)	실제원가 (AQ × AP)
실제 생산량에 허용된 작업시간 × ₩1,500/시간	실제 기계시간 800시간 × 표준배부율 ₩1,500/시간 = ₩1,200,000	

능률차이 ₩75,000(불리)   소비차이

표준배부율 = VOH 예산 ₩1,500,000 ÷ 기준조업도 1,000기계시간 = ₩1,500/기계시간

표준원가 = ₩1,200,000 - ₩75,000 = ₩1,125,000

실제 생산량에 허용된 작업시간 = ₩1,125,000 ÷ ₩1,500/시간 = 750시간

[고정제조간접원가 배부차이]

표준원가	고정예산	실제원가
750시간 × ₩2,000/시간 = ₩1,500,000	₩2,000,000	

조업도차이   예산차이

표준배부율 = FOH 예산 ₩2,000,000 ÷ 기준조업도 1,000기계시간 = ₩2,000/기계시간

표준원가 = 실제 생산량에 허용된 작업시간 750시간 × 표준배부율 ₩2,000/기계시간 = ₩1,500,000

예산차이 = 표준원가 ₩1,500,000 - 고정예산 ₩2,000,000 = (-)₩500,000

25 ㈜한국은 표준원가계산제도를 적용하고 있으며, 직접노무원가와 관련된 자료는 다음과 같다.

• 표준직접노동시간	1000시간
• 실제직접노동시간	960시간
• 실제발생 직접노무원가	₩364,800
• 능률차이(유리한 차이)	₩14,800
• 임률차이(불리한 차이)	₩9,600

직접노무원가 시간당 표준임률은?

2022 지방직 9급

① ₩240 ② ₩350

③ ₩370 ④ ₩380

26 ㈜한국은 표준원가계산을 적용하고 있으며, 고정제조간접원가 배부율 산정을 위한 기준조업도는 10,000기계시간, 고정제조간접원가 표준배부율은 기계시간당 ₩50이다. 실제 산출량에 허용된 표준조업도가 12,000기계시간이고, 실제 발생한 고정제조간접원가가 ₩660,000일 때, 고정제조간접원가 조업도차이와 예산차이를 바르게 연결한 것은?

2023 지방직 9급

	조업도차이	예산차이
①	₩50,000 유리한 차이	₩110,000 불리한 차이
②	₩50,000 불리한 차이	₩110,000 유리한 차이
③	₩100,000 유리한 차이	₩160,000 불리한 차이
④	₩100,000 불리한 차이	₩160,000 유리한 차이

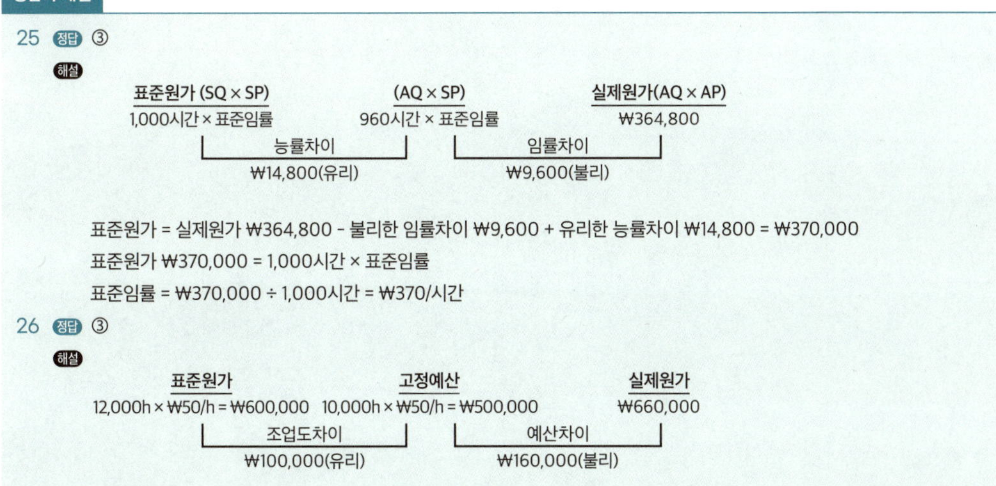

정답과 해설

25 정답 ③

해설

표준원가 (SQ × SP)	(AQ × SP)	실제원가(AQ × AP)
1,000시간 × 표준임률	960시간 × 표준임률	₩364,800

능률차이 ₩14,800(유리)　　임률차이 ₩9,600(불리)

표준원가 = 실제원가 ₩364,800 − 불리한 임률차이 ₩9,600 + 유리한 능률차이 ₩14,800 = ₩370,000

표준원가 ₩370,000 = 1,000시간 × 표준임률

표준임률 = ₩370,000 ÷ 1,000시간 = ₩370/시간

26 정답 ③

해설

표준원가	고정예산	실제원가
12,000h × ₩50/h = ₩600,000	10,000h × ₩50/h = ₩500,000	₩660,000

조업도차이 ₩100,000(유리)　　예산차이 ₩160,000(불리)

사경인
프레임회계학
원가회계